21世纪学前教育专业规划教材

# 幼儿教师语言

Language for Preschool Teachers

瞿亚红 主　编
谭雪莲 副主编

北京大学出版社
PEKING UNIVERSITY PRESS

图书在版编目(CIP)数据

幼儿教师语言/瞿亚红主编. —北京：北京大学出版社，2013.10
(21世纪学前教育专业规划教材)
ISBN 978-7-301-23217-0

Ⅰ. 幼… Ⅱ. ①瞿… Ⅲ. 普通话—幼儿师范学校—教材 Ⅳ. ①H102

中国版本图书馆CIP数据核字（2013）第219670号

| | |
|---|---|
| 书　　名： | 幼儿教师语言 |
| | YOUER JIAOSHI YUYAN |
| 著作责任者： | 瞿亚红　主编 |
| 责 任 编 辑： | 赵学敏 |
| 标 准 书 号： | ISBN 978-7-301-23217-0/G・3706 |
| 出 版 发 行： | 北京大学出版社 |
| 地　　址： | 北京市海淀区成府路205号　100871 |
| 电　　话： | 邮购部 010-62752015　发行部 010-62750672　编辑部 010-62754934 |
| 网　　址： | http://www.pup.cn　新浪微博：@北京大学出版社 |
| 电 子 信 箱： | zpup@pup.cn |
| 印　刷　者： | 北京虎彩文化传播有限公司 |
| 经　销　者： | 新华书店 |
| | 787毫米×1092毫米　16开本　15.25印张　290千字 |
| | 2013年10月第1版　2023年8月第5次印刷 |
| 定　　价： | 48.00元 |

未经许可，不得以任何方式复制或抄袭本书之部分或全部内容。
**版权所有，侵权必究**
举报电话：010-62752024　电子信箱：fd@pup.pku.edu.cn
图书如有印装质量问题，请与出版部联系，电话 010-62756370

# 序

彭斯远[*]

中国的"文化"一词向来有"人文教化"的意思，而"教化"则是这个词语的核心要义。幼儿文化顾名思义是与幼儿相关的"教化"内容。单以课堂传授幼儿文化而论，它就必然涉及，而且始终涉及一个重要课题：教师对其施教对象——幼童必须无限尊重。美国当代教育哲学家乔治·奈勒在其《教育哲学导论》中说过，教育的哲学不仅"解放了教师的想象力，同时指导着她的理智……那些不用哲学去思考的教育工作者必然是肤浅的"。既然教育哲学如此重要，由此使我们进一步想到，教师不仅要把幼儿看作"小小的哲学家"，而且，还应始终不渝地尊重幼儿的独特个性，并千方百计保护幼儿，使其在脆弱和不成熟中得到愉快的生存与迅猛发展。

重庆师范大学教育科学学院学前教育专业的教学科研团队，在瞿亚红老师的带领下，正是这样将幼儿文学、幼儿教师语言、幼儿园文学启蒙等课程纳入幼儿文化、幼儿教育和幼儿哲学的纵深与广阔背景下，从事幼儿文学的教育与科学研究，从而取得了突飞猛进的成果。

该团队在课程研究中，注重课程群之间的关联性研究。"幼儿教师语言"是一门口语课程，但该课程与"幼儿文学"密不可分，即"幼儿文学"要依托幼儿教师的语言来传递给幼儿，而且是精彩的、生动的、形象的艺术语言。如果想达到恰如其分地传递文学作品的目的，"幼儿文学"课程会让幼儿教师对幼儿文学作品有更深刻的感受和体味。

重庆师范大学教育科学学院学前教育专业的幼儿文学课程，2009年以优秀的成绩完成了校级精品课程的建设。继此之后，这个团队不断努力，于2013年4月录制的"幼儿文学与幼儿成长"成为国家级精品视频公开课。这在幼儿文学教学领域内，全国尚属首次。目前该课程已公诸于"爱课程"网站。这也是重庆师大瞿亚红老师教学科研团队，多年来辛勤耕耘的一次华丽亮相。同时在"幼儿教师语言"这门课程上，参与该教材编写的教师均有多年的教师口语教学研究经历，且都具有国家级和省级普通话水平测试资格。鉴于此，

---

[*] 作者为重庆师范大学教授、中国作家协会会员、重庆作协主席团委员。

大家才合力出版教材，也算是对自己多年从事该课程的一个总结和提升吧。

在此基础上，瞿亚红老师教学科研团队得到北京大学出版社的热情鼓励与支持，决定编写《幼儿文学》《幼儿教师语言》等图书。如今，《幼儿文学》和《幼儿教师语言》两本书即将付梓出版，应该说，这是一件可喜可贺的事情，因为万事开头难。如今既然有了以《幼儿文学》和《幼儿教师语言》的较好开头，接着要做的事，就会沿着既定的轨迹和已经摸索出的经验，源源不断地做下去。

《幼儿文学》《幼儿教师语言》即将问世了，在分享作者艰辛笔耕终获硕果的欣喜之余，草草奉上这篇拙稿为序，望得到读者和儿童文化研究家们的教正。谢谢。

2013 年 6 月 14 日

请扫码使用配套音频文件

# 目　　录

第一单元　语音篇……………………………………………………………1

　第一章　普通话语音基础…………………………………………………2
　　第一节　概说………………………………………………………………2
　　第二节　声母………………………………………………………………9
　　第三节　韵母………………………………………………………………24
　　第四节　声调………………………………………………………………44
　　第五节　语流音变…………………………………………………………55

　第二章　发声技能…………………………………………………………84
　　第一节　呼吸控制…………………………………………………………84
　　第二节　共鸣控制…………………………………………………………88
　　第三节　吐字归音…………………………………………………………92
　　第四节　嗓音保护…………………………………………………………106

第二单元　朗读篇……………………………………………………………109

　第三章　朗读概论…………………………………………………………110
　　第一节　朗读准备…………………………………………………………110
　　第二节　朗读的内部技巧…………………………………………………114

　第四章　朗读外部技巧……………………………………………………123
　　第一节　朗读外部技巧的认识和运用……………………………………123
　　第二节　停连………………………………………………………………124
　　第三节　重音………………………………………………………………130
　　第四节　语气………………………………………………………………133
　　第五节　节奏………………………………………………………………138

## 第五章　幼儿文学作品朗读 ············ 145
　第一节　幼儿文学作品朗读材料的选择 ············ 146
　第二节　幼儿文学作品朗读要领 ············ 147
　第三节　不同幼儿文学作品的朗读 ············ 154

## 第六章　态势语运用与训练 ············ 163
　第一节　态势语的概说 ············ 163
　第二节　态势语的运用 ············ 166
　第三节　态势语的训练 ············ 177

# 第三单元　听说篇 ············ 183

## 第七章　听说能力 ············ 184
　第一节　听知技能 ············ 184
　第二节　说话能力 ············ 185
　第三节　听说能力综合训练 ············ 189

## 第八章　演讲 ············ 191
　第一节　演讲概述 ············ 191
　第二节　演讲的技巧 ············ 193

## 第九章　幼儿故事讲述 ············ 195
　第一节　幼儿故事讲述概述 ············ 195
　第二节　幼儿故事讲述训练 ············ 200
　第三节　幼儿图画书的讲述 ············ 202

## 第十章　幼儿教师职业语言 ············ 207
　第一节　幼儿教师语言概述 ············ 207
　第二节　幼儿教师教学语言运用 ············ 214
　第三节　幼儿教师教育语言运用 ············ 221
　第四节　幼儿教师与家长的沟通语言 ············ 229

**参考书目** ············ 234
**后记** ············ 236

---

说明：在书中标有"▲"的地方，表示下列练习或范例有录音提供。

# 第一单元

## 语音篇

# 第一章　普通话语音基础

**学习目标**

通过普通话语音的基本理论学习以及技能训练，掌握标准普通话的发音方法，达到国家普通话水平等级考核的要求。

## 第一节　概说

**学习重点**

> 了解普通话与汉语方言的关系以及推广普通话的意义，掌握普通话语音常识，准确理解和掌握普通话的概念，了解普通话的形成和重要性，以及各方言的特点。

### 一、普通话语音特点

（一）普通话的形成

汉代以前人们就使用着一种在口语基础上形成的统一的书面语——文言文。

唐宋时期在北方方言的基础上逐渐产生了一种接近口语的书面语——白话。宋元以来的白话文学使白话取得了书面语言的地位。随着白话小说、戏曲、话本等文学作品的流传，加速了北方方言的推广。

金朝以后，元、明、清、民国都曾建都北京，北京成了政治、经济、文化的中心，各民族的交往融合促进了北京话的完善和发展。从元朝开始，北京话已作为"官话"在官方或非官方的交往中使用。到了明清时期，由于政治力量的变化，经济文化的发展，白话小说、戏曲受北京话的词汇和语法的影响很大，"官话"随着白话文学传播到各地。至此，北京话在整个社会交往中处于非常重要的地位。

到20世纪初，特别是"五四"运动以后，民族民主革命运动高涨，掀起了"国语运动"

和"白话文运动",提倡白话文反对文言文,出现了大量优秀的白话文文学作品。在口语上,这时的"国语"代替了以前的"官话"。

新中国建立以后,各民族加强了团结和交往,经济和文化不断向前发展,确立规范的民族共同语成了迫切的需要。在党和政府的领导下,20世纪50年代中后期正式确定了以汉民族的共同语为普通话,并颁布了方针和政策,采取了一系列的步骤向全国推广普通话。

(二)普通话语音的特点

普通话就是以北京语音为标准音,以北方方言为基础方言,以现代典范的白话文著作为其语法规范的我国国家通用语言,现代汉民族共同语。1982年通过的《中华人民共和国宪法》明确规定"国家推广全国通用的普通话"。

普通话有声母21个、韵母39个,声韵相拼形成四百多个音节。声调有四个,阴、阳、上、去加上儿化韵的变化也不过一两千个。音节中双音节词占多数,没有特别难发的音节,和古代汉语及某些方言相比简单得多,是较容易掌握的。

普通话音节中元音占主导地位,元音乐音成分多发音响亮、悦耳。辅音中清音占优势,四个声调中高音成分多,变化明显,使语言有抑扬顿挫的音乐色彩,节奏感强。普通话的双音节、三音节、四音节词有约定俗成的轻重格式,节奏明朗,富有韵律,儿化韵也给语音带来柔美、细腻的感觉。再加上双声、叠韵、叠音的一些词更显出普通话语音的音乐性。

具体说来,普通话语音有以下几个特点。

1. 音节界限分明,节律感强

汉语的音节一般都是由声母、韵母、声调三部分组成,声母在前,韵母紧随其后,再带一个贯穿整个音节的声调,便有了鲜明的音节界限。从音素分析的角度观察,辅音和元音互相间隔而有规律地出现,给人周而复始的感觉,便于切分音节。

2. 音节结构简单,元音占优势,声音响亮

普通话音节的结构形式较少且很整齐,在音节中可以没有辅音,但不能没有元音。

3. 声调抑扬顿挫,富于音乐性

普通话每个音节都有声调,且变化鲜明。声调可以使语音富于高低升降的变化,具有音乐动感美。

4. 普通话语音的丰富性

普通话常用词汇的双音节化,词的轻重格式的区分以及轻声、儿化韵的使用使语言表达更加准确、丰富。

### (三)汉语方言

除普通话外,现代汉语还存在着许多不同的地域分支,即方言。方言只通行于某个地区,是共同语的低级形式,它们在许多方面都与普通话有着不同程度的差异,各方言之间的差异主要体现在语音方面。

我国按区域大体分为七大方言区。

1. 北方方言

北方方言可分为四个次方言。华北、东北方言,分布在北京、天津两市,河北、河南、山东、辽宁、吉林、黑龙江,还有内蒙古的一部分地区。西北方言,分布在山西、陕西、甘肃等省和青海、宁夏、内蒙古的一部分地区。新疆汉族使用的语言也属西北方言。西南方言,分布在四川、云南、贵州等省及湖北大部分、广西西北部、湖南西北角等。江淮方言,分布在安徽省、江苏省的长江以北地区、镇江以西九江以东的长江南岸沿江一带。

2. 吴方言

分布在上海市、江苏省的长江以南镇江以东地区、南通的小部分和浙江大部分地区。典型的吴方言以苏州话为代表。

3. 湘方言

分布在湖南省大部分地区,以长沙话为代表。

4. 赣方言

分布在江西省大部分地区,以南昌话为代表。

5. 客家方言

分布在广东、福建、台湾、江西、广西、湖南、四川等省,其中以广东东部和北部、福建西部、江西南部和广西东南部为主,以广东梅县话为代表。

6. 闽方言

现代闽方言主要分布区跨越六省,包括福建和海南的大部分地区、广东东部潮汕地区、雷州半岛部分地区、浙江南部温州地区一部分、广西的少数地区、台湾的大部分汉人居住区。闽方言可分为闽东、闽南、闽北、闽中、莆仙五个次方言,其中最重要的是闽东方言。

7. 粤方言

分布在广东中部、西南部和广西东南部的约一百来个县,以广州话为代表,当地人叫"白话"。

## 二、普通话语音基本概念

### （一）普通话语音四要素

自然界的声音都具有音高、音强、音长和音色四个要素，语音是声音的一种，当然也不例外。

**1. 音高**

音高是指声音的高低，它决定于发音体振动的快慢。小的、细的、薄的、短的、紧的物体振动快，声音高，而大的、粗的、厚的、长的、松的物体振动慢，声音就低。这就是为什么女人的声音高而男人的声音低的缘由，前者声带短而薄，后者声带长而厚。音高是形成普通话声调的基础，与每个人的声带和说话时的情绪相关。

**2. 音强**

音强是指声音的强弱，它决定于发音体振动幅度的大小，而振动的大小又取决于发音时用力的大小。用力大，振幅大，声音就强；用力小，振幅小，声音就弱。音强是形成普通话轻重格式的基础。一个人声音的强弱取决于他说话力度的强弱。

**3. 音长**

音长是指声音的长短，它决定于发音体振动时间的长短。振动时间持续久，声音就长，振动时间持续短，声音就短。普通话声调的长短和轻重语调就与此相关。

**4. 音色**

音色是指声音的特色，也可以说是声音的本质，所以又叫音质，也叫音品，与发音体、发音方法和共鸣器形状有关。音色的不同主要由以下三个方面决定。

（1）发音体

发音体质地的不同会带来音色的不同。如钢琴的音色不同于口琴，是因为前者的发音体是钢丝弦，而后者的发音体为小簧片。不同的人发同一个音的音色有别，那是因为两人的声带等发音体不同。

（2）发音方法

同样的发音体，若发音方法不同，也会产生不同的音色。普通话辅音声母中b和p、d和t、g和k、j和q这四组声母在音色上的差异就是由于发音方法的不同所导致的，b、d、g、j类发音时不送气，而p、t、k、q类发音时送气。

（3）发音共鸣器

同样的发音体，同样的发音方法，若共鸣器形状不同，也会造成音色的不同。普通话舌面元音a、o、e、ê、i、u、ü的音色不同，主要就是因为在发音时口腔这个共鸣器的形状发生了不同的变化而造成的,和发音方法没有什么关系。

从普通话语音的角度来看,音色的不同,主要关注的是发音方法的不同和发音时共鸣器形状的变化。

(二)语音的基本概念

1. 音素和音节

音素是从音色角度划分出来的构成音节的最小的语音单位。音素的不同取决于音色的不同,通常一个音素用一个字母表示,如:po 就是两个音素。但是也有例外,有的用一个字母加一个符号代表一个音素,如 -i;有的用两个字母代表一个音素,如 zh、ch、sh、er、ng;有的用一个字母加一个符号代表一个音素,如 ê。

音节是由音素构成的,一个音节可以由一个音素构成,如汉语的"阿"(a),也可以由几个音素构成,如汉语的"钱"(qian),音节是用听觉可以区分的语音结构的基本单位,而音素一般人在自然状态下是感觉不到的,如"走"(zou),一般汉族人都能感到是一个音节,至于它包含几个音素,一般人不一定知道。

音节是构成词和句子的最小的自然语言单位,一般来说,一个汉字就是一个音节。如:"玉米"(yu mi)是两个音节;国泰民安(guo tai min'an)是四个音节。但有时也有例外,如儿化音就是用两个汉字代表一个音节,如"花儿"(huar)。

普通话的音节一般由声母、韵母、声调三部分构成。有些比较复杂的音节的韵母包含韵头(介音)、韵腹(主要元音)和韵尾三部分。普通话音节的构成有以下几个特点。

(1)一个音节最多可以由四个音素构成,如"广",最少必须有一个主要元音,如"饿(e)"。

(2)汉语音节不能没有声调、韵腹。

(3)元音在音节中占主导地位。一个音节中,元音音素最多可以有三个并且可以连续出现,分别充当韵头、韵腹、韵尾,如"有"。如果一个音节只剩韵腹,那么这个韵腹就是主要元音,如"饿"(e)。

(4)辅音在音节中充当声母和韵尾,只在开头和末尾出现,没有两个辅音相连的音节。音节开头可以没有辅音,在末尾出现的辅音也只限于 n、ng 两个音素。

(5)汉语音节可以没有声母、韵头、韵尾。

(6)汉语音节中充当韵头的是元音 i、u、ü,充当韵尾的是元音 i、u 以及 u 的书写形式 o,如"ao"中的 o,还有辅音 n、ng。

2. 元音和辅音

从发音方法的角度,人们将音素分为元音和辅音两大类。

元音，又叫母音，是指气流振动声带，在口腔或咽头不受阻碍而形成的音，如普通话的a、o、e、ê、i、u、ü等。普通话中有10个元音：a、o、e、ê、i、u、ü、er、-i（前）、-i（后）。

辅音，又叫子音，是指气流在口腔或咽头受一定程度的阻碍而形成的音，如普通话的b、p、m、f等。普通话中有22个辅音：b、p、m、f、d、t、n、l、k、g、h、j、q、x、zh、ch、sh、r、z、c、s、ng。

元音发音时，声带要颤动，发出的声音比较响亮；辅音发音时，有的辅音声带颤动，这样的辅音叫浊音，声音响亮，如m、n、l、r，有的辅音声带不颤动，声音不响亮，如b、t、z、c，这样的辅音叫作清音。

元音和辅音的主要区别如下。

（1）气流受阻与否。元音发音时，气流在咽头、口腔不受任何阻碍；辅音发音时，气流通过口腔、鼻腔时受到阻碍，必须冲破阻碍才能发出音来。这是元音和辅音最主要的区别。

（2）气流强弱对比。元音发音时，气流较弱；辅音发音时，气流较强。

（3）发音器官紧张均衡状态。元音发音时，发音器官各部位保持均衡的紧张状态；辅音发音时，构成阻碍的部位比较紧张，其他部位比较松弛，如发"bu"（布）中的"b"的时候，只有上、下唇特别紧张。

3. 声母、韵母和声调

我国传统音韵学通常把一个汉字的字音分为声母、韵母、声调三个部分。声母是汉语音节开头的辅音。普通话的音节是由声母和韵母相拼而成的，如果音节开头没有辅音，则称为零声母音节。除零声母外，声母都由辅音充当。普通话的声母一共有21个。韵母是声母后面的音素，主要是元音，也有辅音，如："eng"就由元音"e"和辅音"ng"组成。普通话韵母一共有39个。声调是指音节中具有区别意义作用的音高变化，普通话的声调有四个，分别是阴平、阳平、上声和去声。例如"huáng"这个音节里，辅音"h"就是声母，声母后面的"uang"就是韵母，由两个元音"u""a"和一个辅音"ng"构成，声调是去声。而"恩"（en）就是零声母音节。

元音、辅音和声母、韵母是两组性质不同的语音学术语。声母、韵母是根据音素在音节中的位置说的，元音、辅音是根据音素的性质来说的，因此，不能把声母等同于辅音，把韵母等同于元音。

## 三、普通话语音训练的基本原则

学习普通话语音包括发音和正音两个部分。

发音准确是语音学习最基本的要求。发音是否准确与听音、辨音的能力有关，所以首先要提高语音的分辨力。在掌握了正确发音的基础上，还要通过反复练习，才能达到完全熟练的程度。

正音是指掌握汉字、词语的普通话标准读音，纠正受方言影响产生的偏离普通话的语音习惯，这属于一种记忆的训练。方言语音同普通话语音的差异不是毫无规律的，了解了方言语音和普通话语音的对应规律，就不必一个字音一个字音地死记，而可以一批一批地去记。

（一）大胆表达训练

口语训练最大的障碍在于方言区学生可能缺乏足够的胆量和勇气，宁愿像背诵课文那样下死功夫，也不愿在与教师和同学的交流中进行锻炼。

口语的功能在于现场的表达，在于和他人面对面的交流，向听众发表自己的思想、观点、意见；口语能力只有在无数个话语情景中通过积极的参与和不断的实践，才能够得到锻炼、培养和提高。因此，口语的训练应当从胆量和勇气的训练开始。首先，抛却羞于启齿的心理障碍，勇敢地正视口语训练，积极地参与口语训练。其次，要有意识地与别人进行沟通、交流，不断积累口语表达的经验，特别是有意识地参与公众话语交际。最后，在一些正式场合要有意识地争做话语表达的第一人，如参加演讲、朗诵，参与会议发言等。

（二）加强语音训练

教师口语课的一个重要任务，是普及普通话，巩固和提高学生普通话的基本技能，使学生能够顺利参加国家普通话水平测试，取得将来上岗所需的等级证书。

语音训练要做到"四多"，即多听、多练、多读、多说。多听就是听传媒播音，听老师同学的话语发音，增强语音听辨能力；多练就是在听辨的基础上随时练习，以取得现时的经验和效果；多读就是要广泛地朗读书面语言，使在平时的听练中获取的经验得到不断的强化；多说就是积极地参与交流和表达，以便使学习训练的成果真正转化为自己的口语能力。

（三）强化读说能力

教师职业口语能力的培养必须以日常交际口语能力的提高为前提。读说训练是口语训练的重点，也是其最重要、最有效的训练手段。

1.弄清三个"明白"

这要求明白自己在语音上的问题；明白解决、改正这些问题的方法；明白什么是正确的语感。

## 2. 要有"三心"和"三多"

这要求在普通话的学习过程中做到信心、用心、耐心,多听、多练、多记。

**课后练习**

1. 列举自身方言与普通话的差别
▲2. 朗读短文,体会普通话语音的特点

**海上日出**

巴金

在船上,为了看日出,我特地起个大早。那时天还没有亮,周围是很寂静的,只有机器房的声音。

天空变成了浅蓝色,很浅很浅的;转眼间天边出现了一道红霞,慢慢儿扩大了它的范围,加强了它的光亮。我知道太阳要从那天际升起来了,便目不转睛地望着那里。

果然,过了一会儿,在那里就出现了太阳的一小半,红是红得很,却没有光亮。这太阳像负着什么重担似的,慢慢儿,一步一步地,努力向上面升起来,到了最后,终于冲破了云霞,完全跳出了海面。那颜色真红得可爱。一刹那间,这深红的东西,忽然发出夺目的光亮,射得人眼睛发痛,同时附近的云也添了光彩。

有时太阳走入云里,它的光线仍从云里透射下来,直射到水面上。这时候,人要分辨出何处是水何处是天,很不容易,因为只能够看见光亮的一片。

有时天边有黑云,而且云片很厚。太阳出来了,人却不能够看见它。然而太阳在黑云里放射出光芒,透过黑云的周围,替黑云镶了一道光亮的金边,到后来才慢慢儿透出重围,出现在天空,把一片片黑云变成了紫云或红霞。这时候,光亮的不仅是太阳、云和海水,连我自己也成了光亮的了。

这不是很伟大的奇观吗?

# 第二节 声 母

**学习重点**

重点掌握声母的发音部位和方法,特别是掌握平翘舌音、边鼻音、唇齿音(f)和舌根音(g)的发音要领。

## 一、声母概说

声母是普通话音节开头的辅音。在普通话中,基本上一个汉字对应一个音节的读音。普通话的音节是由声母和韵母相拼而成的。

除零声母外,声母都是辅音。普通话的声母一共有 22 个(包括零声母),辅音声母 21 个。零声母音节是一种特殊的音节,大多是由古代的有声母的音节脱掉声母而形成的,如 "ōuyuán"(欧元)的开头就没有辅音,这就叫零声母音节。

## 二、声母发音要领

### (一)声母的发音部位

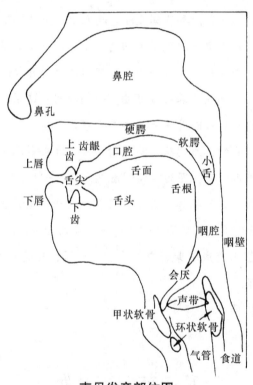

**声母发音部位图**

发音部位指气流受到阻碍的位置。发辅音时发音器官局部紧张,气流在口腔内受到阻碍。形成阻碍、特别紧张的位置就是发音部位。除零声母外,另外 21 个声母按发音部位可以分为 7 类:双唇音、唇齿音、舌尖前音、舌尖中音、舌尖后音、舌面前音和舌根音。

1. 双唇音:b、p、m

发这三个声母时,由上下唇接触形成阻碍。下面这些字的声母发的就是双唇音:

|   |   |   |   |   |   |
|---|---|---|---|---|---|
| b | bā 芭 | biāo 标 | biān 边 | bāo 胞 | bō 拨 |
| p | pá 扒 | piāo 飘 | piān 偏 | pāo 抛 | pō 泼 |
| m | mā 妈 | miāo 喵 | miàn 面 | māo 猫 | mō 摸 |

2. 唇齿音：f

发这个声母时，上齿轻触下唇形成阻碍。下面这些字的声母发的就是唇齿音：

|   |   |   |   |   |   |
|---|---|---|---|---|---|
| f | fā 发 | fēng 峰 | fān 帆 | fēi 非 | fū 敷 |

3. 舌尖前音：z、c、s

发这三个声母时，由舌尖抵触上齿背形成阻碍，就是我们常说的平舌音。下面这些字的声母发的就是舌尖前音：

|   |   |   |   |   |   |
|---|---|---|---|---|---|
| z | zī 资 | zū 租 | zūn 遵 | zǎi 载 | zēng 曾 |
| c | cī 疵 | cū 粗 | cūn 村 | cǎi 踩 | céng 层 |
| s | sī 思 | sù 诉 | sǔn 笋 | sāi 塞 | sēng 僧 |

4. 舌尖中音：d、t、n、l

发这四个声母时，由舌尖抵触上齿龈形成阻碍。下面这些字的声母发的就是舌尖中音：

|   |   |   |   |   |   |
|---|---|---|---|---|---|
| d | dǎ 打 | dì 地 | dé 德 | dǒng 懂 | dīng 丁 |
| t | tā 他 | tī 踢 | tè 特 | tóng 童 | tīng 听 |
| n | nà 那 | ní 尼 | nè 讷 | nóng 农 | níng 宁 |
| l | lā 拉 | lì 力 | lè 乐 | lóng 龙 | líng 灵 |

5. 舌尖后音：zh、ch、sh、r

发这四个声母时，舌尖上翘，抵触硬腭前部形成阻碍。下面这些字的声母发的就是舌尖后音：

|   |   |   |   |   |   |
|---|---|---|---|---|---|
| zh | zhī 只 | zhū 猪 | zhēn 针 | zhāng 张 | zhōng 中 |
| ch | chī 吃 | chū 初 | chēn 嗔 | chāng 昌 | chōng 充 |
| sh | shī 诗 | shū 书 | shēn 深 | shāng 伤 | shē 赊 |
| r |  | rù 入 | rén 人 | ràng 让 | rè 热 |

第一章 普通话语音基础

6. 舌面音：j、q、x

发这三个声母时，由舌面和硬腭前部形成阻碍。下面这些字的声母发的就是舌面音：

| | jū | jī | jiān | jiāng | jīng |
|---|---|---|---|---|---|
| j | 居 | 机 | 间 | 江 | 经 |
| | qǔ | qī | qiān | qiāng | qīng |
| q | 曲 | 七 | 签 | 腔 | 清 |
| | xū | xī | xiān | xiāng | xīng |
| x | 需 | 西 | 仙 | 相 | 星 |

7. 舌根音：g、k、h

发这三个声母时，由舌面后部和软腭形成阻碍。下面这些字的声母发的就是舌根音：

| | gē | gū | guāi | guān | gāo |
|---|---|---|---|---|---|
| g | 哥 | 孤 | 乖 | 观 | 高 |
| | kē | kū | kuài | kuān | kào |
| k | 科 | 哭 | 快 | 宽 | 铐 |
| | hē | hū | huái | huān | hào |
| h | 喝 | 呼 | 怀 | 欢 | 号 |

## （二）声母的发音方法

辅音的发音可以分为成阻、持阻、除阻三个阶段。

成阻阶段（音首）指阻碍的形成。发音器官的两部分开始闭合或接近，形成阻碍。这是一个作势阶段。

持阻阶段（音干）指阻碍的持续。发音器官紧张，气流受到不同程度的阻碍，或者完全被堵塞不能出来，或者从发音器官的共鸣器（口腔或鼻腔）徐徐流出。只要发音器官保持紧张，呼气不停，阻碍就一直持续。这是构成辅音的主要阶段。

除阻阶段（音尾）指阻碍的消除。发音器官的两部分离开，阻碍消除，发音器官停止紧张，恢复到原来的位置，这是发音的结束阶段。

声母的发音方法指声母发音时，气流在喉头、口腔和鼻腔内受到阻碍的情况，可从以下三个方面来区分。

1. 阻碍方式

由于成阻和持阻方式的不同，可以把普通话的辅音声母分成塞音、擦音、塞擦音、鼻音、边音。

（1）塞音

发音时，发音部位闭住，小舌和软腭上升，堵住气流通往鼻腔的通路，气流冲破阻碍，从口腔中爆破而出，又称爆破音。例如：b、p、d、t、g、k。

| běibèi | bèibāo | pī píng | pīngpāng | diàodòng | dàodá | tiāntǐ | tītián |
|---|---|---|---|---|---|---|---|
| 北碚 | 背包 | 批评 | 乒乓 | 调动 | 到达 | 天体 | 梯田 |

| gōngguān | gǔgàn | kǒukě | kāikuò |
|---|---|---|---|
| 公关 | 骨干 | 口渴 | 开阔 |

（2）擦音

发音时，形成阻碍的发音器官相互接近，形成一条缝隙，软腭和小舌上升，堵住气流通往鼻腔的通路，气流从缝隙中流出，摩擦成声，又称摩擦音。例如：f、h、x、s、sh、r。

| fènfēi | fēnfāng | hānhòu | héhuā | xuéxí | xìnxī | sèsù | sìsuì |
|---|---|---|---|---|---|---|---|
| 奋飞 | 芬芳 | 憨厚 | 荷花 | 学习 | 信息 | 色素 | 四岁 |

| shíshì | shíshù | rěnràng | róuruǎn |
|---|---|---|---|
| 时势 | 实数 | 忍让 | 柔软 |

（3）塞擦音

发音时，发音部位先闭住，软腭和小舌上升，堵住通往鼻腔的气流，然后，形成阻碍的发音器官中间张开，形成一条缝隙，气流从缝隙中摩擦而出，形成一个前半部分像塞音，后半部分像擦音的音，但它只有一个成阻、持阻、除阻的过程，是一个单辅音。例如：j、q、zh、ch、z、c。

| jīngjì | jiāojí | qǐngqiú | qíqū | zhuāngzhòng | zhìzhǐ | chángchéng |
|---|---|---|---|---|---|---|
| 经济 | 焦急 | 请求 | 崎岖 | 庄重 | 制止 | 长城 |

| chéngchē | zàngzú | zàozuò | céngcì | cóngcǐ |
|---|---|---|---|---|
| 乘车 | 藏族 | 造作 | 层次 | 从此 |

（4）鼻音

发音时，口腔闭住，软腭和小舌下降，气流从鼻腔流出，一般的鼻音发音时声带要颤动。例如：m、n。

| mìmì | měimiào | màimiáo | miànmào | niúnǎi | nánnǚ | niǎonuó | nínìng |
|---|---|---|---|---|---|---|---|
| 秘密 | 美妙 | 麦苗 | 面貌 | 牛奶 | 男女 | 袅娜 | 泥泞 |

（5）边音

发音时，舌尖顶住上齿龈，软腭和小舌上升，堵住气流通往鼻腔的通路，气流从舌头的两边流出，一般的边音发音时声带要颤动。例如：l。

| liáoliàng | liàolǐ | liúlù | láilín |
|---|---|---|---|
| 嘹亮 | 料理 | 流露 | 来临 |

2. 声带颤动

按照声带是否颤动，辅音可以分为两种，即清音和浊音。

（1）清音

清音指发音时声带不颤动的音，例如：b、p、f、d、t、g、k、h、j、q、x、zh、ch、

sh、z、c、s。

(2) 浊音

浊音指发音时声带颤动的音,例如:m、n、l、r。

现代汉语普通话中,鼻音、边音 m、n、ng、l 都是浊音,另有一个擦音 r 也是浊音,其余的塞音、塞擦音、擦音都是清音。

3. 气流强弱

按照发音时气流的强弱,可把塞音和塞擦音分成送气音、不送气音。鼻音、边音、擦音等没有送气不送气的区别。

(1) 送气音

送气音指发音时气流比较强的塞音和塞擦音,例如:p、t、k、q、ch、c。

(2) 不送气音

不送气音指发音时气流比较弱的塞音和塞擦音,例如:b、d、g、j、zh、z。

(三) 零声母的发音

以 a、o、e 开头的零声母音节,书写时需用隔音符号,发音时要避免喉塞音,如:ǒu'er(偶尔;)以 i、u、ü 开头的,书写时要用 y、w 隔开,如:yányǔ(言语)。例如:

| ā | wǒ | é | yī | wǔ | yú | ér | ài | áo | ǒu | yā | wǎ | yè | yuē |
|---|----|----|----|----|----|----|----|----|----|----|----|----|----|
| 阿 | 我 | 额 | 衣 | 武 | 于 | 而 | 爱 | 熬 | 偶 | 押 | 瓦 | 叶 | 约 |
| yì yì | ǎi ǎi | wáwa | yuān yuán | áo yóu | wàn wù | wàng wǒ | yáo yán | yī yào | yùn yù | | | | |
| 异议 | 皑皑 | 娃娃 | 渊源 | 遨游 | 万物 | 忘我 | 谣言 | 医药 | 孕育 | | | | |

附:普通话声母发音要领表

| 发音部位<br>发音方法 | | | 双唇音 | 唇齿音 | 舌尖音 | | | 舌面音 | 舌根音 |
|---|---|---|---|---|---|---|---|---|---|
| | | | | | 前 | 中 | 后 | | |
| 塞音 | 清音 | 不送气 | b | | | | d | | g |
| | | 送气 | p | | | | t | | k |
| 塞擦音 | 清音 | 不送气 | | | z | | zh | j | |
| | | 送气 | | | c | | ch | q | |
| 擦音 | 清 | | | f | s | | sh | x | h |
| | 浊 | | | | | | r | | |
| 鼻音 | 浊 | | m | | | n | | | (ng) |
| 边音 | 浊 | | | | | l | | | |

## 三、声母发音训练

### （一）声母基本发音练习

1. 单词读音练习

| | | | | |
|---|---|---|---|---|
| b | 颁布（bānbù） | 标兵（biāobīng） | 褒贬（bāobiǎn） | 冰雹（bīngbáo） |
| p | 批评（pīpíng） | 匹配（pǐpèi） | 瓢泼（piáopō） | 澎湃（péngpài） |
| m | 美妙（měimiào） | 命名（mìngmíng） | 明媚（míngmèi） | 美梦（měimèng） |
| f | 伏法（fúfǎ） | 仿佛（fǎngfú） | 非凡（fēifán） | 反复（fǎnfù） |
| z | 粽子（zòngzi） | 自尊（zìzūn） | 罪责（zuìzé） | 宗族（zōngzú） |
| c | 猜测（cāicè） | 措辞（cuòcí） | 催促（cuīcù） | 残存（cáncún） |
| s | 琐碎（suǒsuì） | 洒扫（sǎsǎo） | 思索（sīsuǒ） | 诉讼（sùsòng） |
| d | 道德（dàodé） | 单调（dāndiào） | 答对（dáduì） | 断定（duàndìng） |
| t | 妥帖（tuǒtiē） | 疼痛（téngtòng） | 坦途（tǎntú） | 淘汰（táotài） |
| n | 奶牛（nǎiniú） | 男女（nánnǚ） | 泥泞（nínìng） | 能耐（néngnai） |
| l | 浏览（liúlǎn） | 零乱（línglluàn） | 磊落（lěiluò） | 玲珑（línglóng） |
| zh | 正直（zhèngzhí） | 周转（zhōuzhuǎn） | 支柱（zhīzhù） | 争执（zhēngzhí） |
| ch | 抽查（chōuchá） | 惩处（chéngchǔ） | 充斥（chōngchì） | 春潮（chūncháo） |
| sh | 舒适（shūshì） | 闪烁（shǎnshuò） | 神圣（shénshèng） | 少数（shǎoshù） |
| r | 柔软（róuruǎn） | 荣辱（róngrǔ） | 软弱（ruǎnruò） | 荏苒（rěnrǎn） |
| j | 结局（jiéjú） | 积极（jījí） | 交际（jiāojì） | 捷径（jiéjìng） |
| q | 确切（quèqiè） | 崎岖（qíqū） | 恰巧（qiàqiǎo） | 缺勤（quēqín） |
| x | 喜讯（xǐxùn） | 细小（xìxiǎo） | 下旬（xiàxún） | 相信（xiāngxìn） |
| g | 改革（gǎigé） | 高贵（gāoguì） | 国歌（guógē） | 更改（gēnggǎi） |
| k | 开阔（kāikuò） | 苛刻（kēkè） | 慷慨（kāngkǎi） | 空旷（kōngkuàng） |
| h | 悔恨（huǐhèn） | 绘画（huìhuà） | 花卉（huāhuì） | 辉煌（huīhuáng） |

2. 诗歌练习：下面这首诗包含了普通话的所有声母，反复朗读，做到声母发音正确

### 采桑歌

春日起每早，采桑惊啼鸟。

风过扑鼻香，花开花落知多少。

3. 绕口令练习（先注音，再朗读）

（1）八个保姆抱着八个宝宝各吃了半杯八宝粥。

（2）吃着枇杷的胖公公背捧着破盆的胖婆婆爬坡。

（3）没眉毛的猫咪没有有眉毛的猫咪美。

（4）八百标兵奔北坡，炮兵并排北边跑。炮兵怕把标兵碰，标兵怕碰炮兵炮。

（5）东洞庭，西洞庭，洞庭山上一根藤，藤上挂个大铜铃，风起藤动铜铃动，风停藤定铜铃静。

（二）声母辨正训练

方言区的人要学好普通话，就要找到普通话与自己的方言在语言上的异同，以普通话语音为标准进行正音，这就是"辨正"。下面以重庆方言为例进行声母辨正训练。

1. 平翘舌辨正

重庆人说话，存在平翘不分的现象，而普通话翘舌音的出现频率很高，所以能不能发好平翘舌音，能不能分辨平翘舌音，成为判断普通话是否标准的一个重要标准。

先来看看分辨平翘舌音的方法。

一是记少不记多。据统计，在普通话3500个常用汉字中，属于舌尖前音的有260个，舌尖后音的有602个，占到17%。

二是利用形声字的声旁类推记忆。不过要注意有例外的情况需排除，例如：才——材、财，但豺是翘舌；叟——艘、搜、馊、嫂等，但瘦是翘舌；寸、曹、仓、崔等字都可以此类推。

三是利用普通话声韵拼和规律类推记忆。

韵母ua、uai、uang只拼翘舌音，不拼z、c、s。所以，遇此韵母大胆读翘舌。例如：抓、爪、拽、装、撞、庄、壮、桩、状、幢、揣、踹、床、闯、创、疮、怆、窗、妆、孀、刷、耍、摔、甩、率、帅、衰、双、爽、霜等。

韵母ong只和平舌s相拼，不和翘舌sh相拼。例如：送、松、耸、宋、颂、诵、怂、讼、嵩、悚。

韵母ou和ch可自由拼和，而和c只有"凑"常用。例如：抽、愁、臭、仇、丑、稠、绸、酬、筹、踌、瞅、帱。

韵母a、en、eng拼zh、ch、sh多，拼z、c、s少。例如：za杂砸咱扎、zen怎、zeng增赠憎曾、ca擦、cen岑参、ceng曾层蹭、sa撒洒萨飒、sen森、seng僧等。

再来看看平翘舌的发音要领：发z、c、s时，舌头平伸，舌尖与上齿背接触形成阻碍。

发 zh、ch、sh 时，舌尖上翘，与硬腭前部接触形成阻碍。至于 r，重庆方言中常常读 [z]，只需在说普通话时改为 [r] 即可。

（1）字的对比训练

| zh-z | 帐子 | 铸造 | 渣滓 | 张嘴 | 长子 | 振作 | 争嘴 |
| z-zh | 载重 | 增长 | 自传 | 宗旨 | 罪证 | 诅咒 | 杂质 |
| ch-c | 差错 | 车次 | 储存 | 冲刺 | 蠢材 | 楚辞 | 陈醋 |
| c-ch | 残春 | 彩绸 | 餐车 | 磁场 | 粗茶 | 错处 | 操场 |
| sh-s | 生丝 | 胜诉 | 绳索 | 神色 | 时速 | 上诉 | 山色 |
| s-sh | 扫射 | 四时 | 松鼠 | 岁数 | 损伤 | 唆使 | 宿舍 |

（2）词的对比训练

杂技—札记　　春装—村庄　　资助—支柱　　擦嘴—插嘴　　早稻—找到
死记—史记　　自立—智力　　赞助—站住　　暂时—战时　　大字—大志
塞子—筛子　　散光—闪光　　丧生—上升　　粗布—初步　　擦车—叉车
栽花—摘花　　字纸—制止　　辞职—赤字　　祖父—嘱咐　　造就—照旧

（3）绕口令训练

① 渣滓不是杂志，杂志不是渣滓。分清 zh 和 z，杂志是杂志，渣滓是渣滓。

② 四是四，十是十，十四是十四，四十是四十。这些都是不同的数字。谁说十四是四十，或说四十是十四，轻者造成误会，重者耽误大事。

③ 红砖堆，青砖堆，砖堆旁边蝴蝶追，蝴蝶绕着砖堆飞，飞来飞去蝴蝶钻砖堆。

④ 三哥三嫂子，借我三斗三升酸枣子，等我上山摘了酸枣子，再奉还三哥三嫂子的三斗三升酸枣子。

⑤ 树上结了四十四个涩柿子，树下蹲着四十四只石狮子。树下四十四只石狮子，要吃树上四十四个涩柿子；树上四十四个涩柿子，不让树下四十四只石狮子吃树上四十四个涩柿子，树下四十四只石狮子偏要吃树上四十四个涩柿子。

（4）朗读诗歌

**滁州西涧**

韦应物

独怜幽草涧边生，
上有黄鹂深树鸣。
春潮带雨晚来急，
野渡无人舟自横。

（5）朗读短文

## 读书人是幸福人（节选）

谢冕

我常想读书人是世间幸福人，因为他除了拥有现实的世界之外，还拥有另一个更为浩瀚也更为丰富的世界。现实的世界是人人都有的，而后一个世界却为读书人所独有。由此我想，那些失去或不能阅读的人是多么的不幸，他们的丧失是不可补偿的。世间有诸多的不平等，财富的不平等，权力的不平等，而阅读能力的拥有或丧失却体现为精神的不平等。

一个人的一生，只能经历自己拥有的那一份欣悦，那一份苦难，也许再加上他亲自闻知的那一些关于自身以外的经历和经验。然而，人们通过阅读，却能进入不同时空的诸多他人的世界。这样，具有阅读能力的人，无形间获得了超越有限生命的无限可能性。阅读不仅使他多识了草木虫鱼之名，而且可以上溯远古下及未来，饱览存在的与非存在的奇风异俗。

更为重要的是，读书加惠于人们的不仅是知识的增广，而且还在于精神的感化与陶冶。人们从读书学做人，从那些往哲先贤以及当代俊的著述中学得他们的人格。人们从《论语》中学得智慧的思考，从《史记》中学得严肃的历史精神，从《正气歌》中学得人格的刚烈，从马克思学得人世//的激情，从鲁迅学得批判精神，从托尔斯泰学得道德的执着。歌德的诗句刻写着睿智的人生，拜伦的诗句呼唤着奋斗的热情。一个读书人，一个有机会拥有超乎个人生命体验的幸运人。

2. 鼻边音辨正

许多方言中 n、l 有混读，重庆方言也存在这个问题。辨正 n、l，首先应掌握它们在发音上的区别性特征，练习并发准 n 声母与 l 声母。其次要掌握方言中混读的现象。有些方音中 n、l 的混读与声韵配合有关。再次可利用形声字类推记住常用 n、l 声母字。

n、l 的发音部位完全相同，但发音方法不同，也就是说处于不同的舌位状态：发鼻音 n 时，软腭、小舌下降紧贴舌根，这时口腔通路关闭，鼻腔通路打开，气流振动声带，在鼻腔产生共鸣，气流从鼻腔流出；发边音 l 时，软腭、小舌上升，堵住鼻腔的通路，气流振动声带，从舌的两边流出。

（1）同音训练

农奴　　牛奶　　恼怒　　袅娜　　男女　　南宁
浏览　　罗列　　理论　　力量　　玲珑　　流利

（2）字的对比训练

老—脑　　刘—牛　　路—怒　　类—内　　赖—耐

诺—落　龙—浓　闹—捞　拉—拿　冷—能

列—涅　吕—女　零—宁　年—连　连—年

（3）词的对比训练

大怒—大路　　一年——一连　　南宁—兰陵　　男女—褴褛

小牛—小刘　　老农—老龙　　年内—连累　　南天—蓝天

女客—旅客　　允诺—陨落　　浓重—隆重　　泥巴—篱笆

（4）绕口令训练

① 念一念，练一练，n、l的发音要分辨。l是边音软腭升，n是鼻音舌靠前。你来练，我来念，不怕累，不怕难，齐努力，攻难关。

② 门口有四辆四轮大马车，你爱拉哪两辆就拉哪两辆。

③ 牛郎年年恋刘娘，刘娘连连念牛郎；牛郎恋刘娘，刘娘念牛郎；郎恋娘来娘念郎。

④ 老龙恼怒闹老农，老农恼怒闹老龙，农怒龙恼农更怒，龙恼农怒龙怕农。

（5）诗歌朗读

### 问刘十九

白居易

绿蚁新醅酒，红泥小火炉。

晚来天欲雪，能饮一杯无？

（6）短文朗读

### 我的母亲独一无二

罗曼·加里

记得我十三岁时，和母亲住在法国东南部的耐斯城。母亲没有丈夫，也没有亲戚，够清苦的，但她经常能拿出令人吃惊的东西，摆在我面前。她从来不吃肉，一再说自己是素食者。然而有一天，我发现母亲正仔细地用一小块碎面包擦那给我煎牛排用的油锅。我明白了她称自己为素食者的真正原因。

我十六岁时，母亲成了尼斯市美蒙旅馆的女经理。这时，她更忙碌了。一天，她瘫在椅子上，脸色苍白，嘴唇发灰。马上找来医生，作出诊断：她摄取了过多的胰岛素。直到这时我才知道母亲多年一直对我隐瞒的疾痛——糖尿病。

她的头歪向枕头一边，痛苦地用手抓挠胸口。床架上方，则挂着一枚我一九三二年赢得耐斯市少年乒乓球冠军的银质奖章。

啊，是对我的美好前途的憧憬支撑着她活下去，为了给她那荒唐的梦至少加一点真实的色彩，我只能继续努力，与时间竞争，直至一九三八年我被征入空军。巴黎很快失陷，我辗转调到英国皇家空军。刚到英国就接到了母亲的来信。这些信是由在瑞士的一个朋友秘密地转到伦敦，送到我手中的。

现在我要回家了，胸前佩戴着醒目的绿黑两色的解放十字绶 // 带，上面挂着五六枚我终身难忘的勋章，肩上还佩戴着军官肩章。到达旅馆时，没有一个人跟我打招呼。原来，我母亲在三年半以前就已经离开人间了。

在她死前的几天中，她写了近二百五十封信，把这些信交给她在瑞士的朋友，请这个朋友定时寄给我。就这样，在母亲死后的三年半的时间里，我一直从她身上吸取着力量和勇气——这使我能够继续战斗到胜利那一天。

3. h、f 的辨正

重庆方言区有些地方唇齿音 f 和舌根音 h 相混淆，尤其是和 u 相拼的时候，例如：狐狸、湖水、糊涂、相互。这两个音不同之处是发音部位的不同，f 发音时上齿轻轻接触下唇，唇齿之间形成缝隙，气流摩擦成音。h 发音时舌根高抬接近软腭，舌根于软腭之间形成缝隙，气流摩擦成音。例如：发—哈、反—喊、放—行、分—很、非—黑、费—会。

（1）字词训练

发行　妨害　绯红　风寒　烽火　废话　合法　何妨　横幅
后方　焕发　恢复　伙房　划分　芬芳　昏黄　俯视　忽视

（2）对比训练

开方—开荒　防空—航空　幅度—弧度　理发—理化　复员—互援
防止—黄纸　开发—开花　初犯—出汗　飞机—灰鸡　仿佛—恍惚
欢呼—反复　粉尘—很沉　伏案—湖岸　废话—绘画　公费—工会

（3）绕口令训练

① 风吹灰飞，灰飞花上花堆灰。风吹花飞灰飞去，灰在风里飞又飞。

② 胡庄有个胡苏夫，吴庄有个吴夫苏。胡庄的胡苏夫爱读诗书，吴庄的吴夫苏爱读古书，胡苏夫的书屋摆满了诗书，吴夫苏的书屋摆满了古书。

③ 丰丰和芳芳，上街买混纺。红混纺、粉混纺、黄混纺、灰混纺。红花混纺做裙子，粉花混纺做衣裳，穿上新衣真漂亮。丰丰和芳芳喜洋洋，感谢叔叔和阿姨，多纺红粉灰黄好混纺。

④ 红粉墙，黄粉墙，粉墙上面画凤凰。红粉墙画上黄凤凰，黄粉墙画上红凤凰。红

黄粉墙真堂皇，好似天上飞着一对真凤凰。不知是红黄粉墙画上了黄红凤凰，还是黄红凤凰飞上了红黄粉墙。

4.送气音与不送气音辨正

送气音呼出的气流比较强，例如：p、t、k、q、ch、c。不送气音呼出的气流比较弱，例如：b、d、g、j、zh、z。可以做一个实验：用一张薄纸对着嘴，呼出的气流能让纸颤动的就是送气音，呼出的气流不能让纸颤动的就是不送气音。

（1）对比训练

败兵—派兵　鼻子—皮子　淡化—碳化　肚子—兔子　米缸—米糠　怪事—快事

孤树—枯树　犟人—呛人　坚强—牵强　直到—迟到　侄子—池子　座位—错位

（2）绕口令练习

① 哥挎瓜筐过宽沟，赶快过沟看怪狗，光看怪狗瓜筐扣，瓜滚筐空哥怪狗。

② 营房里出来两个排，直奔正北菜园来，一排浇波菜，二排砍白菜。剩下八百八十八棵大白菜没有掰。

③ 谭家谭老汉，挑担到蛋摊，买了半担蛋，挑担到炭摊，买了半担炭，满担是蛋炭。老汉忙回赶，回家炒蛋饭。

▲ 课后练习

一、不同发音部位的单字综合练习，先注音，后朗读

拍　拔　盆　打　塔　都　通　那　拉　鸟　练　细　纪　前　现

飞　分　粉　凤　苏　资　聪　散　诗　初　专　输　日　入　热

信　序　现　牌　平　喷　普　姑　科　海　航　吃　者　车　双

二、不同发音部位的四字词语综合练习，先注音，后朗读

删繁摘要　老师指示　平时重视　自己支撑　口齿熟练

始终有志　沙皇时代　恃势压榨　驱逐豺狼　制止战争

施展本事　插翅难溜　翻天覆地　呼风唤雨　回光返照

三、绕口令训练

1. 姑姑住在顾家庄，养了猪儿肥又壮，卖了猪，打新庄，庄前庄后亮光光。

2. 船在川上，床在船上，风吹船快，船快床空，船船快船，床床空床。也不知是风吹

了船快，还是床空了船快。

3. 叔叔管税务，工作怪舒服，如若要数数，顺口能说出。蔬菜款双数，运输款单记，书塾税免除，如数说清楚，一点不差出。

4. 刚往窗上糊字纸，你就隔着窗户撕字纸，一次撕下横字纸，一次撕下竖字纸，横竖两次撕下四十四张湿字纸。是字纸你就撕字纸，不是字纸你就不要胡乱撕一地纸。

5. 正月里，正月正，姐俩二人去逛灯。大姑娘名叫粉红女，二姑娘名叫女粉红；粉红女穿着一件粉红袄，女粉红穿着一件袄粉红；粉红女抱着一瓶粉红酒，女粉红抱着一瓶酒粉红；粉红女喝得酩酊醉，女粉红喝得醉酩酊；粉红女揪着女粉红就打，女粉红揪着粉红女就拧，女粉红撕了粉红女的粉红袄，粉红女撕了女粉红的袄粉红；姐俩打完停住手，各人买线各人缝，粉红女买了一条粉红线，女粉红找来一条线粉红，粉红女反缝缝缝粉红袄，女粉红反缝缝缝袄粉红。

**四、朗读作品，注意发准每个音节的声母**

### 丑石

贾平凹

我常常遗憾我家门前的那块丑石：它黑黝黝地卧在那里，牛似的模样；谁也不知道是什么时候留在这里的，谁也不去理会它。只是麦收时节，门前摊了麦子，奶奶总是说：这块丑石，多占地面呀，抽空把它搬走吧。

它不像汉白玉那样的细腻，可以刻字雕花，也不像大青石那样的光滑，可以供来浣纱捶布。它静静地卧在那里，院边的槐阴没有庇覆它，花儿也不再在它身边生长。荒草便繁衍出来，枝蔓上下，慢慢地，它竟锈上了绿苔、黑斑。我们这些做孩子的，也讨厌起它来，曾合伙要搬走它，但力气又不足；虽时时咒骂它，嫌弃它，也无可奈何，只好任它留在那里了。

终有一日，村子里来了一个天文学家。他在我家门前路过，突然发现了这块石头，眼光立即就拉直了。他再没有离开，就住了下来；后来又来了好些人，都说这是一块陨石，从天上落下来已经有二三百年了，是一件了不起的东西。不久便来了车，小心翼翼地将它运走了。

这使我们都很惊奇！这又怪又丑的石头，原来是天上的啊！它补过天，在天上发过热、闪过光，我们的先祖或许仰望过它，它给了他们光明、向往、憧憬；而它落下来了，在污土里，荒草里，一躺就//是几百年了！

我感到自己的无知，也感到了丑石的伟大，我甚至怨恨它这么多年竟会默默地忍受着这一切！而我又立即深深地感到它那种不屈于误解、寂寞的生存的伟大。

## 中国的牛

小思

对于中国的牛，我有着一种特别尊敬的感情。

留给我印象最深的，要算在田垄上的一次"相遇"。

一群朋友郊游，我领头在狭窄的阡陌上走，怎料迎面来了几头耕牛，狭道容不下人和牛，终有一方要让路。它们还没有走近，我们已经预计斗不过畜生，恐怕难免踩到田地泥水里，弄得鞋袜又泥又湿了。正踟蹰的时候，带头的一头牛，在离我们不远的地方停下来，抬起头看看，稍迟疑一下，就自动走下田去。一队耕牛，全跟着它离开阡陌，从我们身边经过。

我们都呆了，回过头来，看着深褐色的牛队，在路的尽头消失，忽然觉得自己受了很大的恩惠。

中国的牛，永远沉默地为人做着沉重的工作。在大地上，在晨光或烈日下，它拖着沉重的犁，低头一步又一步，拖出了身后一列又一列松土，好让人们下种。等到满地金黄或农闲时候，它可能还得担当搬运负重的工作；或终日绕着石磨，朝同一方向，走不计程的路。

在它沉默的劳动中，人便得到应得的收成。

那时候，也许，它可以松一肩重担，站在树下，吃几口嫩草。偶尔摇摇尾巴，摆摆耳朵，赶走飞附身上的苍蝇，已经算是它最闲适的生活了。

中国的牛，没有成群奔跑的习//惯，永远沉沉实实的，默默地工作，平心静气。这就是中国的牛！

## 莲花和樱花

严文井

十年，在历史上不过是一瞬间。只要稍加注意，人们就会发现：在这一瞬间里，各种事物都悄悄经历了自己的千变万化。

这次重新访日，我处处感到亲切和熟悉，也在许多方面发觉了日本的变化。就拿奈良的一个角落来说吧，我重游了为之感受很深的唐招提寺，在寺内各处匆匆走了一遍，庭院依旧，但意想不到还看到了一些新的东西。其中之一，就是近几年从中国移植来的"友谊之莲"。

在存放鉴真遗像的那个院子里，几株中国莲昂然挺立，翠绿的宽大荷叶正迎风而舞，显得十分愉快。开花的季节已过，荷花朵朵已变为莲蓬累累。莲子的颜色正在由青转紫，看来已经成熟了。

我禁不住想："因"已转化为"果"。

中国的莲花开在日本，日本的樱花开在中国，这不是偶然。我希望这样一种盛况持续不衰。可能有人不欣赏花，但决不会有人欣赏落在自己面前的炮弹。

在这些日子里，我看到了不少多年不见的老朋友，又结识了一些新朋友。大家喜欢涉及的话题之一，就是古长安和古奈良。那还用得着问吗，朋友们缅怀过去，正是瞩望未来。瞩目于未来的人们必将获得未来。

我不例外，也希望一个美好的未来。

为 // 了中日人民之间的友谊，我将不浪费今后生命的每一瞬间。

## 第三节　韵　母

### 学习重点

掌握普通话韵母的发音要领，读准常用汉字的韵母，并能在普通话口语交际运用中熟练运用。

### 一、韵母概说

韵母是指一个音节中声母后面的部分。普通话中共有 39 个韵母。韵母的主要成分是元音，它是普通话音节发音是否饱满、准确的关键。

（一）韵母的结构

普通话韵母的结构可以分为韵头、韵腹、韵尾三个部分。

韵头是主要元音前面的元音，又叫介音。由 i、u、ü 充当，发音总是轻而短，只表示韵母的起点。例如：ia、ua、üe、iao、uan 中的 i、u、ü。

韵腹是韵母中的主要元音。韵腹是韵母的主要构成部分，它是韵母中开口度最大，发音最响亮的原元音。它们分别是 a、o、e、ê、i、u、ü、-i（前）、-i（后）、er。

韵尾是韵腹后面的音素，又叫尾音。由 i、u 或鼻辅音 n、ng 充当。韵尾发音要模糊、含混，只表示韵母滑动的方向。

韵母中只有一个元音时，这个元音就是韵腹；有 2 个或 3 个元音时，开口度最大、声音最响亮的元音是韵腹。韵腹前面的元音是韵头，后面的元音或辅音是韵尾。韵腹是韵母的主要成分，一个韵母可以没有韵头或韵尾，但是不可以没有韵腹。

（二）韵母的分类

根据不同的标准，普通话韵母可以划分出不同的类型。

1. 根据开头元音的发音口形来划分，即我国传统语音学的"四呼"

开口呼：不是 i、u、ü 或不以 i、u、ü 开头的韵母，例如"e"。

齐齿呼：i 或以 i 开头的韵母，例如"ie"。

合口呼：u 或以 u 开头的韵母，例如"uo"。

撮口呼：ü 或以 ü 开头的韵母，例如"üe"。

2. 根据韵母的内部结构来划分

（1）单韵母

由一个元音构成的韵母，又叫单元音韵母，共 10 个：a、o、e、ê、i、u、ü、-i（前）、-i（后）、er。

（2）复韵母

由两个或三个元音结合构成的韵母，又叫复元音韵母，共 13 个：ai、ei、ao、ou、ia、ie、ua、uo、üe、iao、iou、uai、uei。

（3）鼻韵母

元音后面带上鼻辅音构成的韵母，又叫鼻音韵母，共 16 个。其中前鼻韵母 8 个：an、en、in、un、ian、uan、üan、uen；后鼻韵母 8 个：ang、eng、ong、ing、iang、iong、uang、ueng

**普通话韵母表**

|  | 开口呼 | 齐齿呼 | 合口呼 | 撮口呼 |
|---|---|---|---|---|
| 单韵母 | -i | i | u | ü |
|  | a | ia | ua |  |
|  | o |  | uo |  |
|  | e |  |  |  |
|  | ê | ie |  | üe |
|  | er |  |  |  |
| 复韵母 | ai |  | uai |  |
|  | ei |  | uei |  |
|  | ao | iao |  |  |
|  | ou | iou |  |  |
| 鼻韵母 | an | ian | uan | üan |
|  | en | in | uen | ün |
|  | ang | iang | uang |  |
|  | eng | ing | ueng |  |
|  | ong | iong |  |  |

## 二、韵母发音要领

韵母的发音质量决定着普通话的语音质量。要想读好韵母就要注意以下三点：口形、舌位动程和归音。

口形包括口腔的开合和唇形的圆展两方面。口腔的开合指发音时口腔内空间的宽窄，与舌位的高低有关。唇形的圆展指嘴唇形状的变化。舌位动程指舌位的运动，即在复韵母及鼻韵母中，舌位由韵头到韵腹再到韵尾的运动过程。单元音韵母发音的特点是自始至终口形不变，舌位不移动。复韵母的发音与单韵母不同。复韵母由于是两个或三个元音组成的，因此，在发音的过程中舌位和唇型都会发生变化，这种变化就是"动程"。但有的人在进行复韵母的发音时却无"动程"，把复韵母发成单韵母。也就出现了诸如把 uo 发成 o，ie 发成 i 等语音错误或缺陷。归音指要读好韵尾。中响复韵母由三个元音组成，最能体现归音到位的效果。其舌位和唇型有两次变化，但不管如何变化，舌位、唇型最后归音都应该归到开、齐、合（a、i、u）上，而且音素的过渡必须有机自然，不可以有机械地跳动，把音素与音素割裂开。

（一）单韵母

发音要领：发音时口腔保持均衡紧张状态，注意口腔、舌位、唇形的配合。发音过程中舌位、唇形和开口度始终不变，保持固定的口形。

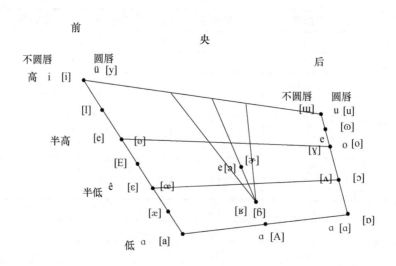

**舌面元音舌位图**

a 舌面央低不圆唇元音。发音时口大开，舌位低，舌头居中央（不前不后），唇形不圆。例如：

| bá | luò | ná | mǎ | là | zā | pà | tà | dā | gà | lā | lá | nà | pā | sà | dá | chá | chà |
|---|---|---|---|---|---|---|---|---|---|---|---|---|---|---|---|---|---|
| 拔 | 落 | 拿 | 马 | 辣 | 扎 | 怕 | 踏 | 耷 | 尬 | 拉 | 剌 | 衲 | 葩 | 飒 | 沓 | 猹 | 诧 |

| dǎ bǎ | dà shà | mǎ dá | lǎ ba | nǎ pà |
|---|---|---|---|---|
| 打靶 | 大厦 | 马达 | 喇叭 | 哪怕 |

o 舌面后半高圆唇元音。发音时口半闭，舌位半高，舌头后缩。

| bō | pò | mò | fó | bó | bō | pǒ | mó | bāo | bó | bó | pó | mò | mò | bó | pò | mò |
|---|---|---|---|---|---|---|---|---|---|---|---|---|---|---|---|---|
| 玻 | 迫 | 末 | 佛 | 泊 | 钵 | 叵 | 摹 | 剥 | 伯 | 博 | 鄱 | 陌 | 秣 | 勃 | 魄 | 陌 |

| pó po | mò mò | pō mò | bó mó | mó mo |
|---|---|---|---|---|
| 婆婆 | 默默 | 泼墨 | 薄膜 | 馍馍 |

e 舌面后半高不圆唇元音。发音时嘴角裂开（微笑），上下齿有一个食指的缝隙。

| é | gé | sè | rè | dé | lè | zhě | chè | zé | sè | é | chē | sè | shē | zè | zhé | hé | gē |
|---|---|---|---|---|---|---|---|---|---|---|---|---|---|---|---|---|---|
| 讹 | 格 | 瑟 | 热 | 德 | 勒 | 者 | 撤 | 责 | 色 | 额 | 车 | 涩 | 奢 | 仄 | 折 | 核 | 疙 |

| gé hé | hé gé | kè chē | tè sè | zhé shè |
|---|---|---|---|---|
| 隔阂 | 合格 | 客车 | 特色 | 折射 |

i 舌面前高不圆唇元音。发音时唇形呈扁平状，舌头前伸，舌面前部靠近硬腭。口微开，两唇开裂，齿尖轻触下齿背。

| yí | dī | tí | mì | qí | xǐ | yī | bì | pī | xì | qí | xī | nǐ | lì | tì | dì | lì |
|---|---|---|---|---|---|---|---|---|---|---|---|---|---|---|---|---|
| 移 | 滴 | 提 | 觅 | 骑 | 洗 | 揖 | 庇 | 砒 | 系 | 畦 | 吸 | 拟 | 砾 | 倜 | 地 | 苈 |

| bǐ jì | jī dì | jì yì | pī lì | xí tí |
|---|---|---|---|---|
| 笔记 | 基地 | 记忆 | 霹雳 | 习题 |

u 舌面后高圆唇元音。发音时双唇拢圆，留一小孔，舌头后缩，舌根接近软腭。

| dǔ | tǔ | gǔ | kù | zhū | chú | zǔ | cù | sù | nù | rǔ | lǔ | wù | bù | pù | mù | fù |
|---|---|---|---|---|---|---|---|---|---|---|---|---|---|---|---|---|
| 堵 | 土 | 古 | 裤 | 珠 | 除 | 阻 | 簇 | 塑 | 怒 | 辱 | 鲁 | 戊 | 簿 | 曝 | 木 | 缚 |

| bǔ zhù | dú wù | gū fù | pù bù | rù wǔ |
|---|---|---|---|---|
| 补助 | 读物 | 辜负 | 瀑布 | 入伍 |

ü 舌面前高圆唇元音。发音时舌位前后、高低与 i 同，唇形圆。

| yǔ | jù | qǔ | xù | nǚ | lǘ | lǚ | lǜ | jǔ | qū | yù | jú | qū | xù | yú | yú | lǚ |
|---|---|---|---|---|---|---|---|---|---|---|---|---|---|---|---|---|
| 语 | 剧 | 娶 | 叙 | 女 | 驴 | 褛 | 绿 | 沮 | 祛 | 域 | 菊 | 躯 | 旭 | 愚 | 榆 | 履 |

| jù jū | qū yù | xū yú | xù qǔ | yǔ xù |
|---|---|---|---|---|
| 聚居 | 区域 | 须臾 | 序曲 | 语序 |

er 卷舌央中不圆唇元音。发音时口形略开，舌位居中，稍后缩，唇型不圆，发 [ə] 时舌尖向硬腭卷起。如：

| ěr | ěr | ěr | èr | ěr | ěr |
|---|---|---|---|---|---|
| 耳 | 饵 | 尔 | 贰 | 洱 | 迩 |

| ér qiě | ér gē | èr hú | èr shí | ér tóng |
|---|---|---|---|---|
| 而且 | 儿歌 | 二胡 | 二十 | 儿童 |

-i（前）舌尖前高不圆唇元音。发音时舌尖前伸，靠近上齿背，唇形不圆。

| zǐ | cì | sǐ | zī | zǎi | zǐ | zì | zī | chà | sì | cí | cí | cì | sī | sī | sī | zì |
|---|---|---|---|---|---|---|---|---|---|---|---|---|---|---|---|---|
| 子 | 次 | 死 | 咨 | 仔 | 梓 | 渍 | 訾 | 差 | 似 | 瓷 | 雌 | 刺 | 撕 | 私 | 丝 | 籽 | 字 |

| cí | sī zì | cǐ cì | cì zǐ | zì cí | zì sī |
|---|---|---|---|---|---|
| 祠 | 私自 | 此次 | 次子 | 字词 | 自私 |

-i（后）舌尖后高不圆唇元音。发音时舌尖上翘靠近硬腭前部，唇形不圆。

zhī chí shí zhì shì zhǐ zhǐ zhì zhì zhì zhì zhì zhī zhī shǐ shǐ chī
支 持 实 质 示 直 旨 掷 炙 室 栉 桎 只 肢 芝 史 使 痴

shíshī zhīchí zhīshi zhìzhǐ zhírì
实施 支持 知识 制止 值日

## （二）复韵母

### 1. 前响复韵母

这类韵母没有韵头。发音时第一个元音清晰响亮，而后口型舌位渐次滑动，过渡到后一元音，韵尾音色模糊。

ai: ái pài tāi nǎi lài gài kǎi hài zǎi cái zhái chái shài pài mài zhái
    挨 派 胎 乃 濑 概 楷 害 宰 材 宅 豺 晒 湃 脉 翟
    àidài cǎizhāi kāicǎi zāihài
    爱戴 采摘 开采 灾害

ei: běi péi méi fěi nèi lèi zéi něi lèi gěi lèi hēi bèi bèi fèi fèi pèi
    北 赔 霉 匪 内 泪 贼 馁 肋 给 累 黑 被 狈 费 斐 沛
    féiměi mèimei pèibèi bèilěi
    肥美 妹妹 配备 蓓蕾

ao: ǎo máo nǎo kǎo háo zǎo chǎo shāo cáo sǎo dào tāo cāo sāo cháo sháo jiāo
    袄 矛 恼 烤 毫 早 炒 梢 嘈 嫂 悼 饕 糙 缫 朝 勺 焦
    àonǎo cāoláo gāocháo zǎocāo
    懊恼 操劳 高潮 早操

ou: ǒu dǒu tōu lóu gǒu kǒu hǒu zǒu zòu sòu zhōu chǒu shòu pōu mǒu kòu lòu
    偶 抖 偷 楼 狗 口 吼 走 揍 嗽 周 丑 售 剖 某 扣 陋
    chǒulòu dōushòu lòudǒu hóutóu
    丑陋 兜售 漏斗 喉头

### 2. 后响复韵母

这类韵母没有韵尾。发音时第一元音轻而急，后一元音清晰响亮，口腔由小渐次张大，舌位由高渐次降低。

ia: yā jià qiā xiá jiá xià xiá jiā jiā jià jiá yā yà xiá xiá jiǎ yá
    压 价 恰 匣 颊 吓 黠 嘉 佳 稼 荚 鸭 亚 霞 暇 假 牙
    qiàqià yājià xiàjiā
    恰恰 压价 下家

ie: yě jié qiē xiě dié tiě niè liè miè jié qiè jié qiè jié xié qiè xié
    野 节 切 写 蝶 铁 孽 裂 蔑 睫 惬 血 截 解 斜 窃 鞋
    jiéyè tiēqiè tiěxiè xièxie
    结业 贴切 铁屑 谢谢

ua: wǎ shuǎ zhǎo huá guā kuā shuā guǎ kuǎ wà guà guǎ kuà huá huá huá
    瓦 耍 爪 猾 刮 夸 刷 剐 侉 袜 挂 寡 跨 划 哗 华
    guàhuā shuǎhuá wáwa huàhuà
    挂花 耍滑 娃娃 画画

uo: wǒ duó tuō luǒ zhuó chuò shuō zuǒ cuò suǒ luò kuò guō huò wò tuǒ
    我 夺 妥 裸 浊 辍 烁 左 错 所 落 扩 郭 豁 卧 椭
    cuòluò shuòguǒ tuōluò kuòchuò
    错落 硕果 脱落 阔绰

üe: yuē xuě jué qué nüè xuè yuè xuè quē yuè jué jué quē què xuē
    约 雪 决 瘸 疟 血 乐 谑 阙 阅 粤 掘 抉 榷 雀 靴
    quèyuè yuēlüè xuěyuè quēxuě
    雀跃 约略 雪月 缺雪

3. 中响复韵母

这类韵母有韵头和韵尾。发音时口形、舌位渐次滑动，韵头较短，韵腹洪亮，韵尾轻而模糊。

iao：
yǎo qiáo xiǎo miáo piāo tiáo diāo liáo jiào yào biāo diāo liáo miǎo jiāo xiāo
咬 桥 晓 苗 飘 条 习 聊 叫 药 膘 凋 燎 渺 焦 萧
diàoxiāo liáoxiào qiǎomiào xiāoyáo
吊销 疗效 巧妙 逍遥

iou：
yǒu xiù jiǔ qiū liǔ niǔ yǒu jiǔ qiú xiǔ xiǔ liú niǔ jiū qiū xiǔ yōu
友 袖 酒 秋 柳 扭 莠 灸 道 岫 宿 刘 忸 揪 蚯 朽 幼
jiǔliú xiùqiú yōujiǔ niúyóu
久留 绣球 悠久 牛油

uai：
wāi huái guǎi kuài zhuài chuài shuǎi chuāi shuài shuài wǎi guài kuài kuài huái chuò shuài
歪 怀 拐 块 拽 踹 甩 揣 率 衰 崴 怪 筷 脍 踝 啜 蟀
wàikuài huáichuāi guāiguai shuāihuài
外快 怀揣 乖乖 摔坏

uei：
wěi cuì suī zuǐ zhuài chuí shuǐ duī tuì wèi tuí cuì suì zhuì chuí wèi wēi
尾 脆 虽 嘴 缀 锤 水 堆 退 尉 颓 粹 隧 惴 陲 魏 威
chuíwēi huǐzuì huìcuì tuīwěi
垂危 悔罪 荟萃 推诿

(三) 鼻韵母

1. 前鼻韵母

这类韵母的韵尾是鼻辅音 n，发音时由元音过渡到 n。发完元音后舌尖抬起抵住上齿龈形成阻碍，打开鼻腔通路，让气流从鼻腔出去。

发音要领：一是要注意韵腹的起点位置；二是在发音结束时，舌尖抵触上齿龈，n 音逐渐增强。

an：
àn dàn tān bān pán mǎn fǎn nán lán gǎn kǎn hān zhǎn chán shǎn zàn cán sàn
暗 弹 贪 斑 盘 满 反 南 拦 赶 坎 酣 展 缠 闪 赞 惭 散
cānzhàn lànmàn tǎnrán zàntàn
参战 烂漫 坦然 赞叹

en：
ēn pén mèn fěn gèn hěn chén shèn zěn cen sēn èn bēn pēn mén fēn kěn hén
恩 盆 懑 粉 亘 狠 辰 甚 怎 参 森 摁 奔 喷 扪 氛 垦 痕
ménzhěn rènzhēn shēnchén zhènfèn
门诊 认真 深沉 振奋

in：
yǐn bīn pín mǐn nín lín jǐn qǐn xīn bìn pìn mǐn lìn līn jìn qìn xīn yín
引 斌 频 敏 您 临 紧 寝 辛 鬓 牝 抿 赁 拎 劲 沁 薪 龈
jìnlín xīnqín yǐnjìn bīnlín
近邻 辛勤 引进 濒临

ian：
yǎn xiǎn liǎn tián liǎn jiǎn qiān xián biàn pián miǎn niàn jiǎn xián diān tián diǎn yán
演 显 脸 填 敛 减 签 弦 下 胼 娩 念 俭 衔 掂 恬 碘 颜
jiānxiǎn jiǎnbiàn qiǎnxiǎn tiánjiān
艰险 简便 浅显 田间

uan：
wǎn duǎn tuān nuǎn luán cuàn suàn zhuàn chuān shuān luàn zuǎn chuān zuàn guàn huán zhuàn wàn
碗 短 湍 暖 峦 篡 算 撰 喘 涮 乱 纂 舛 钻 冠 宦 馔 腕
ruǎnduàn suānruǎn wǎnzhuǎn zhuānkuǎn
软缎 酸软 婉转 专款

uen：
wěn dūn tún lún gǔn kǔn hún zūn cún sǔn zhǔn chún shùn dùn tún gùn hūn wěn
稳 蹲 豚 伦 滚 捆 浑 尊 存 损 准 淳 顺 炖 臀 棍 荤 吻
kūnlún wēncún húntun zhǔnzhǔn
昆仑 温存 馄饨 谆谆

üan：
yuǎn juàn quǎn xuǎn yuán quān quàn xuàn yuán yuān yuān juǎn juān quán xuān xuán
远 绢 犬 选 垣 圈 券 眩 员 袁 鸳 渊 眷 鹃 拳 诠 轩 漩
yuánquán xuānyuán juānjuān yuānyuán
源泉 轩辕 涓涓 渊源

üen
yún jùn qún xún jūn jùn qūn qún xūn xùn xún xùn xùn yùn yùn yǔn yùn yùn
匀 俊 裙 旬 军 骏 逡 群 熏 殉 迅 驯 逊 孕 蕴 陨 酝 韵
jūnyún yúnyún xúnhuán yǔnxǔ
均匀 芸芸 循环 允许

**2. 后鼻韵母**

这类韵母的末尾是鼻辅音 ng。发音时由元音过渡到 ng,舌头后缩,舌根隆起抵住软腭,气流从鼻腔出去。

发音要领:注意韵腹的起点位置,然后舌根往软腭移动,发出 ng 音。

ang:
āng bǎng máng fǎng tǎng náng láng gǎng kāng háng zàng cāng sǎng zhǎng chāng shǎng dǎng
肮 绑 盲 纺 躺 囊 廊 岗 慷 航 葬 苍 嗓 涨 昌 晌 党
bāngmáng cāngmáng dāngchǎng shāngchǎng
帮忙 苍茫 当场 商场

iang:
jiǎng qiāng xiǎng yǎng niàng liàng jiāng jiāng qiāng qiāng xiāng xiǎng xiàng yàng yāng jiǎng xiàng
讲 腔 想 养 酿 靓 僵 姜 羌 锵 箱 享 橡 漾 鸯 奖 项
liǎngyàng yángxiàng chángjiāng liàngqiāng
两样 洋相 长江 踉跄

uang:
wǎng guǎng kuāng huǎng zhuāng chuǎng shuǎng guǎng kuáng huāng kuāng kuàng kuàng
往 广 筐 谎 庄 闯 爽 犷 诳 肓 诓 况 眶
huáng huǎng wǎng wàng
黄 晃 网 妄
kuángwàng shuānghuáng zhuàngkuàng zhuānghuáng
狂妄 双簧 状况 装潢

eng:
bēng péng mēng fēng dèng téng néng lèng gěng kēng héng zēng cèng sēng zhěng chēng shěng
绷 棚 蒙 讽 邓 腾 能 愣 耿 铿 衡 憎 蹭 僧 整 撑 省
chéngméng fēngshèng gēngzhèng méngshēng
承蒙 丰盛 更正 萌生

ueng:
wēng wēng wèng wěng wěng
翁 嗡 瓮 蓊 蕹
wēngwēng shuǐwèng wèngcài lǎowēng
嗡嗡 水瓮 蕹菜 老翁

ing:
yǐng bǐng píng mìng jǐng qǐng xǐng bǐng pīng míng dìng tíng nìng líng jìng qīng shěng
影 饼 瓶 命 井 请 醒 秉 俜 冥 锭 婷 佞 囹 竟 倾 省
dīngníng mìnglìng píngdìng qīngjìng
叮咛 命令 评定 清静

ong:
dǒng tǒng nóng lǒng gōng kǒng hǒng zōng cōng sǒng zhòng chōng nòng lóng gǒng kōng hōng
懂 筒 脓 拢 宫 孔 哄 宗 葱 耸 重 宠 弄 龙 汞 箜 訇
gòngtóng hōngdòng lóngzhòng tōngróng
共同 轰动 隆重 通融

iong:
yǒng jiǒng qióng xióng jiǒng qióng xiōng yǒng yòng yōng yōng jiǒng qióng xiōng xióng xiōng yǒng
涌 窘 琼 雄 炯 茕 兄 泳 用 佣 庸 迥 穹 凶 熊 匈 勇
jiǒngjiǒng xiōngyǒng qióngkùn jiǒngjìng
炯炯 汹涌 穷困 窘境

## ▲三、韵母发音训练

(一)高元音韵母 i、u、ü辨正训练

普通话里 i、u、ü都是舌面高元音韵母。有些方言如闽方言、客家方音、西南有些方言及江淮有些方言会出现 i 和 ü 都念成 i 的情况,如"鱼头"念成"姨头"。甘肃方言,特别是河西各地方音大都将它们读成了非舌面元音,把 i、ü 读得近似舌尖元音,将 u 读成了唇齿半元音[v]。

发高元音韵母时要注意：i音舌头略向前伸，舌面前部抬起，靠近硬腭，嘴唇自然展开成扁形。u音舌头后缩，舌面后部隆起接近软腭，嘴唇撮圆。ü音舌头前伸，舌面前部抬起接近硬腭，嘴唇撮圆成小孔。

1. 单字练习

i：衣　笔　批　迷　泥　离　递　梯　机　期　西　比　鼻　避　拟　例　妻　积

u：污　补　扑　牧　负　毒　图　怒　路　故　酷　悟　乳　弩　赌　凸　不　副

ü：需　旅　具　趋　女　律　去　曲　渠　许　蓄　须　锯　距　居　欲　愈　迂

2. 词语练习

i：依稀　地基　比翼　迷离　奇迹　利益　笔记　习题　地理　拟题

u：突出　呜呼　初步　诉苦　服务　瀑布　鼓舞　糊涂　侮辱　粗疏

ü：序曲　语句　区域　聚居　女婿　雨具　豫剧　须臾　旅居　居于

3. 绕口令练习

（1）清早起来雨稀稀，王七上街去买席。骑着毛驴跑得急，捎带卖蛋又贩梨。一跑跑到小桥西，毛驴一下跌了蹄。打了蛋，撒了梨，跑了驴，急得王七眼泪滴，又哭鸡蛋又骂驴。

（2）出南门，走七步，拾块麂皮补皮裤。是麂皮，补皮裤，不是麂皮，不必补皮裤。

（3）闲来没事出城西，瞧见了一个蝈蝈一个蛐蛐吹牛皮。蝈蝈说：在南山我一嘴吃了一只斑斓虎。蛐蛐说：在北山我两嘴吃了两只活叫驴。

（二）e、o与uo辨正训练

在重庆话中，将韵母e与o、uo混读的现象较为普遍。重庆方言中无e音，e音由o和ê代替，如哥哥、特别。要准确地辨别e与o，e与uo，o与uo就要做到如下几点。

首先要发准韵母e与o，分清e、o与uo在发音上的不同特征。

其次要根据声韵配合规律来辨析。在普通话里，o韵母与b、p、m、f四个辅音声母相拼，而e韵母则不与b、p、m（除"么"外）、f相拼，即除"么"外方言中所有与b、p、m、f相拼的e韵母全部应改读为o韵母。

再次，可按规律记住一些容易混读的常用字。e与uo的混读，需要记住与e韵母相拼的g、k、h声母常用字，至于零声母音节，普通话里，o韵母构成的零声母音节只有几个字，uo韵母零声母音节也只有二十几个字，只要记住它们也就行了。

发音时要注意：e是单元音韵母，发音时口腔半开，舌位半高，舌头略后缩，双唇展开成扁形。o也是单元音韵母，发音部位与e基本相同，只是嘴要拢圆。uo则是一个复韵母，发音是一个从u到o的滑动过程。

1. 读词练习

o：默默　婆婆　磨破　薄膜　脉脉

e：苛刻　合格　隔阂　合辙　割舍

uo：国货　我国　龌龊　错落　阔绰

2. 对比练习

o—e：波折　刻薄　隔膜　墨盒

e—uo：合伙　货色　国策　厕所

o—uo：琢磨　破落　颇多　摸锅

3. 绕口令练习

（1）哥哥弟弟坡前坐，坡上卧着一只鹅，坡下流着一条河。哥哥说：宽宽的河；弟弟说：肥肥的鹅。鹅要过河，河要渡鹅，不知是鹅过河，还是河渡鹅。

（2）大哥有大锅，二哥有二锅，大哥要换二哥的二锅，二哥不换大哥的大锅。

（3）打南边来了个老婆婆，两手托着俩笸箩，左手托着的笸箩里装的是菠萝，右手托着的笸箩里装的是萝卜。你说说，是老婆婆左手托着的笸箩里装的菠萝多，还是老婆婆右手托着的笸箩里装的萝卜多。说的对，送你一笸箩菠萝，说的不对，既不给菠萝也不给萝卜，罚你帮老婆婆把装满菠萝的笸箩和装满萝卜的笸箩，送到大北坡！

（三）读准卷舌韵母 er

有些方音中无卷舌韵母 er，而将其读成了舌面后高不圆唇半元音 [ɯ]，如"耳"。这些地方的人学习普通话，应当注意练习发准 er。er 是一个卷舌元音。发音时口腔半开，开口度较小，舌位高低居中，稍后缩，发舌面中央不圆唇元音 [ə]，同时舌尖向硬腭轻轻卷起。如：而且、耳朵、儿女、诱饵、遐迩、洱海、儿孙、耳鸣。

绕口令练习

二伯的儿子去洱海买银耳。然而名闻遐迩的洱海没有银耳，只有木耳。二伯的儿子只好买木耳不买银耳。

（四）ai 与 uai 辨正训练

发音时，ai 由 a 与 i 复合而成。嘴张大，舌头自然伸展，清晰响亮地发 a，而后向前高元音 i 滑动，i 发得轻而模糊。uai 由 u、a、i 复合而成。韵腹 a 清晰响亮，韵头 u 轻而急促，韵尾 i 发音模糊，口形舌位由 u 到 a 到 i 渐次滑动。

1. 词语练习（先注音，再朗读）

彩排　买卖　海派　掰开　灾害　徘徊　拐买　衰败　甩卖　淮海

怀揣　摔坏　拽坏　脉络　揩油　害臊　概率　揣摩　差遣　拆毁

2. 绕口令练习

槐树槐，槐树槐，槐树底下搭戏台，人家的姑娘都来了，我家的姑娘还不来。说着说着就来了。骑着驴，打着伞，歪着脑袋上戏台。

（五）ao与iao辨正

读不准ao与iao是甘肃方言，特别是河西方言的一个特点。在河西方音中，一般情况是将复元音韵母ao、iao读成了舌面单元音。有些地方还将部分ao韵母混读为uo韵母，将部分iao韵母字读成ye韵母。如武威话将"烙"读为luo，将"药"读为ye。但这种混读的字不多，说话时注意就行了。

发音要领：ao由a与o复合而成。a为韵腹，清晰响亮，o为韵尾，短而模糊。iao是三合复韵母，i为韵头短而急。发音由i到a到o渐次滑动。

1. 读词练习

ao：高潮　操劳　招考　告饶　牢靠　吵闹　照抄　唠叨　逃跑　懊恼　冒号

iao：逍遥　小鸟　吊桥　笑料　叫嚣　缥缈　标调　吊销　袅袅　调教　巧妙

2. 绕口令练习

（1）一把雕刀，雕出好箫。刀是小雕刀，箫是"玉屏箫"。好箫出好调，箫靠好刀雕，刀要艺巧高。

（2）东描庙，西描庙，左描庙，右描庙，调转头来描描庙。前描庙，后描庙。这一描，那一描，描得判官满脸毛。

（六）发好韵母ei

1. 对比练习

ei—i　　被—闭　枚—觅　佩—皮　悲—逼　赔—脾

ei—uei　类—贵　内—堆　雷—汇　给—鬼　黑—回

2. 读词练习

背对　配位　肥美　梅花　煤灰　拖累　雷雨　类似　内在　悲愤　加倍　黑板
累赘　傀儡　美味　杯子　被子　悲哀　卑鄙　贝壳　逼迫　背诵　备用　赔偿
配套　梅花

（七）前后鼻韵母辨正

1. 辨正要点

前后鼻韵母混读是重庆方言普遍存在的问题。总的特征是前鼻韵母多而后鼻韵母少，但各地情况又不完全相同，主要表现为如下几种情况。

一是完全混读。有的是没有前鼻韵母，将其混读为后鼻韵母。有的既无前鼻韵母，也无真正的后鼻韵母，而是将它们统读为带浓重鼻音色彩的非鼻韵母。

二是不完全混读。这种不完全混读与韵腹的舌位高低有关系，韵腹为舌位底、开口度大的a元音的前后鼻韵母不混读，韵腹为舌位较高的i、o、e等元音的前后鼻韵母则一般都混读。

辨别前后鼻韵母，关键在于掌握前鼻音n和后鼻音ng的发音要领，读准普通话里每一个前鼻韵母和后鼻韵母，其次可根据规律记住容易混淆的前后鼻韵母常用字。

2. 发音要领

分清并掌握前鼻韵尾n和后鼻韵尾ng的发音。发前鼻音时，舌尖抵住上齿龈成阻，打开鼻腔通路，让气流从鼻腔出去。发后鼻音时，最后舌根要隆起抵住软腭成阻，让气流从鼻腔出去。鼻韵母的发音则是发音器官由元音向鼻辅音渐次过度的过程。前鼻韵母发音时，当韵腹清晰发出后，舌尖抬起抵住上齿龈成阻，让气流从鼻腔出去，发音未完，不能除阻；后鼻韵母发音时，当清晰发出韵腹后，舌头后缩，舌根抬起抵住软腭成阻，发音未完不能除阻。

难点是en—eng和in—ing不容易辨析。例如：

金银—经营　信服—幸福　陈旧—成就　针眼—睁眼

上身—上升　红心—红星　人民—人名　审视—省事

（1）单字对比练习

| an—ang | 安—昂 | 沾—张 | 滩—汤 | 蓝—狼 | 瞒—忙 | 善—尚 |
| en—eng | 本—蹦 | 喷—砰 | 门—蒙 | 纷—丰 | 恨—横 | 跟—梗 |
| in—ing | 银—营 | 彬—兵 | 品—凭 | 敏—名 | 邻—铃 | 勤—晴 |
| ian—iang | 沿—羊 | 减—奖 | 牵—枪 | 线—项 | 蔫—娘 | 联—梁 |
| uan—uang | 弯—汪 | 砖—庄 | 川—窗 | 栓—爽 | 赚—装 | 传—床 |
| un—ong | 墩—冬 | 臀—童 | 轮—聋 | 捆—控 | 混—虹 | 尊—总 |
| ün—iong | 云—用 | 军—勇 | 群—穷 | 训—胸 | 俊—用 | 熏—凶 |

（2）词语对比练习

| an | 湛蓝 | 散漫 | 反感 | 栏杆 | 赞叹 | 谈判 | 胆敢 | 坦然 |
| ang | 帮忙 | 厂房 | 当场 | 蟑螂 | 苍茫 | 肮脏 | 行当 | 廊坊 |
| an—ang | 担当 | 肝脏 | 南方 | 战场 | 班长 | 反抗 | 拦挡 | 山冈 |
| en | 根本 | 认真 | 沉闷 | 愤恨 | 门诊 | 振奋 | 深圳 | 本分 |

| | | | | | | | | |
|---|---|---|---|---|---|---|---|---|
| eng | 风筝 | 生成 | 更冷 | 猛增 | 丰盛 | 更正 | 登程 | 奉增 |
| en—eng | 真正 | 本能 | 神圣 | 纷争 | 深层 | 奔腾 | 文风 | 人生 |
| in | 拼音 | 亲近 | 殷勤 | 林荫 | 濒临 | 民心 | 音信 | 临近 |
| ing | 宁静 | 倾听 | 命令 | 情形 | 明星 | 姓名 | 平静 | 灵性 |
| in—ing | 银杏 | 民警 | 尽情 | 新颖 | 聘请 | 心灵 | 阴影 | 心境 |
| ian | 连绵 | 简便 | 偏见 | 电线 | 天边 | 变迁 | 鲜艳 | 减免 |
| iang | 两样 | 湘江 | 想象 | 像样 | 洋姜 | 亮相 | 将养 | 强抢 |
| ian—iang | 现象 | 坚强 | 边疆 | 联想 | 勉强 | 牵强 | 演讲 | 限量 |
| uan | 贯穿 | 酸软 | 婉转 | 专断 | 传唤 | 转换 | 乱窜 | 万端 |
| uang | 狂妄 | 装潢 | 状况 | 矿床 | 双簧 | 闯王 | 黄庄 | 双窗 |
| uan—uang | 宽广 | 端庄 | 观光 | 软床 | 观望 | 万状 | 晚霜 | 乱闯 |
| un | 论文 | 昆仑 | 温存 | 混沌 | 春笋 | 滚轮 | 困顿 | 蹲村 |
| ong | 空洞 | 隆重 | 从容 | 动工 | 通融 | 公众 | 葱茏 | 工农 |
| un—ong | 尊重 | 顺从 | 稳重 | 滚动 | 昆虫 | 混同 | 轮空 | 尊崇 |
| ün | 军训 | 均匀 | 逡巡 | 芸芸 | 寻君 | 云云 | 熏晕 | 菌群 |
| iong | 汹涌 | 穷凶 | 炯炯 | 汹汹 | 茕劳 | 茕茕 | 熊熊 | 熊炯 |
| ün—iong | 运用 | 军用 | 训熊 | 云涌 | 拥军 | 用韵 | 雄峻 | 熊群 |

（3）词语综合练习

| | | | | | | | | | | |
|---|---|---|---|---|---|---|---|---|---|---|
| 安静 | 安装 | 按期 | 暗淡 | 案情 | 昂贵 | 昂扬 | 搬运 | 颁布 | 伴侣 | 半径 | 办法 |
| 绑架 | 傍晚 | 奔驰 | 本性 | 笨拙 | 崩溃 | 绷带 | 参考 | 参阅 | 残忍 | 残暴 | 苍白 |
| 仓促 | 阐明 | 颤抖 | 猖狂 | 长久 | 厂商 | 畅销 | 沉淀 | 沉重 | 沉着 | 衬衫 | 称心 |
| 成效 | 乘客 | 惩罚 | 承受 | 称赞 | 担保 | 单纯 | 单元 | 诞辰 | 蛋糕 | 当家 | 当作 |
| 档案 | 灯火 | 等待 | 等于 | 翻身 | 繁殖 | 烦恼 | 反馈 | 反感 | 饭馆 | 防守 | 放假 |
| 放映 | 分辨 | 分解 | 分泌 | 粉笔 | 丰满 | 风俗 | 讽刺 | 干脆 | 赶紧 | 感染 | 岗位 |
| 钢笔 | 根据 | 跟踪 | 耕种 | 更换 | 寒假 | 函授 | 汉语 | 航海 | 行业 | 痕迹 | 狠毒 |
| 恒星 | 勘探 | 抗议 | 肯定 | 懒惰 | 浪潮 | 朗诵 | 冷淡 | 冷饮 | 蔓延 | 茫然 | 难怪 |
| 能量 | 嫩绿 | 判处 | 旁边 | 蓬勃 | 燃料 | 让步 | 任性 | 仍然 | 珊瑚 | 闪烁 | 商讨 |
| 伸展 | 呻吟 | 审理 | 生理 | 坦白 | 倘若 | 疼痛 | 暂且 | 葬礼 | 怎样 | 增长 | 崭新 |
| 掌管 | 真理 | 诊断 | 整理 | 贬值 | 变更 | 颠覆 | 点燃 | 电路 | 电脑 | 艰苦 | 简短 |
| 鉴于 | 讲解 | 奖状 | 廉洁 | 谅解 | 勉强 | 偏差 | 前提 | 强迫 | 填补 | 衔接 | 项链 |
| 掩饰 | 眼光 | 养成 | 尊敬 | 总额 | 纵横 | 准许 | 转换 | 种类 | 终端 | 忠诚 | 远景 |

| | | | | | | | | | | | |
|---|---|---|---|---|---|---|---|---|---|---|---|
| 原因 | 踊跃 | 英语 | 英俊 | 隐瞒 | 淫秽 | 旋转 | 熊猫 | 胸怀 | 行经 | 信仰 | 相等 |
| 问题 | 文雅 | 吞吐 | 团体 | 童年 | 挺拔 | 损耗 | 算盘 | 顺便 | 爽快 | 权限 | 请柬 |
| 钦佩 | 屏障 | 品德 | 农村 | 柠檬 | 命题 | 敏捷 | 轮廓 | 垄断 | 凌晨 | 临床 | 困苦 |
| 况且 | 恐怖 | 均衡 | 窘况 | 警惕 | 谨慎 | 混淆 | 荒唐 | 宏伟 | 棍棒 | 光景 | 盥洗 |
| 功勋 | 敦厚 | 断然 | 洞房 | 鼎盛 | 挺身 | 存心 | 聪颖 | 淳朴 | 疮痍 | 穿凿 | 充盈 |

（4）绕口令练习

① 真冷，真正冷，人人都说冷。猛地一阵风，浑身更加冷。

② 人寻铃声去找铃，铃声紧跟人不停，到底是人寻铃，还是铃跟人。

③ 太阳脸儿红，月亮脸儿亮，太阳脸儿热，月亮脸儿凉，白天太阳暖洋洋，夜晚月亮清亮亮。

④ 三月三，桑三撑伞上深山，上山又下山，下山又上山，出了满身汗，湿透一身衫，下山回家转，算一算，上山下山，跑了三千三。

⑤ 城隍庙里有两个判官，一个判官姓潘，一个判官姓关。潘判官不管关判官，关判官不管潘判官。

⑥ 陈是陈，程是程，姓陈不能说成姓程，姓程也不能说成姓陈。禾旁是程，耳朵是陈。程陈不分，就会认错人。

⑦ 一个胖娃娃画了三个大花活河蛤蟆，三个胖娃娃画了一个大花活河蛤蟆，画了一个大花活河蛤蟆的三个胖娃娃，真不如画了三个大花活河蛤蟆的一个胖娃娃。

⑧ 蒙勇逢翁便捧瓮，瓮中装满凶蚱蜢。蚱蜢凶，瓮口封，蚱蜢在瓮中砰砰砰。碰破了蚱蜢的头，碰坏了蒙勇的瓮，吓跑了老翁，急哭了蒙勇。

（八）鼻韵母与非鼻韵母辨正

1. 区别 ai 与 an、uai 与 uan

这两组韵母发音时要注意：ai、uai 为复元音韵母，韵尾是舌面后高元音 i，发音时，在发出韵腹 a 后，舌位口形逐渐向 i 过渡，没有阻碍。an、uan 则是鼻辅音韵母，尾音是一个舌尖中浊鼻音，发音时，在发出韵腹 a 后，舌尖抬起抵住上齿背形成阻碍，使气流从鼻腔出去。

（1）对比练习

ai：灾害　择菜　塞外　拍卖

an：暗淡　岸然　灿烂　甘蓝

uai：衰败　快来　拐带　怀来

uan：患难　转弯　钻探　转战

ai—an　哀—氨　拜—拌　材—残　柴—阐　奈—赧　牌—攀　泰—贪

uai—uan　崴—婉　乖—官　怀—欢　脍—宽　蜶—拴　拽—篡　揣—穿

（2）绕口令练习

安安和艾艾，上山捡干柴。安安拿着布袋袋，艾艾挎着竹篮篮。安安个儿矮走得慢，艾艾在先爬上了山。上了山朝南看，踩上了一块牛粪蛋，咕隆一声摔下了岸，带着安安滚下了山。安安和艾艾，卷成了一团团，摔坏了艾艾的竹篮篮，扯开了安安的布袋袋。

2. üan 与 ian

（1）读词练习

üan：渊源　轩辕　全权　悬念　捐献　源泉

ian：炎炎　连年　田园　艰险　鲜艳　前沿

宣布　宣称　宣读　宣扬　悬挂　悬崖　选手　选集　旋律　冤枉　元旦　原子
圆满　元宵　缘故　院长　圈套　权威　全部　劝阻　全体　尖端　捐款　艰难
检查　检讨　简直　健美　建交　鉴别　牵扯　迁就　签署　谦逊　前提　谴责
前辈　歉意　掀起　纤维　陷害　现场　限度　延误　严格　延缓　眼睛　演算
宴席　严整　渊博　鸳鸯　怨言　猿猴　援助　原形　圆锥　缘分　延聘　谚语
演绎　殷红　盐酸　岩浆　炎凉　厌倦　胭脂　炎症　筵席　蜷曲

（2）绕口令练习

山前有个颜远眼，山后有个袁眼圆，两人山前来比眼，也不知是颜远眼的眼比袁眼圆的眼看得远，还是袁眼圆的眼比颜远眼的眼生得圆。

（九）声韵配合辨正

普通话的声母和韵母配合是有规律的，不是任意的。掌握声韵配合规律，不但有利于我们快捷学好普通话，而且还有助于我们区别方言，减少拼读和拼写中的一些错误。要掌握声韵配合规律，就要搞清楚《普通话声韵配合简表》（参见附录2）的内容，为了更好地理解《普通话声韵配合简表》，可参考口诀进行记忆。另外，在发音上还要注意以下几点。

1. 改尖音为团音

汉语里齐齿呼、撮口呼韵母与 j、q、x 相拼叫团音，与 z、c、s 相拼叫尖音。普通话里有团音而无尖音，即齐、撮二呼韵母能与 j、q、x 相拼，不能与 z、c、s 相拼。重庆有些方音中把某些团音读成了尖音。尖音是从古音继承下来的。辨正尖音与团音不困难，只要将方音中的尖音改读为团音就行了。

（1）词语练习

机器  稀奇  时期  喜事  清洁  歇息  教训  蹊跷  救助  秋水  修理
险象  健忘  签收  肖像  协议  谢绝  欣赏  心疼  行驶  幸运  性质
羞耻  虚伪  雄伟  汹涌  悬念  须知

（2）绕口令练习

① 小金到北京看风景，小京到天津买纱巾，带现金，到了天津把商店进。买纱巾，用现金，看风景，用眼睛，巾、金、京、津、睛、景都要读标准。

② 小芹手脚灵，轻手擒蜻蜓，小青人精明，天天学钢琴。擒蜻蜓，趁天晴，小芹晴天擒住大蜻蜓。学钢琴，趁年轻，小青精益求精练本领。你想学小青，还是学小芹？

（3）诗歌练习

① 人闲桂花落，夜静春山空。月出惊山鸟，时鸣春涧中。

② 君问归期未有期，巴山夜雨涨秋池。何当共剪西窗烛，却话巴山夜雨时。

2. 注意部分与齐齿呼韵母相拼的舌面声母字

普通话里的部分舌面声母与舌根声母有亲缘关系。古音中"见、溪、群、晓、匣"一组舌根声母，到了现代汉语分化为两组，其中开口呼、合口呼韵母字声母仍为舌根音，而齐齿呼、撮口呼韵母字的声母则成了舌面音。由于古音在各方言中分化情况不同，方言里就有了把普通话中一些舌面声母字读成舌根声母的现象。这些现象在重庆方言中也存在，不过数量较少，一般只是如下一些字和词：

下  吓  瞎  街  鞋  涎  咸  戒  解  巷
项  杏  腔  梗  角  筋  壳  行  界
下来  吓着  瞎子  街道  戒指  鞋袜  涎水
咸菜  巷子  脖项  胸腔  杏子  粳米

▲ 课后练习

1. 下面一首诗歌包含了普通话中所有的韵母，先注音，再朗读

**捕鱼歌**

佚名

人远江空夜，浪滑一舟轻；网罩波心月，竿穿水面云；
儿咏唉唷调，橹和嗳啊声；鱼虾留瓮内，快活四时春。

2. 给下面的词注音并朗读

拔河　巴黎　发育　波折　蘑菇　默许　河马　许可　彻底　特殊　歌剧

抵达　气魄　计策　地图　碧绿　抒发　抚摸　读者　除夕　富裕　曲折

赤子　磁石　试纸　丝竹　值日　咫尺　致辞　自治　字纸　日食　誓师

温暖　本能　愤怒　很难　震怒　陈年　沉溺　神女　怎奈　品德　频道

进度　尽头　心得　信条　印度　蒙古　风格　疯狂　灯光　腾空　能够

冷酷　更改　横贯　乘客　盛开　饼干　凭空　名贵　订购　停靠　凝固

极端　籍贯　机警　寂寞　家畜　贤惠　消除　峻峭　权利　劝说　旋转

低级　题材　替代　提炼　体系　提示　抵挡　缔造　诋毁　嫡系　剔除

3. 绕口令练习

（1）坡上立着一只鹅，坡下就是一条河。宽宽的河，肥肥的鹅，鹅要过河，河要渡鹅，不知是鹅过河还是河渡鹅。

（2）哥哥乘客车，采购去买货。货物有特色，质量也合格。片刻买了许多货，哥哥心里乐呵呵。

（3）天上看，满天星，地上看，有个坑，坑里看，有盘冰。坑外长着一老松，松上落着一只鹰，松下坐着一老僧，僧前放着一部经，经前点着一盏灯，墙上钉着一根钉，钉上挂着一张弓。

（4）一只猴牵了一只狗，坐在油篓边上喝点酒。猴喝酒还就着藕，狗啃骨头也啃油篓。猴拿油篓口去套狗的头，狗的头进了猴的油篓口，狗啃油篓，篓才漏油；狗不啃油篓，篓不漏油。

（5）打南边来了个喇嘛，手里提着五斤鳎目；从北边来了个哑巴，腰里别着个喇叭。提着鳎目的喇嘛，要拿鳎目换别着喇叭的哑巴的喇叭，别着喇叭的哑巴不拿喇叭换提着鳎目喇嘛的鳎目。提着鳎目的喇嘛就拿鳎目打了别着喇叭的哑巴一鳎目；别着喇叭的哑巴就拿喇叭打了提鳎目的喇嘛一喇叭。也不知是提鳎目的喇嘛拿鳎目打了别喇叭的哑巴一鳎目，还是别喇叭的哑巴拿喇叭打了提鳎目的喇嘛一喇叭。喇嘛炖鳎目，哑巴嘀嘀嗒嗒吹喇叭。

**4. 朗诵诗歌**

### 海棠

苏东坡

东风袅袅泛崇光,香雾空蒙月转廊。
只恐夜深花睡去,故烧高烛照红妆。

### 剑门道中遇微雨

陆游

衣上征尘杂酒痕,远游无处不消魂。
此身合是诗人未?细雨骑驴入剑门。

### 别董大

高适

千里黄云白日曛,北风吹雁雪纷纷。
莫愁前路无知己,天下谁人不识君。

### 苏溪亭

戴叔伦

苏溪亭上草漫漫,谁倚东风十二阑?
燕子不归春事晚,一汀烟雨杏花寒。

### 当你老了

叶芝

当你老了,头白了,
睡思昏沉,炉火旁打盹,
请取下这部诗歌,
慢慢读,
回想你过去眼神的柔和,
回想它们昔日浓重的阴影;

多少人爱你青春欢畅的时候，
爱你的美丽，假意或真心，
只有一个人爱你那朝圣者的灵魂，
爱你衰老了的脸上痛苦的皱纹；

垂下头来，在红光闪耀的炉子旁，
凄然地轻轻诉说那爱情的消逝，
在头顶的山上它缓缓踱着步子，
在一群星星中间隐藏着脸庞。

5. 朗读短文

### 差别

佚名

两个同龄的年轻人同时受雇于一家店铺，并且拿同样的薪水。

可是一段时间后，叫阿诺德的那个小伙子青云直上，而那个叫布鲁诺的小伙子却仍在原地踏步。布鲁诺很不满意老板的不公正待遇。终于有一天他到老板那儿发牢骚了。老板一边耐心地听着他的抱怨，一边在心里盘算着怎样向他解释清楚他和阿诺德之间的差别。

"布鲁诺先生"，老板开口说话了，"您现在到集市上去一下，看看今天早上有什么卖的。"

布鲁诺从集市上回来向老板汇报说，今早集市上只有一个农民拉了一车土豆在卖。

"有多少？"老板问。

布鲁诺赶快戴上帽子又跑到集上，然后回来告诉老板一共四十袋土豆。

"价格是多少？"

布鲁诺又第三次跑到集上问来了价格。

"好吧"，老板对他说，"现在请您坐到这把椅子上一句话也不要说，看看阿诺德怎么说。"

阿诺德很快就从集市上回来了。向老板汇报说到现在为止只有一个农民在卖土豆，一共四十口袋，价格是多少多少；土豆质量很不错，他带回来一个让老板看看。这个农民一个钟头以后还会弄来几箱西红柿，据他看价格非常公道。昨天他们铺子的西红柿卖得很快，库存已经不//多了。他想这么便宜的西红柿，老板肯定会要进一些的，所以他不仅带回了一个西红柿做样品，而且把那个农民也带来了，他现在正在外面等回话呢。

此时老板转向了布鲁诺，说："现在您肯定知道为什么阿诺德的薪水比您高了吧！"

## 繁星

### 巴金

我爱月夜，但我也爱星天。从前在家乡七八月的夜晚在庭院里纳凉的时候，我最爱看天上密密麻麻的繁星。望着星天，我就会忘记一切，仿佛回到了母亲的怀里似的。

三年前在南京我住的地方有一道后门，每晚我打开后门，便看见一个静寂的夜。下面是一片菜园，上面是星群密布的蓝天。星光在我们的肉眼里虽然微小，然而它使我们觉得光明无处不在。那时候我正在读一些天文学的书，也认得一些星星，好像它们就是我的朋友，它们常常在和我谈话一样。

如今在海上，每晚和繁星相对，我把它们认得很熟了。我躺在舱面上，仰望天空。深蓝色的天空里悬着无数半明半昧的星。船在动，星也在动，它们是这样低，真是摇摇欲坠呢！渐渐地我的眼睛模糊了，我好像看见无数萤火虫在我的周围飞舞。海上的夜是柔和的，是静寂的，是梦幻的。我望着许多认识的星，我仿佛看见它们在对我眨眼，我仿佛听见它们在小声说话。这时我忘记了一切。在星的怀抱中我微笑着，我沉睡着。我觉得自己是一个小孩子，现在睡在母亲的怀里了。

有一夜，那个在哥伦波上船的英国人指给我看天上的巨人。他用手指着：//那四颗明亮的星是头，下面的几颗是身子，这几颗是手，那几颗是腿和脚，还有三颗星算是腰带。经他这一番指点，我果然看清楚了那个天上的巨人。看，那个巨人还在跑呢！

## 家乡的桥

### 郑莹

纯朴的家乡村边有一条河，曲曲弯弯，河中架一弯石桥，弓样的小桥横跨两岸。

每天，不管是鸡鸣晓月、日丽中天，还是月华泻地，小桥都印下串串足迹，洒落串串汗珠。那是乡亲为了追求多棱的希望，兑现美好的遐想。弯弯小桥，不时荡过轻吟低唱，不时露出舒心的笑容。

因而，我稚小的心灵，曾将心声献给小桥：你是一弯银色的新月，给人间普照光辉；你是一把闪亮的镰刀，割刈着欢笑的花果；你是一根晃悠悠的扁担，挑起了彩色的明天！哦，小桥走进我的梦中。

我在漂泊他乡的岁月，心中总涌动着故乡的河水，梦中总看到弓样的小桥。当我访南疆探北国，眼帘闯进座座雄伟的长桥时，我的梦变得丰满了，增添了赤橙黄绿青蓝紫。

三十多年过去,我带着满头霜花回到故乡,第一紧要的便是去看望小桥。

啊!小桥呢?它躲起来了?河中一道长虹,浴着朝霞熠熠闪光。哦,雄浑的大桥敞开胸怀,汽车的呼啸、摩托的笛音、自行车的叮铃,合奏着进行交响乐;南来的钢筋、花布,北往的柑橙、家禽,绘出交流欢悦图……

啊!蜕变的桥,传递了家乡进步的消息,透露了家乡富裕的声音。时代的春风,美好的追求,我蓦地记起儿时唱//给小桥的歌,哦,明艳艳的太阳照耀了,芳香甜蜜的花果捧来了,五彩斑斓的岁月拉开了!

我心中涌动的河水,激荡起甜美的浪花。我仰望一碧蓝天,心底轻声呼喊:家乡的桥啊,我梦中的桥!

### 永远的记忆

苦怜

小学的时候,有一次我们去海边远足,妈妈没有做便饭,给了我十块钱买午餐。好像走了很久,很久,终于到海边了,大家坐下来便吃饭,荒凉的海边没有商店,我一个人跑到防风林外面去,级任老师要大家把吃剩的饭菜分给我一点。有两三个男生留下一点给我,还有一个女生,她的米饭拌了酱油,很香。我吃完的时候,她笑眯眯地看着我,短头发,脸圆圆的。

她的名字叫翁香玉。

每天放学的时候,她走的是经过我们家的一条小路,带着一位比她小的男孩,可能是弟弟。小路边是一条清澈见底的小溪,两旁竹阴覆盖,我总是远远地跟在她后面,夏日的午后特别炎热,走到半路她会停下来,拿手帕在溪水里浸湿,为小男孩擦脸。我也在后面停下来。把肮脏的手帕弄湿了擦脸,再一路远远跟着她回家。后来我们家搬到镇上去了,过几年我也上了中学。有一天放学回家,在火车上,看见斜对面一位短头发、圆圆脸的女孩,一身素净的白衣黑裙。我想她一定不认识我了。火车很快到站了,我随着人群挤向门口,她也走近了,叫我的名字。这是她第一次和我说话。

她笑眯眯的,和我一起走过月台。以后就没有再见过//她了。

这篇文章收在我出版的《少年心事》这本书里。

书出版后半年,有一天我忽然收到出版社转来的一封信,信封上是陌生的字迹,但清楚地写着我本名。

信里面说她看到了这篇文章心里非常激动,没想到在离开家乡,漂泊异地这么久之后,会看见自己仍然在一个人的记忆里,她自己也深深记得这其中的每一幕,只是没想到越过遥远的时空,竟然另一个人也深深记得。

## 金子

**佚名**

自从传言有人在萨文河畔散步时无意发现了金子后，这里便常有来自四面八方的淘金者。他们都想成为富翁，于是寻遍了整个河床，还在河床上挖出很多大坑，希望借助它们找到更多的金子。的确，有一些人找到了，但另外一些人因为一无所得而只好扫兴归去。

也有不甘心落空的，便驻扎在这里，继续寻找。彼得·弗雷特就是其中一员。他在河床附近买了一块没人要的土地，一个人默默地工作。他为了找金子，已把所有的钱都押在这块土地上。他埋头苦干了几个月，直到土地全变成了坑坑洼洼，他失望了——他翻遍了整块土地，但连一丁点儿金子都没看见。

六个月后，他连买面包的钱都没有了。于是他准备离开这儿到别处去谋生。

就在他即将离去的前一个晚上，天下起了倾盆大雨，并且一下就是三天三夜。雨终于停了，彼得走出小木屋，发现眼前的土地看上去好像和以前不一样：坑坑洼洼已被大水冲刷平整，松软的土地上长出一层绿茸茸的小草。

"这里没找到金子"，彼得忽有所悟地说，"但这土地很肥沃，我可以用来种花，并且拿到镇上去卖给那些富人，他们一定会买些花装扮他们华丽的客厅。如果真是这样的话，那么我一定会赚许多钱。有朝一日我也会成为富人……"

于是他留了下来。彼得花了不少精力培育花苗，不久田地里长满了美丽鲜艳的各色鲜花。

五年以后，彼得终于实现了他的梦想——成了一个富翁。"我是唯一的一个找到了真金的人！"他时常不无骄傲地告诉别人："别人在这儿找不到金子后便远远地离开，而我的'金子'是在这块土地里，只有诚实的人用勤劳才能采集到。"

## 第四节 声 调

### 学习重点

了解普通话的声调与重庆方言声调的对比，掌握普通话声调的调值变化和读法。

## 一、声调概说

声调是指音节中具有区别意义作用的音高变化。一般情况下，一个汉字就是一个音节，所以也称为"字调"。音高是声调的主要特征，音长是次要的伴随性特征。同一个人的不同音高的变化，是由其控制声带的松紧决定的。声带越松，声调越低；声带越紧，声调越高。

在汉语里声调和语义关系很大。一个音节或同样的两个音节，由于声调不同就完全可以表示两种甚至更多的意思。有了声调，音节就有了不同的含义。例如："指导"zhídǎo与"知道"zhīdào、"看书"kànshū与"砍树"kǎnshù、"理解"lǐjiě与"历届"lìjiè等，每一组的声母、韵母都一样，只是由于声调不一样，意思也就不一样。

汉字因为有了抑扬顿挫的声调变化，汉语的音韵美才得以体现和发挥，才能充分地用来表达情感。

除此之外，声调还可以用来调节气息，纯正字音。可以通过对两字词及四字词的夸张练习来体会气息的运动，使字音准确、响亮。

声调可以从调值和调类两个方面进行分析。

调值指声调的实际读法，是音节高低升降曲直等变化形式。调值属于音高的变化，调值的不同不取决于绝对音高，而取决于相对音高。相对音高由发音时的音高变化幅度及其形式所决定，比如同是发阳平，女性的绝对音高要高于男性，但其变化的幅度与上升的形式是相同的，属于同一个声调。

普通话声调调形区分明显，普通话四个调类的调值为一平、二升、三曲、四降。其中调值高扬成分多，阴平为高平调（55），阳平为高升调（35），上声为降升调调尾还是升到了4（214），去声虽为全降调但头起得高（51）。普通话四声调有高、低、升、降、平、曲，很有旋律感，富有音乐性。

最常见的标记声调的方法是五度标调法，采用标调值的方法，由赵元任先生创立，将音高分成五度，分别为：低（1度）、半低（2度）、中（3度）、半高（4度）、高（5度）。如去声调值为51，表示读法为从高到低的下降调。

采用五度标调法记录声调，一般只记发音的起点和终点的音高，如普通话阴平的调值是55，就表示其起点和终点的音高都是5；如果中间有转折，则还要记录其折点的音高，普通话上声的调值是214，则分别记录了起点、终点和折点的音高。声调从发音长短看（音长），上声发音持续的时间最长，其次是阳平；去声的发音时间最短，再就是阴平，如下图：

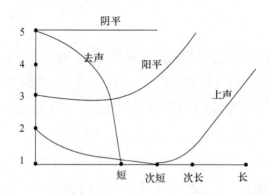

调类是指声调的种类，按照调值归纳出来，普通话里有四种基本的调类，即阴平、阳平、上声、去声，是根据古汉语"平、上、去、入"的名称沿用下来的。就调类而言，各种方言跟普通话之间有很大的差别，有的方言有三种调类，有的又多达十来种。普通话的声调如下表所示：

| 调 类 | 调 值 | 调 形 | 调 号 | 例 字 |
|---|---|---|---|---|
| 阴 平 | 55 | 高平调 | ˉ | 衣 yī  些 xiē |
| 阳 平 | 35 | 中升调 | ˊ | 移 yí  斜 xié |
| 上 声 | 214 | 降升调 | ˇ | 椅 yǐ  写 xiě |
| 去 声 | 51 | 全降调 | ˋ | 易 yì  谢 xiè |

## 二、声调发音要领

（一）普通话声调的发音

普通话声调也可简单概括为"一平、二升、三曲、四降"。练习时可先借助五度标记法确定音高。将音高定为低、半低、中、半高、高五阶，最低为 1 度，最高 5 度，这样既可确定每一个声调的音高值，又可确定四个声调之间的音高比。

阴平：发音时，声带绷紧，起音高平莫低昂，气势平均不紧张，要保持住音高。例如：分工、机关、播音、村庄、纱窗。

阳平：发音时，声带从不松不紧开始，逐渐绷紧，从中起音向上走，气息从弱渐强。例如：轮流、垂直、岩石、团结、黎明。

上声：发音时，声带开始略微有些紧张，但立刻松弛下来，稍稍延长，然后迅速绷紧。声音先降后转上挑再扬上去，气息要稳住上走，并逐渐加强。例如：舞蹈、领导、短跑、广场、水果。

去声：发音时，声带从紧开始到完全松弛为止。声音从最高往最低处走，气息从强到弱，要通畅，走到最低处，气息要托住，要与声带配合好以避免声"劈"。例如：见面、路费、办事、破例、降落。

有学者把四声的读法归纳为一首口诀：阴平起音高平莫低昂，气势平均不紧张。阳平从中起音向上扬，用气弱起逐渐扬。上声先降转上挑，降时气稳扬时强。去声高起直送向下降，强起到弱要通畅。用两个字概括就是：阴平——高平，阳平——高升，上声——低曲，去声——全降。

（二）声调发音易出现的问题

普通话有阴平、阳平、上声、去声四个调类，各大方言区的调类数差别明显，主要原因是古入声字的在今天的归类不同。北方方言区的绝大部分地区与普通话的调类一致，如汉口话、济南话、沈阳话、重庆话等都是四个调类，入声分别归到阴阳上去。比较特殊的是，如滦县话只有三个调类：平声、上声与去声，调类数最少。吴、湘、赣、闽、粤、客家方言区由于保留着入声字，调类数从五到十不等。因此，以上方言区的人们在学习普通话过程中，必须去掉入声字，改读为阴、阳、上、去四声（参见附录5《入声字表》）。

声调发音容易出现的问题有以下几种。

1. 阴平偏误

（1）调值不够高

阴平调值是55，但有的方言区念成44（成都）、33（长沙），甚至11（滦县），例如："现在开始播音"中的"播音"两个字念成最低音11就带有较明显的方言色彩。例如：

诗篇 shīpiān　出家 chūjiā　张贴 zhāngtiē　纷争 fēnzhēng　初春 chūchūn

（2）阴平读成降调

普通话阴平是高平调，如"生生不息"中的"生生"本应念"shēngshēng"，但有的方言区却读成下降的调子，听起来像是"胜胜 shèngshèng"。例如：

失落 shīluò　推断 tuīduàn　伺机 sījī　希冀 xījì　公告 gōnggào

（3）阴平读成降升调

有的方言区，高平调拐弯，如济南等地，把"茶杯 chábēi"的"杯"发成类似普通话"北 běi"的音，而"纸张 zhǐzhāng"中的"张"类似"掌 zhǎng"。例如：

农耕 nónggēng　财经 cáijīng　竞相 jìngxiāng　客车 kèchē　信托 xìntuō

2. 阳平偏误

（1）发音落点偏低

要注意把阳平上升的高度提高到 5 度。为使发音到位，可在阳平字后加阴平字以帮助正音，例如"白搭"。

（2）阳平轻度曲折

这是指把阳平发成近似 324 这样的降升调或者发音容易拐弯，将 35 读成 335。避免发音时值过长，有助于克服这一发音偏误。例如：然、人、棉、连、年、全、怀、情。

（3）阳平读成平调

有些地区的方言（如内蒙古），将普通话中的阳平字读为平调，如"方糖 fāngtáng"中的"糖"听起来像"汤 tāng"，"去年 qùnián"中的"年"又像"拈 niān"。例如：

权限 quánxiàn　提纲 tígāng　动情 dòngqíng　文教 wénjiào　漫游 mànyóu

（4）阳平读为降调

有些方言区（如济南）易把阳平读成高降调 42、41 或 52，如"学生 xuéshēng"中的"学"类似"穴 xuè"，"权力 quánlì"中的"权"听似"劝 quàn"。还有一些地区（如南京、苏州、上海等地），容易把阳平读成低升调 13 或 24，而不是中升调 35。例如：

告辞 gàocí　别墅 biéshù　杂费 záfèi　轮回 lúnhuí　人权 rénquán

3. 上声偏误

上声从 2 度降到 1 度再升到 4 度，是个降升调。有相当多人降下去之后没有提升上来，因此产生了缺陷。

发音时，声带从略微有些紧张开始，立刻松弛下来，稍稍延长，然后迅速绷紧，但没有绷到最紧。发音过程中，声音主要表现在低音段 1—2 度之间，这成为上声的基本特征。上声的音长在普通话 4 个声调中是最长的。

上声在平时实际的说话过程中，由于语流音变的影响，调值会发生变化。当单独一个上声字或上声字位于一个词语、一个句子的末尾时，上声字发成全上声。

上声发音需要克服的偏误有以下几点。

（1）上声调值不完全

上声调值是 214，发音时，要前短后长。但有些地区的人由于习惯，往往读得前长后短，致使声调不完全，如沈阳地区就发成 213 的调值。例如：

反响 fǎnxiǎng   结尾 jiéwěi   平整 píngzhěng   俗语 súyǔ   祈祷 qídǎo

（2）上声读成降调

闽方言区的人，尤其是厦门人，易把上声字念成全降调51，与普通话里的去声调值一样，如"是你 shìnǐ"中的"你"发成"腻 nì"，"网上 wǎngshàng"中的"网"好似"旺 wàng"。例如：

宁肯 nìngkěn   处所 chùsuǒ   隶属 lìshǔ   号角 hàojiǎo   电解 diànjiě

（3）上声读为平调

山东方言区除了烟台外的绝大部分地区，像青岛、泰安等地，在发上声时，听起来就像是高平调55，而潍坊等地又读成低平调44。如"饭碗 fànwǎn"里的"碗"听起来像是"弯 wān"，"营养 yíngyǎng"中的"养"又类似"秧 yāng"。上海话里的上声也易读作平调33。例如：

机敏 jīmǐn   搜索 sōusuǒ   多寡 duōguǎ   花鸟 huāniǎo   屋脊 wūjǐ

4. 去声偏误

去声从5度降到1度。注意要一降到底，不能降到4度或者3度就停止了。

发音时，声带从紧开始，到完全松弛为止。声音由高到低。在普通话四个声调中耗时最短。例如：辣、热、卖、浪、面、片、掉、换。

具体的方言区的问题有如下两种。

（1）去声读成升调或平调

如兰州、四川地区的人把去声读成低升调13，在发"四川 sìchuān"中的"四"好像是"sí"，"报告"类似"báogáo"。而汉口地区易读为阳平调35，南京等地则发成平调44或55。例如：

支架 zhījià   欣慰 xīnwèi   音量 yīnliàng   疏散 shūsàn   嫉妒 jídù

（2）去声读为降升调

南方地区的苏州、福建等地有把"看一看"读成类似"砍一砍"，"急躁 jízào"中的"躁"与"早 zǎo"相似的现象。如：

锦绣 jǐnxiù   俯瞰 fǔkàn   现任 xiànrèn   可贵 kěguì   假若 jiǎruò

5. 词语朗读要注意的问题

（1）两个阴平连读时，很容易出现第二个音调值不够 55，只有 44 的现象，或者阴平调的字在语句末尾时也会调值不够，这时，两个阴平连读可以把第一个字音读成 44，第二个念成 55，符合听觉规律。例如：西安（44、55），而末尾的阴平字只能是 55 调。

（2）两个阳平连读时，很容易出现阳平拐弯的现象。前一个音由于受后一个音的影响，调值可以低一点念成 34，后一个音念 35，这样发音更充分。如，红旗（34、35），声音直上避免拐弯。

（3）两个去声连读时，很容易出现起音时的高度达不到五度，下走气息托不住声音产生"劈"的现象。发音时，可以把第一个音发成 53 调，第二个音的气息相对充分一些，发成 51 调。声音从上往下走，气息要饱满通畅，声音不能"劈"。

（三）普通话与重庆方言声调对比

重庆方言与普通话之间在声调方面有着较为明显的差异，主要表现在两方面。

一是调类相同调值不同，重庆方言也有阴、阳、上、去四个声调，但其调值却与普通话不完全相同。如重庆话阴、阳、上、去四声的调值分别为 44 调、21 调、42 调和 214 调。

二是重庆话总的特征是降调多，没有明显的曲折调，音值低，声音短而急，不似普通话舒展悠扬。下面是重庆话方音声调与普通话声调对照表：

| 重庆话 | 阴 44 | 阳 21 | 上 42 | 去 214 |
|---|---|---|---|---|
| 普通话 | 阴 55 | 阳 35 | 上 214 | 去 51 |
| 例 字 | 山 | 明 | 水 | 秀 |

1. 普通话与重庆话大部分音节一一对应，调类不变只变调值，例如：妈、麻、马、骂。

阴平：春 高 烟 家 推

阳平：童 神 学 习 言

上声：党 冷 美 普 语

去声：爱 胜 问 笑 气

2. 古入声字在重庆话中归入阳平，普通话却分别归入四声（重庆人应特别注意这一点）例如：

吃 八 跌 发 湿 织 激——归阴

雹 白 鼻 合 滑 国 十——归阳

百 北 笔 尺 法 骨 甲——归上

必 祝 作 各——归去

3. 重庆人学习普通话声调的主要问题——调值的音高区域偏误

① 阴平不够高，把 55 调读成 44 调，例如：妈妈。
② 阳平上升高度不够，把 35 调读成 34 调（324 调），例如：学习。
③ 上声下降不够，把 214 调读成 224 调，例如：勇敢。
④ 去声起点不够高，把 51 调读成 41 调，例如：弟弟。

## ▲ 三、声调发音训练

### （一）声调基本训练

1. 四声顺序练习

妈麻马骂　夫福斧富　锅国果过　亲秦寝沁　书熟鼠竖
阴阳上去　心明眼亮　花红柳绿　深谋远虑　坚持努力
山明水秀　高朋满座　英雄好汉　光明磊落　优柔寡断

2. 四声逆序练习

大显神通　逆水行舟　驷马难追　兔死狐悲　异口同声
背井离乡　智勇无双　妙手回春　四海为家　万古长青
袖手旁观　赤胆红心　破釜沉舟　字里行间　变法革新

3. 同调相连练习

闻名全球　提前完成　轮船航行　居安思危　江山多娇
春天花开　珍惜光阴　息息相关　卑躬屈膝　和平繁荣
变幻莫测　意气用事　胜利闭幕　创造纪录　竞赛项目

4. 四声交替练习

挥汗如雨　虚怀若谷　轻描淡写　班门弄斧　龙飞凤舞
举足轻重　乔装打扮　别有天地　营私舞弊　恬不知耻
和风细雨　隔岸观火　海枯石烂　万马奔腾　信口开河

### （二）读词练习

| | | | | | | | | |
|---|---|---|---|---|---|---|---|---|
| 阴—阴 | 音标 | 飞机 | 专科 | 精装 | 招生 | 分工 | 交通 | 青春 |
| 阳—阳 | 和平 | 年轮 | 言行 | 原则 | 黄河 | 循环 | 频繁 | 结局 |
| 上—上 | 演讲 | 举手 | 本领 | 指导 | 古典 | 陕北 | 粉笔 | 稳妥 |
| 去—去 | 扩大 | 照相 | 汉字 | 概论 | 外貌 | 胜利 | 竞赛 | 散步 |

| | | | | | | | | |
|---|---|---|---|---|---|---|---|---|
| 阴—阳 | 积极 | 宣传 | 批评 | 包含 | 英雄 | 通俗 | 诙谐 | 粗俗 |
| 阴—上 | 真理 | 思考 | 欣赏 | 钢笔 | 多少 | 推理 | 黑板 | 摸底 |
| 阴—去 | 经验 | 音乐 | 希望 | 遭遇 | 鸡蛋 | 波浪 | 鞭策 | 充沛 |
| 阳—阴 | 国家 | 原因 | 文章 | 人生 | 图钉 | 长期 | 兰花 | 情操 |
| 阳—上 | 毛笔 | 停止 | 谜语 | 凉水 | 营养 | 头脑 | 平稳 | 白酒 |
| 阳—去 | 学校 | 文化 | 实验 | 劳动 | 游戏 | 牢固 | 评价 | 辽阔 |
| 上—阴 | 火车 | 许多 | 保镖 | 首先 | 海军 | 老师 | 启发 | 美观 |
| 上—阳 | 朗读 | 古文 | 打球 | 讲台 | 口型 | 保持 | 品德 | 底层 |
| 上—去 | 土地 | 努力 | 挑战 | 纽扣 | 巩固 | 点缀 | 访问 | 翡翠 |
| 去—阴 | 电灯 | 特征 | 信箱 | 治安 | 细胞 | 构思 | 诞生 | 复苏 |
| 去—阳 | 汽油 | 课堂 | 地图 | 会谈 | 事实 | 热情 | 练习 | 富饶 |
| 去—上 | 汉语 | 电影 | 报纸 | 历史 | 跳舞 | 进取 | 剧本 | 碧海 |

（三）综合练习

说起森林的功劳，那还多得很。它除了为人类提供木材及许多种生产、生活的原料之外，在维护生态环境方面也是功劳卓著。它用另一种"能吞能吐"的特殊功能孕育了人类。因为地球在形成之初，大气中的二氧化碳含量很高，氧气很少，气温也高，生物是难以生存的。大约在四亿年之前，陆地才产生了森林。森林慢慢将大气中的二氧化碳吸收，同时吐出新鲜氧气，调节气温，这才具备了人类生存的条件，地球上才最终有了人类。

### ▲ 课后练习

**一、给下面的字注音并朗读**

梦　隋　戏　褪　溺　霞　款　颊　环　掖　蒜　谢　弯　爹　鹰　含　窘

循　热　耍　憎　祸　肋　广　笨　舱　抱　涡　娟　吹　咬　拿　损　爹

肩　妙　哑　丢　圣　船　笔　乘　索　酿　筛　找　疲　翻　树　昂　软

词　正　踹　缝　坏　舜　飘　损　奖　花　邹　源　兄　咱　润　发　句

**二、给下面的词注音并朗读**

把手　美妙　盆地　逆流　铁道　强盛　凝结　快速　轮廓　居然

酗酒　光明　海洋　痛快　遵守　抓紧　恐怖　牛奶　暖气　推动

挂号　支持　描写　灯笼　揣测　耍弄　惨败　衰弱　瓦解　漂流

三、绕口令练习

1. 京剧叫京剧，警句叫警句。京剧不能叫警句，警句不能叫京剧。

2. 姥姥烙酪，酪老，姥姥捞酪；舅舅救鸠，鸠飞，舅舅揪鸠；妈妈骑马，马慢，妈妈骂马；妞妞轰牛，牛拧，妞妞拧牛。

3. 梁木匠，梁瓦匠，两梁有事齐商量，梁木匠天亮晾衣裳，梁瓦匠天亮量高粱。梁木匠晾衣裳受了凉，梁瓦匠量高粱少了粮。梁瓦匠思量梁木匠受了凉，梁木匠谅想梁瓦匠少了粮。

4. 岳伯伯特有德，读书千百册，摘要写心得，博学阅历多，跟谁也谐和。岳伯伯不在家中坐，要上街去买笔和墨，遇见好友祝玉国，玉国拉着伯伯进宅把水喝，二人谈得很随和，话就格外多。岳伯伯和祝玉国一谈谈到鸡上窝，伯伯也没买成笔和墨。

5. 石室诗士施氏，嗜狮，誓食十狮。氏时时适市视狮。十时，适十狮适市。是时，适施氏适市。氏视十狮，恃矢势，使十狮逝世。氏拾是十狮尸，适石室。石室湿，氏使侍试拭石室。石室拭，氏始试食十狮尸。食时，始识是十狮尸实十石狮尸。试释是事。

四、诗词练习

### 春晓

孟浩然

春眠不觉晓，处处闻啼鸟。

夜来风雨声，花落知多少。

### 黄鹤楼送孟浩然之广陵

李白

故人西辞黄鹤楼，烟花三月下扬州。

孤帆远影碧空尽，唯见长江天际流。

### 清明

杜牧

清明时节雨纷纷，路上行人欲断魂。

借问酒家何处有，牧童遥指杏花村。

## 忆秦娥·娄山关

毛泽东

西风烈，长空雁叫霜晨月。

霜晨月，马蹄声碎，喇叭声咽。

雄关漫道真如铁，

而今迈步从头越。

从头越，苍山如海，残阳如血。

## 五、短文练习

### 朋友和其他

杏林子

朋友即将远行。

暮春时节，又邀了几位朋友在家小聚。虽然都是极熟的朋友，却是终年难得一见，偶尔电话里相遇，也无非是几句寻常话。一锅小米稀饭，一碟大头菜，一盘自家酿制的泡菜，一只巷口买回的烤鸭，简简单单，不像请客，倒像家人团聚。

其实，友情也好，爱情也好，久而久之都会转化为亲情。

说也奇怪，和新朋友会谈文学、谈哲学、谈人生道理等等，和老朋友却只话家常，柴米油盐，细细碎碎，种种琐事。很多时候，心灵的契合已经不需要太多的言语来表达。

朋友新烫了个头，不敢回家见母亲，恐怕惊骇了老人家，却欢天喜地来见我们，老朋友颇能以一种趣味性的眼光欣赏这个改变。

年少的时候，我们差不多都在为别人而活，为苦口婆心的父母活，为循循善诱的师长活，为许多观念，许多传统的约束力而活。年岁逐增，渐渐挣脱外在的限制与束缚，开始懂得为自己活，照自己的方式做一些自己喜欢的事，不在乎别人的批评意见，不在乎别人的诋毁流言，只在乎那一分随心所欲的舒坦自然。偶尔，也能够纵容自己放浪一下，并且有一种恶作剧的窃喜。

…………

就让生命顺其自然，水到渠成吧，犹如窗前的//乌桕，自生自落之间，自有一分圆融丰满的喜悦。春雨轻轻落着，没有诗，没有酒，有的只是一分相知相属的自在自得。

夜色在笑语中渐渐沉落，朋友起身告辞，没有挽留，没有送别，甚至也没有问归期。

已经过了大喜大悲的岁月，已经过了伤感流泪的年华，知道了聚散原来是这样的自然和顺理成章，懂得这点，便懂得珍惜每一次相聚的温馨，离别便也欢喜。

## 第五节　语流音变

**学习重点**

> 了解普通话中的语流音变的主要类型，以及读音方法，尤其是轻声和儿化的读音要领。

语流音变是指语音在语流中的变化。人们说话、朗读时，连续发出一连串的音节，被称之为"语流"。在连续发音形成的语流中，音素与音素、音节与音节、声调与声调之间，因相互影响会发生语音变化，这就是语流音变。

普通话里的音变现象主要有变调、轻声、儿化和语气词"啊"的变读等，它们可以说是普通话语流中音节之间配合关系的一种自然的谐调美化，另外，有些音变还有区别意义和词性的作用。掌握音变规律，就会使语音自然和谐，表达清楚，而不显生硬别扭。

### 一、轻声

普通话每一个音节都有一定的声调，可是在词或句子里，有的音节失去了原来的声调，变成又轻又短的调子，这种又轻又短的调子就是轻声。例如："头"原来的声调是阳平，可是在"木头"一词中，"头"读得比"木"轻些短些，成了一个轻声音节。

（一）轻声的作用

1. 区别意义

孙子（重）——古代的军事家　　　孙子（轻）——儿子的儿子

老子（重）——古代的哲学家　　　老子（轻）——父亲

上头（重）——喝酒过量而头晕　　上头（轻）——上面

本事（重）——文学作品依据的故事　本事（轻）——本领

地方（重）——本地、当地　　　　地方（轻）——区域、部分

这种情形还有很多，例如：

鸭头——丫·头　文字——蚊·子　狼头——榔·头

东西——东·西　编辑——编·辑　龙头——笼·头

2. 区别词性

地道（重）——地下通道，名词　　　　地道（轻）——纯正，形容词
买卖（重）——动词　　　　　　　　　买卖（轻）——名词

这种情形也有很多：

对头——对·头　利害——厉·害　挠头——挠·头　报仇——报·酬

3. 区别结构

打死（重）人——"打"与"死人"构成动宾关系

打死（轻）人——"打死"与"人"构成动宾关系

想起来（重）——"想"与"起来"构成动宾关系

想起来（轻）——"想"与"起来"构成动补关系

（二）轻声的规律

普通话里的轻声常常同词汇、语法的意义有关。一般来说，新词、科学术语没有轻声音节，口语中的常用词才读轻声。在普通话中，其分布规律大致如下。

1. 助词念轻声

助词有语气助词（吧、吗、美）、结构助词（的、得、地）、动态助词（了、着、过）等。例如：红的、卖菜的、悄悄地、说得、唱着、去了、听过、玩吧、好嘛、你呢、来吗、是啊。

2. 重叠式名词和动词的第二个音节（特殊的除外如：天天）以及嵌在重叠动词中的"一、不"。

例如：星星、姥姥、妹妹、看看、学习学习、合计合计、坐一坐、来不来。但拟声词的叠音一般不念轻声，例如：呱呱、喵喵、吱吱。

3. 名词或代词的后缀"子、头、们、么"

例如：金子、底子、竹子、椅子、骨头、石头、木头、它们、你们、我们、嘴巴、什么。

4. 方位短语中表示方位的词或语素

例如：脚上、楼上、花园里、北边、墙上、地下、被子里、抽屉里、这里、那里、家里。

5. 用于动词、形容词后面作补语的趋向动词

例如：穿上、放下、躲开、拿出来、推进去、扎起来、说下去、热起来、冷下去。

注意：在趋向词前插入："得、不、了"时，"得、不、了"念轻声，而趋向词念原调：进不来、出不去。

6. 量词"个"常读轻声

例如：五个、十个、四个、这个、哪个

7. 在"×得""×不得"格式中的"得、不得"。

例如：记得、记不得。

8. 某些习惯上的必读轻声词

例如：月亮、窗户、云彩、西瓜、萝卜、鼓捣、力量、意思、运气、便宜、位置。

（三）轻声的朗读

轻声是一种复杂的语音现象，它不是一个独立的调类，不能独立存在。轻声的发音牵涉音强、音长、音高和音质四个方面。一般来说，轻声音强比较弱，音长比较短，音高则由前面的音节的声调所决定。重庆方言发音中没有轻声的习惯，重庆人应掌握普通话轻声的发音及规律。

所有的轻声音节都要失去它原来的调值，变得轻短模糊，前一个音节稍微延长，但是轻声音节在音的高低上受前面音节调值的影响会产生差异。例如：妈妈、爸爸、爷爷、姐姐、你的、我的、搬弄、延误、雅致、腻烦、得慌、云彩、冷战，具体情况如下。

1. 阴平 + 轻声调值为 2 度（半低）

例如：庄稼、先生、桌子、星星、吃着、酸的、妈妈、桌子、他的、三个、苍蝇、商量。

2. 阳平 + 轻声调值为 3 度（中）

例如：裁缝、和尚、馒头、德性、梨子、红的、爷爷、桃子、甜的、什么、模糊、柴火。

3. 上声 + 轻声调值为 4 度（半高）

例如：讲究、怎么、椅子、码头、喜欢、美的、姐姐、我的、躺着、好了、搅和、稳当。

4. 去声 + 轻声调值为 1 度（低）

例如：笑话、面子、绿的、护士、爸爸、凳子、坏的、算了、在乎、态度、客气、漂亮。

▲（四）轻声练习

| 包袱 | 报酬 | 本钱 | 比方 | 别扭 | 玻璃 | 部分 | 裁缝 | 残疾 | 状元 | 央告 | 苍蝇 |
| 长处 | 称呼 | 成分 | 尺寸 | 抽屉 | 出息 | 伺候 | 聪明 | 凑合 | 咋呼 | 打扮 | 打量 |
| 打算 | 打听 | 大方 | 大意 | 对付 | 耽误 | 芋头 | 属相 | 北边 | 倒腾 | 得罪 | 灯笼 |
| 地道 | 点心 | 点缀 | 东西 | 动静 | 队伍 | 讲究 | 力气 | 粮食 | 叫唤 | 教训 | 街坊 |
| 结实 | 近视 | 精神 | 咳嗽 | 客人 | 窟窿 | 快活 | 凉快 |

## 二、儿化

在某种场合，一些音节在发音时其韵母同时带上一个卷舌动作，这就是韵母的儿化现象。儿化后的韵母叫儿化韵。带儿化韵的音节，拼写时只在原音节后加写"r"。例如："小孩儿"写作"xiǎoháir"。儿化在语言中有一定的修辞或语法表达功能。

（一）儿化的定义

儿化是指后缀"儿"与前面音节的韵母融合成一个音节，使韵母带有卷舌色彩的现象。儿化时后缀"儿"不能成音节，只代表一个卷舌动作。

在普通话中，元音 er 可以单独成为音节，同时，它还可以同其他韵母组合成一个音节，使这个韵母转变为卷舌韵母，这种语音现象叫"儿化"。

（二）儿化的作用

1. 区别词义

头（脑袋）——头儿（领导、带头人）

眼（眼睛）——眼儿（小窟窿）

信（信件）——信儿（消息）

头——脑袋　　　　　　　　　　　头儿——领导者

空（kòng）——腾出　　　　　　　空儿（kòngr）——时间

信——书信　　　　　　　　　　　信儿——消息

白面——白的面粉（一般指小麦的面粉）　白面儿——毒品海洛因

2. 转换词性

画（动词）——画儿（名词）

尖（形容词）——尖儿（名词）

盖（动词）——盖儿（名词）

活（动词）——活儿（名词）

破烂（形容词）——破烂儿（名词）

3. 表示形容细小、轻微的性质或形态，附加情感意义

（1）表达亲切、喜爱、温和的语气

例如：小孩儿、小猫儿、小床儿、小脸儿、一点儿、您慢慢儿走、挺好的老头儿。

例如：老头儿、小鞋儿、小嘴儿、豆芽儿、小兔儿、蝴蝶儿、金鱼儿、花篮儿、脸盆儿。

（2）表示轻蔑、鄙视的情感和语气

例如：小偷儿、小瘪三儿、小流氓儿、小混混儿。

（三）儿化的发音规律

韵母儿化后，读音会发生变化。变化的情况根据韵母的韵腹和韵尾而定。

（1）韵母的末尾音素是a、o、e、ê、u，韵母不变，直接加卷舌动作，书面上在元音后加r，例如：

红花儿　在哪儿　山坡儿　粉末儿　方格儿　台阶儿

腰鼓儿　白兔儿　眼珠儿　号码儿　山坡儿　纸盒儿

水珠儿　一下儿　手稿儿　封口儿　台阶儿　书桌儿

（2）以i和n为韵尾的韵母（除in、ün外），儿化后丢掉韵尾，在主要元音后加r，例如：

小孩儿　糖块儿　刀背儿　土堆儿　鞋带儿　墨水儿

竹竿儿　一点儿　树跟儿　烟卷儿　邋弯儿　没准儿

（3）韵母in、ün，丢掉韵尾，加er，例如：

官印儿　有劲儿　花裙儿　合群儿

（4）韵母i、ü，直接加er，例如：

小米儿　玩意儿　小曲儿　米粒儿　马驹儿　有趣儿　毛驴儿

（5）韵母是 -i（前）和 -i（后）的，儿化后丢掉原韵母，加上卷舌韵母er，例如：

石子儿　瓜子儿　大事儿　棋子儿　没事儿

（6）以ng为韵尾的韵母（除ing外），儿化后丢掉韵尾ng，在主要元音后加r，同时主要元音鼻音化（即"鼻化音"，用~表示，发音时口腔、鼻腔同时共鸣），例如：

药方儿　小凳儿　天窗儿　小熊儿

（7）韵母ing儿化后丢掉韵尾ng，加卷舌er，鼻化，例如：

干劲儿 ganjier　　手印儿 shouyier

花瓶儿 huapier　　小名儿 xiaomier

（四）儿化韵发音难点

（1）不会卷舌。

（2）卷舌过晚，如：把"小鸟儿"读成"小鸟'儿"。

（3）遇到a开口度不够，如：盖儿、点儿、玩儿。

（4）遇到u、ao、ou、iu发音错误，要注意这类词语在读的时候，收唇时，卷舌动作同时发生。例如：白兔儿、雪球儿、衣兜儿、小猫儿。

▲（五）儿化训练

按照儿化规律练习下面的儿化音节。

| | |
|---|---|
| ar | 哪儿　那儿　把儿　裤衩儿　价码儿　话把儿　打碴儿　板擦儿 |
| ai—ar | 带儿　小孩儿　本色儿　泥胎儿　锅盖儿　鞋带儿 |
| an—ar | 包干儿　白班儿　快板儿　脸蛋儿　收摊儿　蒜瓣儿　杂拌儿 |
| ang—ar | 药方儿　帮忙儿　跑趟儿 |
| uang—uar | 相框儿　蛋黄儿 |
| ia—iar | 一下儿　豆芽儿　纸匣儿 |
| ua—uar | 花儿　画儿　大褂儿 |
| ian—iar | 差点儿　馅儿　拔尖儿　唱片儿　单弦儿　刀片儿　扇面儿 |
| iang—iar | 亮儿　像样儿　鼻梁儿 |
| üan—üar | 烟卷儿　出圈儿　铺盖卷儿　绕远儿 |
| uai、uan—uar | 玩儿　闹着玩儿　一块儿　撒欢儿　好玩儿 |
| ao—aor | 好好儿　岔道儿　口哨儿　掌勺儿　早早儿　半道儿　招儿 |
| iao—iaor | 面条儿　鸟儿　走调儿 |
| e—er | 这儿　个儿　饱嗝儿　模特儿　挨个儿 |
| o—or | 雪末儿　山坡儿　围脖儿 |
| uo—uor | 大伙儿　座儿　蝈蝈儿　做活儿 |
| ou—our | 兜儿　老头儿　奔头儿　头头儿　说头儿　俩口儿　年头儿 |
| ü—üer | 蛐蛐儿　金鱼儿　毛驴儿　小曲儿 |
| üe、ün—üer | 旦角儿　花裙儿 |
| ie、in—ier | 玩意儿　屉儿　姨儿　半截儿　今儿　巧劲儿　送信儿　音儿 |
| ing—ier | 人影儿　明儿　打鸣儿　电影儿 |
| ei、en—er | 走神儿　倍儿棒　串门儿　愣神儿　人儿　嗓门儿　有门儿 |
| ui、un—uer | 这会儿　烟嘴儿　没味儿　一顺儿　没准儿　胖墩儿　冰棍儿 |
| eng—er | 板凳儿　麻绳儿　八成儿 |
| ong—or | 空儿　萤火虫儿 |
| u—ur | 主儿　碎步儿 |
| iou—ior | 一溜儿　中不溜儿　顶牛儿　拈阄儿 |
| -i—er | 没事儿　枪子儿　铜子儿　咬字儿 |

## 三、变调

变调指在语流中所产生的声调变化现象，相邻的音节声调间因相互影响而发生变化。普通话中的四个声调在语流中或多或少都会有些变化，其中变化较明显的是上声以及一些具体的词语，例如"一、不"等，具体情况如下。

### （一）上声变调

上声的变调，一般是位于别的声调之前，而单独念时，或位于其他音节之后时，不发生变调。上声变调的主要类型如下。

1. 上声（214）+ 上声（214）——→阳平（35）+ 上声（214）

例如：好马、理解、美好、洗脸、讲演、乳品、打水、保险、想买、水果、影响、我俩。

2. 上声（214）+ 非上声——→半上（21）+ 非上声

例如：武装、喜欢、打听、好说、语言、举行、想赢、你们、只是、努力、伟大、许诺。

3. 上声同轻声连读，有两种情况，以读半上居多

（1）上声（214）+ 轻声——→半上（21）+ 轻声

例如：姐姐、小子、椅子、奶奶、宝宝、婶婶、耳朵、马虎。

（2）上声（214）+ 轻声——→阳平（35）+ 轻声

例如：法子、响起、把手、哪里、讲法、写起、眼里、水里。

4. 三个上声字连读，也有两种情况

（1）单双格：上声 +（上声 + 上声）——→半上（21）+ 阳平（35）+ 上声（214）

例如：小老虎、很勇敢、李小姐、厂党委、纸雨伞、补语法、好种马、老领导。

（2）双单格：（上声 + 上声）+ 上声——→阳平（35）+ 阳平（35）+ 上声（214）

例如：展览馆、雨伞厂、种马场、洗脸水、讲演稿、哺乳品、保险锁、虎骨酒。

在日常表达的语流中，这两种情况都可以读成"阳平 + 阳平 + 上声"。

### （二）去声变调

去声（51）+ 去声（51）——→半去（53）+ 去声（51）。

例如：大会、变化、细致、快去、运算、烙印、害怕、电话、令箭、变态、再见。

### （三）"一、不"的变调

由于"一、不"都来源于中古的清声母入声字，所以具有独特的变调方式。

1."一"的变调

（1）"一"单念、表序数或在词句末尾时读原调（阴平）

例如：十一、第一。

（2）"一"在非去声前，变为去声

例如：一天、一杯、一头、一直、一统、一早。

（3）"一"在去声前，变为阳平

例如：一道、一定、一向、一对、一个、一去。

（4）"一"夹在重叠词中间念轻声

例如：想一想 看一看。

2. "不"的变调

（1）"不"单用、在词句末尾以及非去声前读原调（去声）

例如：不、就不、绝不、不说、不吃、不堪、不成、不然、不久、不法、不懂。

（2）"不"在去声前变为阳平

例如：不幸、不但、不去、不愧、不唱、不对、不孝、不敬。

（3）"不"夹在语词中间时读轻声

例如：行不行、差不多、好不好、用不着、对不起、看不见、睡不着。

（四）形容词重叠的变调

1. "AA"式单音形容词重叠，无论是何声调，后一音节都可读成阴平，也可不变。如果叠字后附有"儿化韵"时，第二个音节必须变为阴平。例如：

红红的、甜甜的、短短的、厚厚的、热热的、绿绿的、

早早儿的、好好儿的、满满儿的、慢慢儿的

2. "ABB"式的形容词，后边的叠音后缀都读成阴平，也可不变。例如：

黑漆漆、亮堂堂、明晃晃、笑眯眯、绿油油、慢腾腾

3. "AABB"式重叠后的形容词，第二音节读轻声，后两个音节读阴平。例如：

认认真真、清清楚楚、高高兴兴、舒舒服服

4. 有一部分书面语中的叠字形容词是决不能变的。例如：

轰轰烈烈、堂堂正正、闪闪烁烁、沸沸扬扬

▲（五）变调训练

1. 读准下列词语里上声字的变调

上—阴　紧张　解说　武装　纺织　产出　打听　水箱　产生　本心
上—阳　语文　脸盆　隐瞒　起床　解决　党员　奖惩　水牛　跑题
上—去　老练　比赛　挑逗　水费　榜样　暖气　忍耐　广大　坦率
上—上　冷饮　保险　了解　举止　顶点　辗转　海港　果品　影响

2. 读下列词语，按规律进行上声的变调

洗脸水　选举法　手写体　虎骨酒　蒙古语　管理组　跑马表　苦水井
纸老虎　你指导　老保守　小雨伞　厂党委　好领导　请允许　有影响
岂有此理　理想美好　影响选举　我打水给你洗脸　马场养有五百匹好母马

3. 读准下列词语中"一、不"的变调

阴前：一身　一斤　不多　不慌
阳前：一同　一行　不曾　不如
上前：一早　一点　不比　不管
去前：一贯　一路　不测　不愧

## 四、语气词"啊"的音变

"啊"有两种词性，一种是叹词，出现在句首，表达强烈的感情，根据感情表达发出不同声调；另一种是语气词，常位于句尾或句中停顿处，受到前一音节末尾音素的影响，产生连读音变。其音变的类型有"同化"和"增音"，主要是增音。

（一）"啊"的音变规律

"啊"单用时读a，用在句子末尾时，由于受到前一音节末尾音素的影响，读音会发生种种变化，其变化规律如下：

1. 末尾音素是a、o（ao、iao除外）、ê、i、ü时读ya，书面可写作"呀"

例如：妈呀、泼呀、鸡呀、鱼呀、说呀、回家呀、哥呀、鞋呀。

2. 末尾音素是u、ao时，读为wa，书面可写作"哇"

例如：路哇、住哇、流哇、好哇、小哇。

3. 末尾音素是n时，读作na，书面写作"哪"

例如：人哪、天哪、看哪、办哪、准哪。

4. 末尾音素是 ng 时，读作 nga，书面写作"啊"

例如：唱啊、听啊、行啊、用啊、烫啊、想啊。

5. 末尾音素是 -i（前）时，读作 za，书面写作"啊"

例如：字啊、词啊、撕啊、次啊。

6. 末尾音素是 -i（后）er 时，读作 ra，书面写作"啊"

例如：事啊、治啊、吃啊、儿啊。

▲（二）"啊"的音变训练

读下列语句，注意"啊"的音变。

① 先生，拜托了，谢谢你啊。
② 这儿的景色多美啊。
③ 天气好热啊！
④ 外面一片漆黑，好怕啊。
⑤ 这菜怎么这么老啊。
⑥ 那是你的朋友啊！
⑦ 我的好同志啊！
⑧ 别管，让他撕啊！
⑨ 你快开门啊！
⑩ 他睡得好香啊！

▲（三）轻重格式

在汉语普通话及各地方言中，一句话里双音节词或多音节词中的每个音节都有轻重强弱的不同，造成这种变化的原因，除了音节与音节之间的音调区别外，还因为构成一句话的词或词组的每个音节，在音量上不均衡，也就是说，双音节和多音节词的各个音节有着约定俗成的轻重强弱差别，成为词的轻重格式。我们将短而弱的音节称为轻，长而强的音节称为重，介于二者之间的称为中。

普通话词的轻重音格式的基本形式是：双音节、三音节、四音节词语大多数最后一个音节读为重音，其中双音节词语占普通话词语总数的绝对优势，绝大多数读为"中·重"的格式。

双音节词语读后轻的词语可以分为两类。一类为"重·最轻"的格式，即轻声词语，用汉语拼音注音时，不标声调符号，例如：东西、麻烦、规矩、客气。另一类为"重·次轻"的格式，一部分词语在《现代汉语词典》中轻读音节标注声调符号，但在轻读音节前面加圆点，例如：新鲜，客人、匀称。另一部分词语，则未作明确标注，例如：分析、制度、老虎。这类词语一般轻读，偶尔重读，读音不太稳定，我们可以称为"可轻读词语"。

朗读作品中，有许多"重·次轻"词语，如果读作"中·重"，则语感较生硬，不自然，也就是所谓的方言语调或语调偏误。例如，作品2号中，次轻词语有：薪水、牢骚、抱怨、心里、集市上、回来、多少、已经。

普通话的轻重音表现在词和句子里，词的轻重音是最基本的。普通话的轻重音细分为四个等级，即：重音、中音、次轻音、最轻音。

普通话词的轻重音格式大致如下。

1. 双音节

中·重——国家　伟大　汽车（绝大多数）

重·次轻——艺术　手艺　娇气　温度（次轻词）

重·最轻——耳朵　妈妈　庄稼（必轻词）

2. 三音节

中·次轻·重（中中重）——炊事员　国务院　西红柿　电视机（绝大多数）

中·重·最轻（中重轻）——胡萝卜　同学们　打拍子　小姑娘

重·最轻·最轻（重轻轻）——朋友们　姑娘家　飞起来　投进去

3. 四音节

中·次轻·中·重——高高兴兴　坑坑洼洼　曲曲弯弯（绝大多数）

中·次轻·重·最轻——外甥媳妇　如意算盘（轻+轻　极少）

注意：词的轻重格式只是一种约定俗成，不是绝对的、不变的，词的轻重格式要受语句目的的制约。

▶ 课后练习

**一、根据普通话音变规律朗读下面的句子**

1. 瞎子吹喇叭，哑巴摸蛤蟆，哑巴听不见瞎子吹的喇叭，瞎子看不见哑巴摸的蛤蟆。

2. 一帆一桨一渔舟，一个渔翁一钓钩，一俯一仰一顿笑，一江明月一江秋。

3. 进了门儿，喝杯水儿，喝上两口运运气儿。顺手拿起小唱本儿，唱了一曲又一曲儿。练完了嗓子练嘴皮儿。绕口令，练字音儿，还用单弦儿弹支曲儿。小快板儿，大鼓词儿，越说越唱越得劲儿。

4. 大路边有家小院儿，住着老头儿领着两个小孩儿。老头儿退休没事儿，在家养花儿、养猫儿、喂金鱼儿，有时逗着小鸟儿哼几句小曲儿。两个小孩儿爱骑小车儿在门口玩儿，后面拴个纸盒儿拉着石子儿。他俩骑着小车转圈儿，追着小猫儿唱歌儿，玩儿得真有趣儿，不小心踢倒了板凳儿打碎了花盆儿，吓得小猫儿跳上了窗台儿。老头儿瞪着小孩儿没好气儿，拿起竹竿儿撵小猫儿，小孩儿看着小猫儿不吱声儿，心里纳闷儿。

5. 小草偷偷地从土里钻出来，嫩嫩的，绿绿的。园子里，田野里，瞧去，一大片一大片满是的。坐着，躺着，打两个滚，踢几脚球，赛几趟跑，捉几回迷藏。风轻悄悄的，草软绵绵的。

6. 一个大，一个小，一件衣服一顶帽。一边多，一边少，一打铅笔一把刀。一个大，一个小，一个西瓜一颗枣。一边多，一边少，一盒饼干一块糕。一个大，一个小，一头肥猪一只猫。一边多，一边少，一群大雁一只鸟。一边唱，一边跳，大小多少记得牢。

7. 我看见过波澜壮阔的大海，欣赏过水平如镜的西湖，却从没看见过漓江这样的水。漓江的水真静啊，静得使你感觉不到它在流动；漓江的水真清啊，清得可以看见江底的沙石；漓江的水真绿啊，绿得仿佛那是一块无瑕的翡翠。船桨激起的微波，扩散出一道道水纹，才让你感觉到船在前进，岸在后移。

我攀登过峰峦雄伟的泰山，游览过红叶似火的香山，却从没看见过桂林这一带的山。桂林的山真奇啊，一座座拔地而起，各不相连，像老人，像巨象，像骆驼，奇峰罗列，形态万千；桂林的山真秀啊，像翠绿的屏障，像新生的竹笋，色彩明丽，倒影水中；桂林的山真险啊，危峰兀立，怪石嶙峋，好像一不小心就会栽倒下来。

**二、朗读词语（词的轻重格式以及发声训练）**

1. 双音节词的朗读

（1）中重格式

| 人民 | 大会 | 广播 | 满意 | 革命 | 动员 | 年轻 |
| 日常 | 打通 | 交通 | 领域 | 当代 | 小诗 | 黄金 |
| 假如 | 自然 | 减色 | 宝贵 | 本身 | 阅读 | 当时 |
| 飞沙 | 演化 | 人生 | 本身 | 节奏 | 活动 | 牲畜 |

（2）重中格式

| 柔和 | 突然 | 责任 | 经验 | 视觉 | 听觉 | 界限 | 颜色 |
| 性质 | 美好 | 情感 | 观感 | 父亲 | 母亲 | 爱戴 | 气味 |

（3）重轻格式

| 清楚 | 唠叨 | 力气 | 痛快 | 喉咙 | 荤腥 |

2. 三音节词的朗读

（1）中中重格式

| | | | | |
|---|---|---|---|---|
| 播音员 | 收音机 | 呼吸道 | 东方红 | 天安门 |
| 共青团 | 党支部 | 科学院 | 招待会 | 唯物论 |
| 井冈山 | 护身符 | 法西斯 | 回旋曲 | 救世主 |
| 木乃伊 | 白兰地 | 流水线 | 穆斯林 | 巧克力 |

（2）中重轻格式

| | | | | |
|---|---|---|---|---|
| 枪杆子 | 命根子 | 过日子 | 拿架子 | 吊嗓子 |
| 卖关子 | 打底子 | 洋鬼子 | 两口子 | 刀把（bà）子 |

（3）中轻重格式

| | | | |
|---|---|---|---|
| 保不齐 | 对不住 | 过不去 | 吃不消 |
| 冷不防 | 大不了 | 动不动 | |

3. 四音节词的朗读

（1）中重中重

大部分具有联合关系的四字格式成语，以及少量其他关系的四字格式成语，要读作中重中重格式。

| | | | |
|---|---|---|---|
| 丰衣足食 | 日积月累 | 轻歌曼舞 | 心平气和 |
| 无独有偶 | 五光十色 | 天灾人祸 | 花好月圆 |

（2）中轻中重

大部分四音节的专用名词、迭音形容词和象声词读作中轻中重格式。

| | | | |
|---|---|---|---|
| 社会主义 | 集体经济 | 奥林匹克 | 巴黎公社 |
| 高高兴兴 | 大大方方 | 和和美美 | 嘻嘻哈哈 |

（3）重中中重

大部分具有修饰与被修饰、陈述与被陈述、支配与被支配关系的四字格要读作重中中重。

| | | | |
|---|---|---|---|
| 惨不忍睹 | 义不容辞 | 敬而远之 | 面如刀刮 |

### 三、朗读短文

#### 第一场雪

峻青

这是入冬以来胶东半岛上第一场雪。

雪纷纷扬扬，下得很大。开始还伴着一阵儿小雨，不久就只见大片大片的雪花，从彤云密布的天空中飘落下来。地面上一会儿就白了。冬天的山村，到了夜里就万籁俱寂，只听得雪花簌簌地不断往下落，树木的枯枝被雪压断了，偶尔咯吱一声响。

大雪整整下了一夜。今天早晨，天放晴了，太阳出来了。推开门一看，嗬！好大的雪啊！山川、河流、树木、房屋，全都罩上了一层厚厚的雪，万里江山，变成了粉妆玉砌的世界。落光了叶子的柳树上挂满了毛茸茸亮晶晶的银条儿；而那些冬夏常青的松树和柏树上，则挂满了蓬松松沉甸甸的雪球儿。一阵风吹来，树枝轻轻地摇晃，美丽的银条儿和雪球儿簌簌地落下来，玉屑似的雪末儿随风飘扬，映着清晨的阳光，显出一道道五光十色的彩虹。

大街上的积雪足有一尺多深，人踩上去，脚底下发出咯吱咯吱的响声。一群孩子在雪地里堆雪人，掷雪球。那欢乐的叫喊声，把树枝上的雪都震落下来了。

俗话说，"瑞雪兆丰年"。这个话有充分的科学根据，并不是一句迷信的成语。寒冬大雪，可以冻死一部分害虫；融化了的水渗进土层深处，又能供应//庄稼生长的需要。我相信这一场十分及时的大雪，一定会促进明年春季作物，尤其是小麦的丰收。有经验的老农把大雪比作是"麦子的棉被"。冬天"棉被"盖得越厚，明春麦子就长得越好，所以又有这样一句谚语："冬天麦盖三层被，来年枕着馒头睡。"

我想，这就是人们为什么把及时的大雪称为"瑞雪"的道理吧。

## 可爱的小鸟

### 王文杰

没有一片绿叶，没有一缕炊烟，没有一粒泥土，没有一丝花香，只有水的世界，云的海洋。

一阵台风袭过，一只孤单的小鸟无家可归，落到被卷到洋里的木板上，乘流而下，姗姗而来，近了，近了！……

忽然，小鸟张开翅膀，在人们头顶盘旋了几圈，"噗啦"一声落到了船上。许是累了？还是发现了"新大陆"？水手撵它它不走，抓它，它乖乖地落在掌心。可爱的小鸟和善良的水手结成了朋友。瞧，它多美丽，娇巧的小嘴，啄理着绿色的羽毛，鸭子样的扁脚，呈现出春草的鹅黄。水手们把它带到舱里，给它"搭铺"，让它在船上安家落户，每天，把分到的一塑料桶淡水匀给它喝，把从祖国带来的鲜美的鱼肉分给它吃，天长日久，小鸟和水手的感情日趋笃厚。清晨，当第一束阳光射进舷窗时，它便敞开美丽的歌喉，唱啊唱，嘤嘤有韵，宛如春水淙淙。人类给它以生命，它毫不悭吝地把自己的艺术青春奉献给了哺育它的人。可能都是这样？艺术家们的青春只会献给尊敬他们的人。

小鸟给远航生活蒙上了一层浪漫色调，返航时，人们爱不释手，恋恋不舍地想把它带到异乡。可小鸟憔悴了，给水，不喝！喂肉，不吃！油亮的羽毛失去了光泽。是啊，我//们有自己的祖国，小鸟也有它的归宿，人和动物一样啊，哪儿也不如故乡好！

慈爱的水手们决定放开它，让它回到大海的摇篮去，回到蓝色的故乡去。离别前，这个大自然的朋友与水手们留影纪念。它站在许多人的头上，肩上，掌上，胳膊上，与喂养过它的人们，一起融进那蓝色的画面……

## 父亲的爱

艾尔玛·邦贝克

爹不懂得怎样表达爱，使我们一家人融洽相处的是我妈。他只是每天上班下班，而妈则把我们做过的错事开列清单，然后由他来责骂我们。

有一次我偷了一块糖果，他要我把它送回去，告诉卖糖的说是我偷来的，说我愿意替他拆箱卸货作为赔偿。但妈妈却明白我只是个孩子。

我在运动场打秋千跌断了腿，在前往医院途中一直抱着我的，是我妈。爹把汽车停在急诊室门口，他们叫他驶开，说那空位是留给紧急车辆停放的。爹听了便叫嚷道："你以为这是什么车？旅游车？"

在我生日会上，爹总是显得有些不大相称。他只是忙于吹气球，布置餐桌，做杂务。把插着蜡烛的蛋糕推过来让我吹的，是我妈。

我翻阅照相册时，人们总是问："你爸爸是什么样子的？"天晓得！他老是忙着替别人拍照。妈和我笑容可掬地一起拍的照片，多得不可胜数。

我记得妈有一次叫他教我骑自行车。我叫他别放手，但他却说是应该放手的时候了。我摔倒之后，妈跑过来扶我，爸却挥手要她走开。我当时生气极了，决心要给他点颜色看。于是我马上爬上自行车，而且自己骑给他看。他只是微笑。

我念大学时，所有的家信都是妈写的。他//除了寄支票外，还寄过一封短柬给我，说因为我没有在草坪上踢足球了，所以他的草坪长得很美。

每次我打电话回家，他似乎都想跟我说话，但结果总是说："我叫你妈来接。"

我结婚时，掉眼泪的是我妈。他只是大声擤了一下鼻子，便走出房间。

我从小到大都听他说："你到哪里去？什么时候回家？汽车有没有汽油？不，不准去。"爹完全不知道怎样表达爱。除非……

会不会是他已经表达了而我却未能察觉？

## 济南的冬天

老舍

对于一个在北平住惯的人，像我，冬天要是不刮风，便觉得是奇迹；济南的冬天是没有风声的。对于一个刚由伦敦回来的人，像我，冬天要能看得见日光，便觉得是怪事；济南的冬天是响晴的。自然，在热带的地方，日光是永远那么毒，响亮的天气，反有点儿叫人害怕。可是，在北方的冬天，而能有温晴的天气，济南真得算个宝地。

设若单单是有阳光，那也算不了出奇。请闭上眼睛想：一个老城，有山有水，全在天底下晒着阳光，暖和安适地睡着，只等春风来把它们唤醒，这是不是理想的境界？小山把济南围了个圈儿，只有北边缺着点口儿。这一圈小山在冬天特别可爱，好像是把济南放在一个小摇篮里，它们安静不动地低声地说："你们放心吧，这儿准保暖和。"真的，济南的人们在冬天是面上含笑的。他们一看那些小山，心中便觉得有了着落，有了依靠。他们由天上看到山上，便不知不觉地想起：明天也许就是春天了吧？这样的温暖，今天夜里山草也许就绿起来了吧？就是这点儿幻想不能一时实现，他们也并不着急，因为这样慈善的冬天，干什么还希望别的呢！

最妙的是下点小雪呀。看吧，山上的矮松越发的青黑，树尖儿上顶//着一髻儿白花，好像日本看护妇。山尖儿全白了，给蓝天镶上一道银边。山坡上，有的地方雪厚点儿，有的地方草色还露着；这样，一道儿白，一道儿暗黄，给山们穿上一件带水纹儿的花衣；看着看着，这件花衣好像被风儿吹动，叫你希望看见一点儿更美的山的肌肤。等到快日落的时候，微黄的阳光斜射在山腰上，那点儿薄雪好像忽然害羞，微微露出点儿粉色。就是下小雪吧，济南是受不住大雪的，那些小山太秀气。

## 猴儿吃西瓜

佚名

猴王找到一个大西瓜，可是怎么吃呢？这个猴王从来也没有吃过西瓜。忽然他想出一条妙计，于是就把山上所有的猴儿都召集起来，对大家说："今天，我找到了一个大西瓜，这个西瓜的吃法嘛，我是知道的。可是我要考验一下你们的智慧，看你们谁能说出西瓜的吃法。要是说对了，我可以多赏他一份儿；要是说错了，我可要惩罚他！"

一只小毛猴听了，挠了挠腮说："我知道，吃西瓜——吃瓤！"猴王刚想同意……"不对，我不同意小毛猴的意见！"一个短尾巴猴说："我清清楚楚地记得，我和爸爸到姑姑家去的时候，吃过甜瓜，吃甜瓜是吃皮儿。我想西瓜是瓜，甜瓜也是瓜，当然该吃皮儿喽！"大伙一听，有道理，可到底谁对呢？

于是，大伙都不由得把目光集中到一只老猴儿身上。老猴儿一看，觉得出头露面的机会来了，就清了一下嗓子说道："吃西瓜嘛，当然是吃皮儿啦，我从小就吃西瓜，而且是一直是吃皮儿，我想我之所以老而不死，也正是由于吃了西瓜皮儿的缘故！"

有些猴儿早等急了，一听老猴儿也这么说，就跟着嚷起来："对，吃西瓜吃皮儿！""吃西瓜吃皮儿！"猴王一听，认为已经找到了正确答案。于是站起来总结道："对！大伙说得都对，西瓜是吃皮儿！哼，就小毛猴崽子说吃瓤儿，那就让他一个人吃瓤儿，我们大伙都吃皮儿！"

于是，猴王把西瓜切开，小毛猴吃瓤，大家伙儿共分西瓜皮。

有个猴儿吃了两口，觉得不对劲儿，就捅了捅旁边的猴说："哎，哥们，这西瓜怎么不是个味儿呀？"

"嗨——老弟，我常吃西瓜，西瓜嘛，就这味儿……"

# 附录1  汉语拼音方案

汉语拼音方案

1955—1957年中国文字改革委员会汉语拼音方案委员会研究制订，1958年2月11日全国人民代表大会批准公布，1982年国际标准化组织承认为拼写汉语的国际标准。

## 一、字母表

| 字母 | A a | B b | C c | D d | E e | F f | G g |
|---|---|---|---|---|---|---|---|
| 名称 | ㄚ | ㄅㄝ | ㄘㄝ | ㄉㄝ | ㄜ | ㄝㄈ | ㄍㄝ |
| 字母 | H h | I i | J j | K k | L l | M m | N n |
| 名称 | ㄏㄚ | ㄧ | ㄐㄧㄝ | ㄎㄝ | ㄝㄌ | ㄝㄇ | ㄋㄝ |
| 字母 | O o | P p | Q q | R r | S s | T t | |
| 名称 | ㄛ | ㄆㄝ | ㄑㄧㄡ | ㄚㄦ | ㄝㄙ | ㄊㄝ | |
| 字母 | U u | V v | W w | X x | Y y | Z z | |
| 名称 | ㄨ | ㄪㄝ | ㄨㄚ | ㄒㄧ | ㄧㄚ | ㄗㄝ | |

v只用来拼写外来语、少数民族语言和方言。

字母的手写体依照拉丁字母的一般书写习惯。

## 二、声母表

| b | p | m | f | d | t | n | l |
|---|---|---|---|---|---|---|---|
| ㄅ玻 | ㄆ坡 | ㄇ摸 | ㄈ佛 | ㄉ得 | ㄊ特 | ㄋ讷 | ㄌ勒 |
| g | k | h | | j | q | x | |
| ㄍ哥 | ㄎ科 | ㄏ喝 | | ㄐ基 | ㄑ欺 | ㄒ希 | |
| zh | ch | sh | r | z | c | s | |
| ㄓ知 | ㄔ蚩 | ㄕ诗 | ㄖ日 | ㄗ资 | ㄘ雌 | ㄙ思 | |

在给汉字注音的时候，为了使拼式简短，zh ch sh可以省作ẑ ĉ ŝ。

## 三、韵母表

| | | i ㄧ 衣 | u ㄨ 乌 | ü ㄩ 迂 |
|---|---|---|---|---|
| a | ㄚ 啊 | ia ㄧㄚ 呀 | ua ㄨㄚ 蛙 | |
| o | ㄛ 喔 | | uo ㄨㄛ 窝 | |
| e | ㄜ 鹅 | ie ㄧㄝ 耶 | | üe ㄩㄝ 约 |
| ai | ㄞ 哀 | | uai ㄨㄞ 歪 | |
| ei | ㄟ 欸 | | uei ㄨㄟ 威 | |
| ao | ㄠ 熬 | iao ㄧㄠ 腰 | | |
| ou | ㄡ 欧 | iou ㄧㄡ 忧 | | |

续表

| an ㄢ 安 | ia ㄧㄚ 烟 | uan ㄨㄢ 弯 | üan ㄩㄢ 冤 |
| --- | --- | --- | --- |
| en ㄣ 恩 | in ㄧㄣ 因 | uen ㄨㄣ 温 | ün ㄩㄣ 晕 |
| ang ㄤ 昂 | iang ㄧㄤ 央 | uang ㄨㄤ 汪 | |
| eng ㄥ 亨的韵母 | ing ㄧㄥ 英 | ueng ㄨㄥ 翁 | |
| ong（ㄨㄥ）轰的韵母 | iong ㄩㄥ 雍 | | |

（1）"知、蚩、诗、日、资、雌、思"等七个音节的韵母用i，即：知、蚩、诗、日、资、雌、思等字拼作zhi，chi，shi，ri，zi，ci，si。

（2）韵母儿写成er，用作韵尾的时候写成r。例如："儿童"拼作ertong，"花儿"拼作huar。

（3）韵母ㄝ单用的时候写成ê。

（4）i行的韵母，前面没有声母的时候，写成yi（衣），ya（呀），ye（耶），yao（腰），you（忧），yan（烟），yin（因），yang（央），ying（英），yong（雍）。

u行的韵母，前面没有声母的时候，写成wu（乌），wa（蛙），wo（窝），wai（歪），wei（威），wan（弯），wen（温），wang（汪），weng（翁）。

ü行的韵母，前面没有声母的时候，写成yu（迂），yue（约），yuan（冤），yun（晕），ü上两点省略。

ü行的韵母跟声母j，q，x拼的时候，写成ju（居），qu（区），xu（虚），ü上两点也省略；但是跟声母n，l拼的时候，仍然写成nü（女），lü（吕）。

（5）iou，uei，uen前面加声母的时候，写成iu，ui，un。例如niu（牛），gui（归），lun（论）。

（6）在给汉字注音的时候，为了使拼式简短，ng可以省作ŋ。

### 四、声调符号

阴平　阳平　上声　去声

　ˉ　　ˊ　　ˇ　　ˋ

声调符号标在音节的主要元音上。轻声不标。例如：

妈 mā　　麻 má　　马 mǎ　　骂 mà　　吗 ma

（阴平）（阳平）（上声）（去声）（轻声）

### 五、隔音符号

a，o，e开头的音节连接在其他音节后面的时候，如果音节的界限发生混淆，用隔音符号（'）隔开，例如：pi'ao（皮袄）。

# 附录 2  普通话声韵配合表

**普通话声韵配合表**

| 韵母 声母 | 开口呼 -i | a | o | e | ai | ei | ao | ou | an | en | er | ang | eng | ong | 齐齿呼 i | ia | ie | iao | iou | ian | in | iang | ing | iong | 合口呼 u | ua | uo | uai | uei | uan | uen | uang | ueng | 撮口呼 ü | üe | üan | ün |
|---|---|---|---|---|---|---|---|---|---|---|---|---|---|---|---|---|---|---|---|---|---|---|---|---|---|---|---|---|---|---|---|---|---|---|---|---|---|
| **双唇音** b | | bā 巴 | bō 拨 | | bǎi 百 | bēi 杯 | bāo 包 | | bān 班 | bèn 笨 | | bāng 帮 | běng 绷 | | bǐ 比 | | bié 憋 | biāo 标 | | biān 边 | bīn 宾 | | bīng 兵 | | bǔ 补 | | | | | | | | | | | | |
| p | | pā 趴 | pō 坡 | | pāi 拍 | pēi 胚 | pāo 抛 | pōu 剖 | pàn 判 | pēn 喷 | | pàng 胖 | pěng 捧 | | pī 批 | | piē 瞥 | piāo 飘 | | piàn 片 | pīn 拼 | | píng 平 | | pū 扑 | | | | | | | | | | | | |
| m | | mā 妈 | mō 摸 | me 么 | mǎi 买 | měi 美 | māo 猫 | mǒu 某 | mán 蛮 | mén 门 | | máng 忙 | mèng 梦 | | mí 迷 | | miè 灭 | miáo 苗 | miù 谬 | miàn 面 | mín 民 | | míng 名 | | mǔ 母 | | | | | | | | | | | | |
| **唇齿音** f | | fā 发 | fó 佛 | | | fēi 飞 | | fǒu 否 | fān 帆 | fēn 分 | | fāng 方 | fēng 风 | | | | | | | | | | | | fū 夫 | | | | | | | | | | | | |
| **舌尖中音** d | | dā 搭 | | dé 德 | dāi 呆 | děi 得 | dāo 刀 | dōu 兜 | dān 丹 | dèn 扽 | | dāng 当 | dēng 灯 | dōng 东 | dì 地 | | diē 跌 | diāo 碉 | diū 丢 | diǎn 点 | | | dǐng 顶 | | dú 读 | | duō 多 | | duī 推 | duān 端 | dūn 敦 | | | | | | |
| t | | tā 他 | | tè 特 | tái 台 | tī 忒 | tāo 掏 | tōu 偷 | tān 滩 | | | tāng 汤 | téng 疼 | tōng 通 | tī 踢 | | tiē 贴 | tiǎo 挑 | | tiān 天 | | | tīng 听 | | tū 突 | | tuō 托 | | tuī 推 | tuán 团 | tūn 吞 | | | | | | |
| n | | ná 拿 | | nè 讷 | nǎi 奶 | něi 馁 | nǎo 恼 | nòu 耨 | nán 男 | nèn 嫩 | | náng 囊 | néng 能 | nóng 农 | nǐ 你 | | niē 捏 | niǎo 鸟 | niú 牛 | niàn 念 | nín 您 | niáng 娘 | níng 宁 | | nǔ 努 | | nuò 诺 | | | nuǎn 暖 | | | | nǚ 女 | nüè 虐 | | |
| l | | lā 拉 | | lè 乐 | lái 来 | lèi 类 | lǎo 老 | lóu 楼 | lán 兰 | | | láng 郎 | lěng 冷 | lóng 龙 | lì 力 | liǎ 俩 | liè 列 | liáo 疗 | liú 流 | liàn 练 | lín 林 | liáng 良 | líng 灵 | | lù 路 | | luò 落 | | | luàn 乱 | lún 轮 | | | lǚ 旅 | lüè 略 | | |
| **舌根音** g | | gā 尬 | | gé 格 | gāi 该 | gěi 给 | gāo 高 | gōu 勾 | gān 甘 | gēn 根 | | gāng 刚 | gēng 耕 | gōng 工 | | | | | | | | | | | gū 姑 | guā 刮 | guǒ 果 | guǎi 拐 | guī 归 | guān 关 | gǔn 滚 | guāng 光 | | | | | |
| k | | kǎ 卡 | | ké 壳 | kāi 开 | kěi 剋 | kǎo 考 | kòu 扣 | kān 刊 | kěn 肯 | | kāng 康 | kēng 坑 | kōng 空 | | | | | | | | | | | kū 枯 | kuā 夸 | kuò 阔 | kuài 快 | kuī 亏 | kuān 宽 | kǔn 捆 | kuáng 匡 | | | | | |
| h | | hā 哈 | | hé 和 | hài 害 | hēi 黑 | hǎo 好 | hóu 猴 | hán 酣 | hěn 狠 | | háng 行 | héng 横 | hóng 红 | | | | | | | | | | | hū 呼 | huā 花 | huǒ 火 | huài 坏 | huī 挥 | huàn 欢 | hūn 昏 | huāng 荒 | | | | | |
| **舌面音** j | | | | | | | | | | | | | | | jī 机 | jiā 家 | jiē 接 | jiāo 交 | jiū 旧 | jiàn 见 | jīn 今 | jiāng 将 | jīng 惊 | jiǒng 窘 | | | | | | | | | | jū 居 | jué 决 | juǎn 捐 | jūn 军 |
| q | | | | | | | | | | | | | | | qī 七 | qiǎ 恰 | qiě 且 | qiǎo 敲 | qiū 秋 | qiàn 欠 | qīn 亲 | qiáng 强 | qīng 青 | qióng 穷 | | | | | | | | | | qǔ 取 | quē 缺 | quān 圈 | qún 群 |
| x | | | | | | | | | | | | | | | xī 西 | xiǎ 下 | xiě 写 | xiǎo 小 | xiū 修 | xiān 先 | xīn 新 | xiáng 祥 | xīng 星 | xióng 雄 | | | | | | | | | | xǔ 许 | xuē 削 | xuān 宣 | xún 熏 |

续表

| 韵母 声母 | 开口呼 | | | | | | | | | | | | | | 齐齿呼 | | | | | | | | | | 合口呼 | | | | | | | | | 撮口呼 | | | |
|---|---|---|---|---|---|---|---|---|---|---|---|---|---|---|---|---|---|---|---|---|---|---|---|---|---|---|---|---|---|---|---|---|---|---|---|---|---|
| | -i | a | o | e | ai | ei | ao | ou | an | en | er | ang | eng | ong | i | ia | ie | iao | iou | ian | in | iang | ing | iong | u | ua | uo | uai | uei | uan | uen | uang | ueng | ü | üe | üan | ün |
| 舌尖后音 zh | zhī 之 | zhā 扎 | | zhé 折 | zhāi 摘 | zhèi 这 | zhāo 招 | zhōu 周 | zhān 粘 | zhēn 真 | | zhāng 张 | zhèng 正 | zhōng 中 | | | | | | | | | | | zhǔ 主 | zhuā 抓 | zhuō 捉 | zhuài 拽 | zhuī 追 | zhuān 专 | zhǔn 谆 | zhuāng 装 | | | | | |
| ch | chī 吃 | chà 诧 | | chè 彻 | chāi 拆 | | chāo 抄 | chōu 抽 | chān 搀 | chēn 称 | | chāng 昌 | chéng 成 | chōng 冲 | | | | | | | | | | | chū 出 | chuā | chuō 戳 | chuài 踹 | chuī 吹 | chuān 穿 | chūn 春 | chuāng 窗 | | | | | |
| sh | shī 诗 | shā 沙 | | shè 社 | shāi 筛 | shéi 谁 | shāo 梢 | shōu 收 | shān 山 | shēn 身 | | shāng 商 | shēng 声 | | | | | | | | | | | | shū 书 | shuā 刷 | shuō 说 | shuāi 摔 | shuǐ 水 | shuān 栓 | shùn 顺 | shuāng 双 | | | | | |
| r | rì 日 | | | rè 热 | | | ráo 饶 | róu 柔 | rán 然 | rén 人 | | ràng 让 | rēng 扔 | róng 容 | | | | | | | | | | | rú 如 | | ruò 若 | | ruì 瑞 | ruǎn 软 | rùn 润 | | | | | | |
| 舌尖前音 z | zì 字 | zá 杂 | | zé 则 | zāi 灾 | zéi 贼 | zǎo 早 | zǒu 走 | zán 咱 | zěn 怎 | | zāng 脏 | zēng 增 | zōng 综 | | | | | | | | | | | zǔ 组 | | zuò 做 | | zuǐ 嘴 | zuān 钻 | zūn 尊 | | | | | | |
| c | cì 次 | cā 擦 | | cè 册 | cāi 猜 | | cāo 操 | | cán 残 | cēn 参 | | cāng 仓 | céng 层 | cōng 匆 | | | | | | | | | | | cū 粗 | | cuò 错 | | cuī 催 | cuàn 窜 | cūn 村 | | | | | | |
| s | sī 丝 | sǎ 洒 | | sè 涩 | sāi 塞 | | sǎo 扫 | sōu 搜 | sān 参 | sēn 森 | | sāng 桑 | sēng 僧 | sōng 松 | | | | | | | | | | | sū 苏 | | suō 梭 | | suī 虽 | suān 酸 | sūn 孙 | | | | | | |
| 〇 零声母 | | ā 啊 | ó 哦 | è 饿 | āi 哀 | éi 诶 | āo 凹 | ōu 欧 | ān 安 | ēn 恩 | ér 儿 | áng 昂 | ēng 鞥 | | yī 衣 | yā 呀 | yē 椰 | yāo 腰 | yōu 优 | yān 烟 | yīn 因 | yāng 央 | yīng 应 | yōng 拥 | wū 屋 | wā 挖 | wǒ 我 | wāi 歪 | wēi 微 | wān 弯 | wēn 温 | wāng 汪 | wēng 翁 | yū 迂 | yuē 约 | yuǎn 远 | yūn 晕 |

## 附录3　普通话水平测试

### 普通话水平测试等级划分和评分标准

普通话水平分为三级六等：一级甲等、一级乙等、二级甲等、二级乙等、三级甲等、三级乙等。

一级甲等：朗读和自由交谈时，语音标准，词汇、语法正确无误，语调自然，表达流畅。测试失分率在3%以内，也就是97分以上。

一级乙等：朗读和自由交谈时，语音标准，词汇、语法正确无误，语调自然，表达流畅。偶然有字音、字调失误。测试总失分率在8%以内，也就是92分以上。

二级甲等：朗读和自由交谈时，声韵调发音基本准确，语调自然，表达流畅。少数难点音（平翘舌音、前后鼻尾音、边鼻音等）有时出现失误。词汇、语法极少有误。测试总失分率在13%以内，也就是87分以上。

二级乙等：朗读和自由交谈时，个别调值不准，声韵母发音有不到位现象。难点音较多（平翘舌音、前后鼻尾音、边鼻音、fu-hu、z-zh-j，送气不送气，i-ü不分，保留浊塞音、浊塞擦音、丢介音、复韵母单化音等），失误较多。方言语调不明显。有使用方言词、方言语法的情况。测试总失分率在20%以内，也就是80分以上。

三级甲等：朗读和交谈时，声韵母发音失误较多，难点音超出常见范围，声调调值多不准。方言语调较明显。词汇、语法有失误。测试总失分率在30%以内，也就是70分以上。

三级乙等：朗读和自由交谈时，声韵调发音失误较多，方音特征突出。方言语调明显。词汇、语法失误较多。外地人听其谈话有听不懂情况。测试总失分率在40%以内，也就是60分以上。

### 国家普通话水平测试题样卷

一、读单音节字词（100个音节，共10分，限时3.5分钟）

卧　鸟　纱　悔　掠　酉　终　撤　甩　蓄　秧　四　仍　叫　台　婶　耕
贼　半　掐　布　癣　翁　弱　刷　允　床　改　逃　春　驳　纯　虽　伍
导　知　末　枪　蹦　港　评　犬　课　淮　炯　循　纺　李　赛　捡　梯
拴　呕　绳　揭　陇　搓　二　棉　桩　皿　宋　狭　啃　字　环　州　秒
内　抛　代　关　停　祛　德　孙　旧　崔　凝　倪　荆　擒　案　砸　垮
烈　焚　帝　聊　颠　涌　牛　汝　粤　篇　竹　草　迟　泛

二、读多音节词语（100个音节，共20分，限时2.5分钟）

参考　船长　艺术家　聪明　她们　红军　煤炭　工厂　发烧　嘟囔

效率　黄瓜　别针儿　责怪　大娘　喷洒　保温　产品　佛学　童话
男女　谬论　做活儿　缘故　穷困　今日　完整　斜坡　疲倦　爱国
能量　英雄　决定性　让位　叶子　封锁　核算　而且　转脸　人群
飞快　丢掉　牙签儿　往来　罪恶　首饰　此起彼伏　口罩儿

三、朗读短文（400个音节，共30分，限时4分钟）

　　在繁华的巴黎大街的路旁，站着一个衣衫褴褛、头发斑白、双目失明的老人。他不像其他乞丐那样伸手向过路行人乞讨，而是在身旁立一块木牌，上面写着："我什么也看不见！"街上过往的行人很多，看了木牌上的字都无动于衷，有的还淡淡一笑，便姗姗而去了。

　　这天中午，法国著名诗人让·彼浩勒也经过这里。他看看木牌上的字，问盲老人："老人家，今天上午有人给你钱吗？"

　　盲老人叹息着回答："我，我什么也没有得到。"说着，脸上的神情非常悲伤。让·彼浩勒听了，拿起笔悄悄地在那行字的前面添上了"春天到了，可是"几个字，就匆匆地离开了。晚上，让·彼浩勒又经过这里，问那个盲老人下午的情况。盲老人笑着回答说："先生，不知为什么，下午给我钱的人多极了！"让·彼浩勒听了，摸着胡子满意地笑了。

　　"春天到了，可是我什么也看不见！"这富有诗意的语言，产生这么大的作用，就在于它有非常浓厚的感情色彩。是的，春天是美好的，那蓝天白云，那绿树红花，那莺歌燕舞，那流水人家，怎么不叫人陶醉呢？但这良辰美景，对于一个双目失明的人来说，只是一片漆黑。当人们想到这个盲老人，一生中竟连万紫千红的春天//都不曾看到……

四、命题说话（请在下列话题中任选一个，共40分，限时3分钟）

1. 我尊敬的人　　2. 谈谈服饰

## 附录4　普通话必读轻声词表

（一）

| | | | | | | | | | | |
|---|---|---|---|---|---|---|---|---|---|---|
|爱人|案子|巴掌|把子|爸爸|白净|班子|板子|帮手|梆子|膀子|棒槌|
|棒子|包袱|包涵|包子|豹子|杯子|被子|本事|本子|鼻子|比方|鞭子|
|扁担|鞭子|别扭|饼子|拨弄|脖子|簸箕|补丁|不由得|不在乎|步子|
|部分|裁缝|财主|苍蝇|差事|柴火|肠子|厂子|场子|车子|称呼|池子|
|尺子|虫子|绸子|除了|锄头|畜生|窗户|窗子|锤子|刺猬|凑合|村子|
|耷拉|答应|打扮|打点|打发|打量|打算|打听|大方|大爷|大夫|带子|
|袋子|耽搁|耽误|单子|胆子|担子|刀子|道士|稻子|灯笼|提防|笛子|
|底子|地道|地方|弟弟|弟兄|点心|调子|钉子|东家|东西|动静|动弹|
|豆腐|豆子|嘟囔|

（二）

| | | | | | | | | | | |
|---|---|---|---|---|---|---|---|---|---|---|
|肚子|缎子|对付|对头|队伍|多么|蛾子|儿子|耳朵|贩子|房子|份子|
|风筝|疯子|福气|斧子|盖子|甘蔗|杆子|干事|杠子|高粱|膏药|稿子|
|告诉|疙瘩|哥哥|胳膊|鸽子|格子|个子|根子|跟头|工夫|弓子|公公|
|功夫|钩子|姑姑|姑娘|谷子|骨头|故事|寡妇|褂子|怪物|关系|官司|
|罐头|罐子|规矩|闺女|鬼子|柜子|棍子|锅子|果子|蛤蟆|孩子|含糊|
|汉子|行当|合同|和尚|核桃|盒子|红火|猴子|后头|厚道|狐狸|胡琴|
|糊涂|皇上|幌子|胡萝卜|活泼|火候|伙计|护士|机灵|脊梁|记号|
|记性|夹子|家伙|架势|架子|嫁妆|尖子|茧子|剪子|见识|键子|将就|
|交情|饺子|叫唤|

（三）

| | | | | | | | | | | |
|---|---|---|---|---|---|---|---|---|---|---|
|轿子|结实|街坊|姐夫|姐姐|戒指|金子|精神|镜子|舅舅|橘子|句子|
|卷子|咳嗽|客气|空子|口袋|口子|扣子|窟窿|裤子|快活|筷子|框子|
|困难|阔气|喇叭|喇嘛|篮子|懒得|浪头|老婆|老实|老太太|老头子|
|老爷|老子|姥姥|累赘|篱笆|里头|力气|厉害|利落|利索|例子|栗子|
|痢疾|连累|帘子|凉快|粮食|两口子|料子|林子|翎子|领子|溜达|聋子|
|笼子|炉子|路子|轮子|萝卜|骡子|骆驼|妈妈|麻烦|麻利|麻子|马虎|
|码头|买卖|麦子|馒头|忙活|冒失|帽子|眉毛|媒人|妹妹|门道|眯缝|
|迷糊|面子|苗条|苗头|名堂|名字|明白|蘑菇|模糊|木匠|木头|那么|

奶奶　难为　脑袋　脑子　能耐

（四）
你们　念叨　念头　娘家　镊子　奴子　女婿　暖和　疟疾　拍子　牌楼　牌子
盘算　盘子　胖子　狍子　盆子　朋友　棚子　脾气　皮子　痞子　屁股　片子
便宜　骗子　票子　漂亮　瓶子　婆家　婆婆　铺盖　欺负　旗子　前头　钳子
茄子　亲戚　勤快　清楚　亲家　曲子　圈子　拳头　裙子　热闹　人家　人们
认识　日子　褥子　塞子　嗓子　嫂子　扫帚　沙子　傻子　扇子　商量　上司
上头　烧饼　勺子　少爷　哨子　舌头　身子　什么　婶子　生意　牲口　绳子
师父　师傅　虱子　狮子　石匠　石榴　石头　时候　实在　拾掇　使唤　世故
似的　事情　柿子　收成　收拾　首饰　叔叔　梳子　舒服　舒坦　疏忽　爽快
思量　算计　岁数　孙子

（五）
他们　它们　她们　台子　太太　摊子　坛子　毯子　桃子　特务　梯子　蹄子
挑剔　挑子　条子　跳蚤　铁匠　亭子　头发　头子　兔子　妥当　唾沫　挖苦
娃娃　袜子　晚上　尾巴　委屈　为了　位置　位子　蚊子　稳当　我们　屋子
稀罕　席子　媳妇　喜欢　瞎子　匣子　下巴　吓唬　先生　乡下　箱子　相声
消息　小伙子　小气　小子　笑话　谢谢　心思　星星　猩猩　行李　性子　兄弟
休息　秀才　秀气　袖子　靴子　学生　学问　丫头　鸭子　衙门　哑巴　胭脂
烟筒　眼睛　燕子　秧歌　养活　样子　吆喝　妖精　钥匙　椰子　爷爷　叶子
一辈子　衣服　衣裳　椅子　意思　银子　影子　应酬　柚子　冤枉　院子　月饼
月亮　云彩　运气　在乎

（六）
咱们　早上　怎么　扎实　眨巴　栅栏　宅子　寨子　张罗　丈夫　帐篷　丈人
帐子　招呼　招牌　折腾　这个　这么　枕头　镇子　芝麻　知识　侄子　指甲
指头　种子　珠子　竹子　主意　主子　柱子　爪子　转悠　庄稼　庄子　壮实
状元　锥子　桌子　字号　自在　粽子　祖宗　嘴巴　作坊　琢磨

## 附录5　入声字表

古入声字，有的方言今仍读入声。如广州、上海、苏州、南京、太原、张家口等；有的方言这类古入声字，今不读入声，分别归到其他声调里去了。古入声字，郑州今大部分归阴平，少部分归阳平，重庆今归阳平，普通话分别归入今阴平、阳平、上声、去声四个声调。

（一）普通话中读阴平的入声字

b 八 捌 钵 拔 剥 逼 鳖 憋 擘
p 泼 劈 撒 瞥 扑 仆 拍 霹 泊
m 摸 抹
f 发
d 答 搭 褡 滴 跌 督 掇 剟 裰 咄
t 塌 踏 剔 踢 帖 贴 怗 秃 托 脱 突
n 捏
l 拉 勒
c 擦 撮
s 撒 缩 塞
zh 只 汁 织 扎 桌 卓 倬 捉 琢 拙 摘 粥
ch 吃 插 出 戳 拆
sh 虱 湿 失 杀 刷 说 叔 淑 菽
j 激 迹 击 擊 积 绩 缉 屐 夹 揭 结 接 噘 撅 铜 掬 鞠
q 七 柒 漆 戚 沏 掐 切 曲 屈 缺 曲
x 吸 翕 歙 悉 蟋 窸 析 息 熄 惜 昔 夕 汐 锡 晰 浙 晰 膝 瞎 歇 楔 蝎 戌 薛 削
g 搁 疙 胳 割 鸽 刮 聒 郭
k 磕 搕 礚 哭 窟
h 喝 忽 惚 唿 豁 劐 黑
o（零声母）一 壹 揖 押 鸭 噎 掖 屋 挖 曰 约 压

（二）普通话中读阳平的入声字

b 拔 跋 钹 魃 白 舶 帛 伯 泊 箔 勃 渤 脖 鹁 博 薄 礴 搏 膊 驳 别 蹩 醭
P 璞 仆 濮

m 膜 没

f 乏 伐 筏 阀 垡 罚 佛 弗 拂 怫 绋 苻 伏 茯 袱 服 菔 菝 绂 福 幅 蝠 辐

d 答 瘩 沓 达 鞑 妲 靼 怛 得 德 笛 迪 狄 荻 敌 嫡 镝 觌 翟 涤 籴 的 碟 蝶 喋 堞 牒 迭 叠 独 读 犊 牍 渎 毒 夺 铎 踱 度

z 杂 砸 则 择 泽 责 喷 帻 箦 贼 足 卒 族 镞 昨

s 俗

zh 直 值 植 殖 稙 执 侄 职 扎 劄 铡 闸 宅 折 辙 摺 哲 轾 谪 蛰 謺 竹 竺 烛 躅 逐 轴 妯 酌 浊 镯 琢 啄 濯 擢 苎 斫 斲

ch 察

sh 十 什 拾 石 食 蚀 实 识 舌 折 孰 熟 秫 赎 勺

j 及 级 汲 岌 笈 亟 极 殛 吉 急 即 脊 瘠 疾 嫉 蒺 集 籍 藉 辑 楫 戢 棘 夹 荚 郏 颊 洁 絜 拮 诘 劼 颉 劫 桀 杰 杰 羯 碣 竭 竭 偈 节 栉 捷 婕 睫 截 局 跼 菊 橘 决 抉 诀 玦 倔 掘 崛 桷 厥 蕨 蹶 獗 橛 谲 觉 爵 嚼 绝 矍 攫 躩 钁

x 席 媳 习 袭 檄 侠 狭 峡 狎 辖 黠 协 勰 胁 颉 撷 穴 学

g 格 阁 路 革 隔 膈 国 帼 虢 骨

k 咳 壳

h 合 盒 曷 运 转 阖 劾 核 阂 貉 涸 翮 斛 縠 滑 猾 活

o（零声母）额

（三）普通话中读上声的入声字

b 笔 卜 百 佰 柏 北

p 癖 撇 匹 朴 撲

m 抹

f 发 法

d 笃

t 塔 獭 铁 贴 庹

s 撒 靸 索

zh 嘱 瞩 眨 窄

ch 尺

sh 蜀 属

r 辱

j 戟 给 脊 甲 岬 胛 蹶

q 乞 曲

x 雪 血 宿

g 骨 鹘 谷 縠 嫭 鹄 汩 葛

k 渴

o（零声母）恶

（四）普通话中读去声的入声字

b 必 毖 辟 薜 壁 璧 毕 跸 哔 筚 弼 碧 滗 髀 不 薄

p 迫 粕 珀 魄 僻 辟 瀑 曝

m 末 抹 沫 茉 秣 莫 寞 漠 默 墨 麦 没 脉 殁 陌 泌 秘 蜜 密 谧 觅 幂 汨 灭 蔑 篾 木 沐 霂 幕 目 苜 牧 睦 穆

f 复 复 腹 覆 蝮 服 吃 缚

d 度 踱 的

t 踏 挞 榻 遢 踢 挞 特 惕 倜 拓 荮

n 纳 衲 讷 呐 匿 暱 溺 逆 涅 昵 聂 蹑 颞 镊 臬 孽 蘖 嚣 诺 搦 虐 疟

l 辣 瘌 蜡 腊 镴 肋 仂 勒 乐 力 立 粒 笠 栗 慄 溧 历 枥 沥 疬 雳 栎 砾 郦 列 冽 烈 裂 猎 躐 鬣 劣 鹿 漉 麓 辘 箓 绿 录 禄 碌 录 逯 戮 陆 六 洛 雒 络 落 酪 烙 骆 珞 律 率 略 掠

z 仄 作 柞 酢 凿

c 侧 测 恻 厕 策 册 猝 促 蹴 簇 蹙 蹴

s 飒 萨 瑟 塞 嗇 稽 涩 色 肃 鹔 速 觫 簌 宿 粟 谡 夙

zh 窒 桎 铚 蛭 郅 秩 陟 炙 质 锧 浙 祝

ch 斥 赤 彻 撤 澈 畜 搐 触 怵 黜 绌 矗 绰 辍 龊

sh 式 拭 栻 室 释 适 饰 煞 歃 霎 设 慑 摄 涉 述 术 沭 束 妁 朔 蒴 槊 烁 铄 硕 蟀

r 日 热 肉 褥 入 若 箬 弱

j 鲫 稷 剧 偈 寂

q 迄 汔 泣 恰 洽 怯 惬 箧 切 窃 妾 却 确 榷 壳 悫 阙 阒 鹊 雀

x 隙 吓 继 泄 燮 亵 屑 恤 卹 畜 蓄 勖 旭 续 穴 血

g 各

k 克 克 客 恪 嗑 榼 酷 訾 阔 括 扩 廓
h 赫 郝 喝 鹤 褐 笏 或 惑 获 蠖 镬 霍 藿 壑
o（零声母）恶 蕚 愕 鄂 鳄 噩 厄 扼 轭 遏 亦 奕 易 邑 浥 轶 役 疫 亿 忆 臆 绎 译 驿 益 镒 翼 翊 熠 佾 逸 屹 抑 腋 液 掖 叶 页 业 邺 谒 烨 兀 杌 勿 物 沃 袜 握 幄 玉 钰 域 蜮 浴 欲 欲 峪 毓 育 郁 昱 煜 狱 月 刖 悦 阅 钺 樾 乐 药 耀 跃 粤 岳 钥

# 第二章　发声技能

*学习目标*

1. 掌握用气发声、共鸣控制和吐字归音等发声技能，了解科学的发声方法，使语音响亮、清晰、持久不衰，为提高口语表达能力打下良好的基础。

2. 重点掌握发音的整体感觉：气息下沉，两肋扩张，喉部、胸部放松，声音像一根弹性链，由丹田支撑，胸部支持，垂直向上，声束经过喉咽流动向前，沿硬腭中线前行，冲击硬腭前部，从双唇中部透出口外。声音明朗、集中、通畅，运行自如。

作为幼儿教师，与教育对象接触的时间大大高于其他各层次的教师，再加之幼儿的年龄特殊性，幼儿教师掌握科学的发声方式尤为重要。同时与幼儿相处的过程中，也是由于幼儿喜欢教师夸张、生动、亲切而丰富的声音变化，所以，幼儿教师学会驾驭自己的声音，能更好地为幼儿教育服务。我们主要从呼吸控制、口腔控制、共鸣和喉部控制等方面进行科学的训练。

## 第一节　呼吸控制

*学习重点*

了解呼吸控制在发声中的重要性，并掌握呼吸控制的基本训练要领和具体方法。

### 一、呼吸控制概说

"气动则声发"，没有气息，声带就不能正常发声。艺术的语言发声与日常生活语言都需要气息，但是艺术语言发声的呼吸控制是经过训练的，同时还必须服从发声吐字和表情达意的具体要求，建立起情、气、声三者的有机联系。

呼吸控制的最终目的不能片面地理解为：充足、稳劲、持久。这是因为艺术语言的发声应该是随着作品情节、情绪的变化，发出灵活、丰富的声音，而这些变化必须得到相应的气息状态的支持。因此，在充足、稳劲和持久的基础上，使气息压力和声带的闭合产生一个最佳的配比关系，这才是呼吸控制的最终目的。

另外，情感是呼吸控制的内动力，即气息是随着人的内心情感的变化而发生变化的。忽略情感的作用，片面强调呼吸控制的技巧，就会陷入"唯技巧论"。没有情感的声音也必然是苍白、平淡的。相反，如果认为只要有情感的变化就能自如地控制呼吸，这又掉入"唯情感论"的陷阱里去了。因此，呼吸控制是一个全身心的运动过程。

## 二、呼吸控制要领

### （一）吸气要领

吸气动作要领：口鼻同时吸气，双肩自然放松下垂，两肋向两侧扩张，前后腰要有撑开感，小腹也微微鼓起，吸气至丹田，吸气完毕瞬间，小腹微收，有将气息抓住之感。丹田是气息控制的枢纽。吸气动作分解要领如下。

1. 吸到腹底

吸气如果只吸到肺部，就容易出现气息上浮、吸得不够深的现象，所以吸气时想象，气息随着气管一直深到丹田。

2. 两肋舒展

吸气时，双肩放松，自然下垂。两肋向左右舒展。

3. 腹壁微收

吸气时，胸部扩张同时，腰腹都微微撑开，但在最后吸气一瞬间，使腹壁稳健有力微向丹田内收。这是为了找到"力发于丹田"的感觉。

### （二）呼气要领

呼气动作要领：呼气时，要产生平稳的状态，同时还要努力做到持久，并且掌握调节方法。呼气动作分解要领如下。

1. 平稳

呼气时，要有控制地保持气息规则，均匀呼出，达到平稳的呼吸状态。

2. 持久

一口气能维持较长时间，并且在较长的时间里保持良好的呼吸状态。

3. 调节

所谓气息的调节，是因为情绪的变化需要。大家都知道"语言的表现力是靠声音的色彩的变化来实现的，而声音色彩的变化在很大程度上又要依赖富于活力的气息运动"。在稳劲、持久的呼吸控制能力的基础上，必须能根据作品内容和感情的变化，熟练掌控运动着的气息。同时这也要求朗读者必须熟悉自己朗读的作品。

（三）换气要领

气息只有在使用过程中不断补充，才能持久使用。根据朗读需要，采取不同的换气方式。换气动作要领如下。

1. 句首换气

即一句话说完之后不要马上进气，否则给人以仓促感。

2. 换气到位

换气时要吸到丹田，丹田和后腰的感觉可以时大时小，但不可以时有时无。

3. 留有余地

一是吸气不要过于饱满，一般吸到七八成满即可。二是呼气不能将气用尽，而要在该换气时，体内还有余气。

### 三、呼吸控制训练

（一）气息控制训练姿势

无论坐姿还是站姿，都要求双脚平稳踩在地面上，挺直后腰，身体微微前倾。想象肩部离双耳很远很远，双肩就会自然下垂、放松。坐姿，还要注意不要坐满臀，双手放在大腿上，但不用力。站姿，双脚采用"丁字步"或"一字步"。

（二）吸与呼的训练

1. 吸呼循环练习

数数 1—5，口鼻同时均匀吸气至丹田，小腹微收，保持一秒钟；数数 1—8，气息集中从嘴唇中部发"si"的声音，均匀呼气，直至气息完毕，再转换一轮吸、呼的练习。吸气时的数数保持不变，呼气时的数数可以根据情况慢慢延长。

2. 吸呼纸条练习

裁一张拇指宽的纸条，用手将纸条平放在鼻孔下方，纸条与鼻孔之间保持一拇指厚度距离。双嘴紧闭，用鼻子吸纸条。吸气时，纸条贴住鼻孔，呼气时，纸条离开鼻孔。利用这个练习，锻炼、体会膈肌和丹田的控制能力。

注意：吸、呼之间，拿着纸条的手不动。双肩不上、下移动。小腹前后鼓、收。如果出现双肩上下移动，就说明气息上浮在胸腔，没有下沉。

3. 绕口令练习

"一颗枣，两颗枣，三颗枣……"

先吸一口气到丹田，呼气时开始数枣。这个练习主要是锻炼延长呼气时间，但不要为了数量而忽略了声音的质量和吐字的清晰度。

（三）气息调节训练

气息调节的初期阶段是换气到位，即不脱离气息的控制状态；气息调节的高级阶段是补气到位，即根据表达需要灵活补气。补气是一个选择气口问题，气口要考虑语义的连贯清晰，语气要贴切。

▲ 课后练习

一、绕口令练习

### 一树枣

出东门，过大桥，大桥底下一树枣儿。拿着杆子去打枣儿，青得多，红的少，一个枣儿、两个枣儿、三个枣儿、四个枣儿、五个枣儿、六个枣儿、七个枣儿、八个枣儿、九个枣儿、十个枣儿、十个枣儿、九个枣儿、八个枣儿、七个枣儿、六个枣儿、五个枣儿、四个枣儿、三个枣儿、两个枣儿、一个枣儿。这是一个绕口令，一口气说完才算好。

### 报菜名

酱鸭、板鸭、烤鸭、罐焖鸭、卤煮鸭、江米酱鸭子、清蒸八宝鸭、烩鸭腰儿、烩鸭条儿、烩鸭丝儿、清拌鸭丝儿；酱鸡、扒鸡、烧鸡熏鸡、罐焖鸡、软炸鸡、清汤越鸡、浓香嫩鸡、脆皮焖鸡、栗子焖鸡、奶油莲香鸡。焖黄鳝、焖白鳝、生爆鳝片儿、红烧鳝片儿、五色鳝糊儿；熘鱼肚儿、熘鱼脊儿、熘鱼片儿、氽银鱼、炸面鱼、锅烧鲤鱼、豆腐鲶鱼、清蒸甲鱼、西湖醋鱼、八宝全鱼、酒焖全鱼、炸熘桂鱼、芙蓉鱼片、苔菜鱼片、龙井鱼片、五色鱼丝儿、蛋皮鱼卷儿、糖醋酥鱼。

二、气息控制与句段换气练习

国际原子能机构总干事巴拉迪22号在维也纳与伊朗首席核谈判代表拉里贾尼会晤后表示，他与拉里贾尼已同意在两个月内制订一项"行动计划"，解决伊朗核计划中悬而未决的问题。

阿富汗官员22号证实，驻阿富汗北约国际安全援助部队当天在对塔利班武装人员的空袭中又导致25名平民死亡。至此，今年因驻阿外国军队空袭而造成阿富汗平民死亡人数已超过 200 人。

以色列总理奥尔默特 21 号晚上在海法说，计划在下周举行的"四方会谈"可能会给巴以关系带来新开端。埃及、约旦、巴勒斯坦和以色列四方领导人 25 号将在埃及举行"四方会谈"，探讨如何应对巴勒斯坦局势变化及重启巴以和平进程等问题。

### 满江红

#### 岳飞

怒发冲冠，凭栏处，潇潇雨歇。抬望眼，仰天长啸，壮怀激烈。三十功名尘与土，八千里路云和月。莫等闲，白了少年头，空悲切！

靖康耻，犹未雪。臣子恨，何时灭？驾长车，踏破贺兰山缺！壮志饥餐胡虏肉，笑谈渴饮匈奴血。待从头，收拾旧山河，朝天阙！

### 声声慢

#### 李清照

寻寻觅觅，冷冷清清，凄凄惨惨戚戚。乍暖还寒时候，最难将息。三杯两盏淡酒，怎敌他、晚来风急？雁过也，最伤心，却是旧时相识。

满地黄花堆积，憔悴损，如今有谁堪摘？守着窗儿，独自怎生得黑？梧桐更兼细雨，到黄昏点点滴滴。这次第，怎一个愁字了得？

# 第二节 共鸣控制

### 学习重点

> 了解共鸣在发声中的作用，掌握口腔共鸣、喉部控制和胸腔共鸣的要领和训练方法。

气流通过声带，振动产生非常微弱的喉原音，再经过声道共鸣腔体的扩大和调制，使我们听见了字音。如果共鸣控制能力强，我们的声音就会浑厚、明亮、扎实、柔和。所以，共鸣控制是改善声音质量的重要环节。语言发声主要依靠的共鸣器官由鼻腔、口腔、喉腔、胸腔构成。这里我们重点讲口腔和喉部，以及共鸣综合训练和要领。因为鼻腔的控制跟口腔中软腭有关，这一点我们在口腔控制中会涉及，而胸腔主要跟气息有关，我们也在前面讲过，这里不再赘述。

## 一、口腔共鸣要领和训练

口腔开度决定艺术语言的声音和吐字质量，打开口腔不等于张大嘴，张大嘴时口腔成"前＞后"型，实际上是前开后不开。这实际上是横向张嘴。而我们在艺术语言发生中需要的口腔状态是上下都要打开，即竖张嘴。口腔状态呈"前∪后"型。这样的口腔状态是口腔空间最大化，能够扩大和美化声音，同时对于吐字的清晰度也会有很大的帮助。

（一）口腔共鸣的要领：提颧肌、打牙关、挺软腭、松下巴

1. 提颧肌

提颧肌时面部处于积极状态，具体表现为面带微笑状。这与心情高兴而微笑不完全相同。颧肌努力向上抬起，上唇可以紧贴牙齿，这样更容易把握咬字力度。

2. 打牙关

打牙关是抬起上腭中部的动作。张口时有槽牙上提的感觉，类似半打呵欠，闭口时有上门齿下扣的感觉，类似于啃苹果。打牙关"不仅可以丰富口腔共鸣，还可以使咬字位置适中、力量稳健"。

3. 挺软腭

挺软腭是抬起上腭后部的动作。它的作用是：一是加大口腔后部空间，改善音色；二是控制鼻咽入口，避免声音大量灌入鼻腔而造成鼻音。挺软腭的感觉也可以用"半打哈欠"来体会，也可以用"ang"的发音来体会口腔后部较大的开度。

4. 松下巴

松下巴是帮助口腔上颚更加主动、积极。同时，松下巴还能帮助放松喉部，否则舌根会紧张，咽管变窄，口腔变扁，最后导致把字咬横、咬死。

▲（二）口腔共鸣训练

1. 半打哈欠练习

半打哈欠练习只是模仿平时打哈欠动作的前半部分，慢慢张口，不要仰头，下巴自然下垂，口张到似乎感觉脸部两侧的筋被拉满为止，不是真实的打哈欠。一次连续10—20个。

2. 四字词练习

选择口腔开度较大的音节在前，较小的在后。达到以开音带闭音，闭口音稍开的目标。训练材料如下：

开天辟地　山高水低　大动干戈　假公济私　乔迁之喜　长年累月

载歌载舞　花前月下　满园春色　小家碧玉　牢不可破　藏龙卧虎

3. 古诗练习

### 题菊花

黄巢

飒飒西风满院开，蕊寒香冷蝶难来。
他年我若为青帝，报与桃花一处开。

### 春夜喜雨

杜甫

好雨知时节，当春乃发生。
随风潜入夜，润物细无声。
野径云俱黑，江船火独明。
晓看红湿处，花重锦官城。

## 二、喉部控制要领和训练

（一）喉部控制要领

喉部控制不仅决定语言表达的品质，还能延长声带的使用寿命。喉部控制的关键就是喉部状态是否放松。喉部放松的要领：抓两头，解放中间。两头就是唇舌和气息用力，中间是指喉部。

（二）喉部放松训练

1. 仰头和低头练习

头向后仰，感觉有一股力量将后脑勺将向背心靠拢；头向前低，努力用眉心去靠近胸口。做10—20个来回。这个动作锻炼喉部肌肉。

2. 甩舌头练习

将舌头挂于口外，舌头不要用力，快速甩动舌头。这个动作主要用于放松喉部肌肉。

3. 气泡音练习

气息冲击声带，声带呈放松状态，但是能发出声音。气泡音是"eeeeee……"，此时喉部也是放松的。

### 三、胸腔共鸣要领与训练

（一）胸腔共鸣的要领

胸腔共鸣可以使声音浑厚、结实。两肋打开，状态积极，腹壁站定。这里注意气息不要全部集中在胸部，否则不仅胸部会有僵死感，还会造成气息上浮。同时胸腔共鸣的胸部响点也不是固定的。

▲（二）胸腔共鸣训练

1. 体会练习

将a、o、e三个音从高音逐渐降低声音高度，体会胸腔共鸣的加强，体会胸腔共鸣位置的移动。

2. 诗词练习

#### 渔家傲·秋思

范仲淹

塞下秋来风景异，衡阳雁去无留意。四面边声连角起，千嶂里，长烟落日孤城闭。浊酒一杯家万里，燕然未勒归无计。羌管悠悠霜满地，人不寐，将军白发征夫泪。

#### 海燕（节选）

高尔基

在苍茫的大海上，风聚集着乌云。在乌云和大海之间，海燕像黑色的闪电高傲地飞翔。

一会儿翅膀碰着海浪，一会儿箭一般地直冲云霄，它叫喊着，——在这鸟儿勇敢的叫喊声里，乌云听到了欢乐。

在这叫喊声里，充满着对暴风雨的渴望！在这叫喊声里，乌云感到了愤怒的力量、热情的火焰和胜利的信心。

海鸥在暴风雨到来之前呻吟着，——呻吟着，在大海上面飞窜，想把自己对暴风雨的恐惧，掩藏到大海深处。

海鸭也呻吟着，——这些海鸭呀，享受不了生活的战斗的欢乐：轰隆隆的雷声就把它们吓坏了。

## 第三节　吐字归音

**学习重点**

> 了解吐字归音的原理，掌握吐字归音的发音方法。

口腔既是共鸣腔体，起到扩大、美化声音的作用，同时，又是一个吐字器官。将口腔作为共鸣腔，保持良好的发生状态，再加上咬字器官的配合，才可能达到声音准确规范、清晰集中、圆润饱满、流畅自如的吐字目标。

### 一、咬字器官的配合

咬字器官包括双唇、上下齿、舌、硬腭和软腭。这其中唇、舌和软腭作用最大。唇舌灵活是语音流畅、自如的前提，反之则会出现吐字含混、粘连等现象。

（一）唇舌的动作要领

唇要有较强的收摄力，力量集中到唇中央。唇的力量是造成字音散射的主要原因。

舌的力量集中，一是将力量集中在舌的前后中纵线上，二是舌在发音过程中要收拢上挺。

（二）唇舌动作训练

1. 唇的练习

（1）喷

双唇紧闭，堵住气流，突然放开发出［po］音。注意不要满唇用力，把力量集中在唇中央。

（2）咧

先把双唇噘起，然后向嘴角用力，向两边伸展，这样反复进行。

（3）撇

先把双唇噘起，然后向左再向右歪交替进行。

（4）绕

双唇紧闭，噘起，然后左转360度，再向右转360度，这样交替进行。

2. 舌的练习

（1）伸

把嘴张大，努力将舌往外伸，舌尖越尖越好，伸到最大程度，再收回，反复数次。

（2）刮

舌尖抵住下齿背，舌面用力往外顶，上门齿从舌尖刮向舌根。

（3）弹

舌尖抵住上齿龈，然后突然打开发出［t］音，反复数次。力量集中在舌的中从线上。

（4）转

闭唇，把舌尖伸到唇齿之间，先顺时针方向转360度，在反时针方向转360度，交替进行。

▲3. 唇舌综合练习

训练材料如下。

（1）双唇练习

① 吃葡萄不吐葡萄皮儿，不吃葡萄倒吐葡萄皮儿。

不吃葡萄别吐葡萄皮儿，吃葡萄也别吐葡萄皮儿。

不论吃葡萄不吃葡萄，都不要乱吐葡萄皮儿。

② 扁扁爸背个扁扁背篓，上扁扁山拔扁扁豆。

拔了一扁背篓扁扁豆，扁扁爸背不起一扁背篓扁扁豆。

只背了半扁背篓扁扁豆。

（2）唇舌练习

会炖我的炖冻豆腐，来炖我的炖冻豆腐，不会炖我的炖冻豆腐，别炖我的炖冻豆腐。别胡炖乱炖，炖坏了我的炖冻豆腐。

## 二、吐字归音

（一）吐字归音要领

吐字归音是我国传统说唱艺术的一种发音手段。根据汉语语音的特点，一个字音分为字头、字腹和字尾三部分。并根据三个部分提出发音要领，也就是说一个字的发音过程分为出字、立字、归音三个阶段，通过对每个发音阶段不同的控制，使吐字达到清晰、饱满、弹发有力的水平，最终形成"枣核形"。

1. 出字

出字要叼住弹出。所谓"叼住",是指声母的成阻部位既要准确,又要使肌肉保持一定的紧张度。叼字的力量应该集中在唇舌的纵中部,而不能满口用力。所谓"弹出",是指声母除阻要轻捷,具有弹动感,不拖泥带水。

"叼"字与"咬""含"两个字相比给人灵动的感觉。出字好比大老虎要带着小老虎跳过山涧,大老虎如果不将小老虎"含"在嘴里,那跳跃的一瞬间,小老虎很可能掉下去;如果把小老虎"咬"在嘴里,那跳跃的一瞬间,小老虎很可能被咬死;所以大老虎如果"叼"住小老虎,小老虎才能与大老虎一起越过山涧。

2. 立字

立字要拉开立起。所谓"拉开"是指字头弹出后迅速打开口腔,口腔开度要大,应有竖着展开的感觉。"立起"指主要元音的发音要占据足够的时间,使其响亮、圆润,在听感上形成字音立起来的饱满感。结合声束向硬腭前部流动冲击,有字音"挂"于上腭的感觉。

字腹是整个音节中最明显突出的部分:一是因为作为音节中的主要元音,它的开口度大,发音响亮;二是因为它的发音完整、持续时间长,听感明显。立字的过程就是在一个音节里突出字腹的过程。

3. 归音

归音要做到口型到位,声音弱收。所谓"到位",就是唇舌动作要到位,而不应该感觉发音要结束了,就草草收尾。所谓"弱收",是指结尾发音声音减弱,点到为止。

(二)吐字归音训练

训练材料如下。

▲1. 叼字绕口令练习

**白果打白布**

白布包白果,白果恨白布。白布打白果,白果打白布。

**断短扁豆**

门角里放着一垛断短扁豆。(重复五遍)

**书费本费书本费**

书费本费书本费。(连读五遍)

### 灰猫追花鸟

灰猫跳,花鸟叫,
灰猫听花鸟叫,
花鸟瞧灰猫跳,
灰猫跳起抓花鸟,
花鸟怕灰猫,
拔腿就逃掉。

### 窝和锅

　　树上一个窝,树下一口锅,窝掉下来打着锅,窝和锅都破,锅要窝赔锅,窝要锅赔窝,闹了半天,不知该锅赔窝,还是窝赔锅。

### 十四四十十四四

十四四十十四四
四十十四四四十
四十十四四十四
不知是十还是四

### 一些事没有人做,一些人没有事做

　　一些事没有人做,一些人没有事做,一些没有事做的议论做事的做的事;
　　议论做事的总是没事,一些做事的总有做不完的事,一些没有事做的不做事不碍事,一些有事做的做了事却有麻烦事;一些不做事的挖空心思惹事,让做事的做不成事,大家都不做事是不想做事的做事;做事的做不成事伤心,不做事的不做事开心。

▲2. 立字、归音练习

### 望岳

杜甫

岱宗夫如何,齐鲁青未了。
造化钟神秀,阴阳割昏晓。
荡胸生层云,决眦入归鸟。
会当凌绝顶,一览众山小。

### 山行

杜牧

远上寒山石径斜，白云深处有人家。
停车坐爱枫林晚，霜叶红于二月花。

### 别董大

高适

千里黄云白日曛，北风吹雁雪纷纷。
莫愁前路无知己，天下谁人不识君。

### 登鹳雀楼

王之涣

白日依山尽，黄河入海流。
欲穷千里目，更上一层楼。

### 芙蓉楼送辛渐

王昌龄

寒雨连江夜入吴，平明送客楚山孤。
洛阳亲友如相问，一片冰心在玉壶。

▲3. 吐字归音综合练习

### 草原，失去了一双美丽的眼睛

佚名

内蒙古牧区一牧民因买劣质煤油点灯，致使油灯爆炸，炸伤在灯下写作业的9岁的女儿，孩子从此双目失明——

早晨的风
吹拂着
草原青草气息的黎明

将睡了一夜的
颤抖在草叶上的露珠
轻轻地摇醒
此刻
一个9岁的孩子
站在蒙古包外
站在辽阔的青草之上
迎着晨风
她再也看不见了
在草叶上
挂着的露珠里
都有一颗太阳
在晃动
孩子站在这里
太阳在她的视线之外
露珠在她的视线之外
学校在她的视线之外
她的书包
静静地挂在门口
书包里有整齐的课本
和一叠未写完的作业
那上面的文字
像一群群的羊
她曾赶着它
在另一个牧场放牧
如今，那些羊
也在她的视线之外
在她视线之外的
还有她的老师
站在黑板前的身影
和同学们捧着课本

朗朗的读书声
这个孩子
现在只能想象
想象门前的花朵草坪
想象自己家里的那只狗
狗就在她的身边
尾巴不停地摇动
孩子抚着她的狗哭了
泪水落在草叶上
像露珠一样晶莹
啊早晨
学校冉冉升起的旗
在她的视线之外
孩子记得课本上
有一篇高玉宝写的课文
《我要读书》
孩子喃喃地说着
我要读书！我要读书！
她脚下的狗听不明白
只是尾巴不停地摇动
狗一下看见了草丛里的太阳
它跳跃着追逐着草叶上的太阳
蒙古包外
辽阔的青草之上
站着一个孩子
她迎着青草气息的晨风
她流泪了
泪珠落在草叶上
是那么晶莹
啊，就在昨夜，就在黎明
草原

丢了一双美丽的眼睛

4. 戏剧对白练习

## 雷雨（节选）

### 曹禺

朴：（向鲁妈）这是太太找出来的雨衣吗？

鲁：（看着他）大概是的。

朴：（拿起看看）不对，不对，这都是新的。我要我的旧雨衣，你回头跟太太说。

鲁：嗯。

朴：（看她不走）你不知道这间房子底下人不准随便进来么？

鲁：（看着他）不知道，老爷。

朴：你是新来的下人？

鲁：不是的，我找我的女儿来的。

朴：你的女儿？

鲁：四凤是我的女儿。

朴：那你走错屋子了。

鲁：哦。——老爷没有事了？

朴：（指窗）窗户谁叫打开的？

鲁：哦。（很自然地走到窗户，关上窗户，慢慢地走向中门。）

朴：（看她关好窗门，忽然觉得她很奇怪）你站一站，（鲁妈停）你——你贵姓？

鲁：我姓鲁。

朴：姓鲁。你的口音不像北方人。

鲁：对了，我不是，我是江苏的。

朴：你好像有点无锡口音。

鲁：我自小就在无锡长大的。

朴：（沉思）无锡？嗯，无锡（忽而）你在无锡是什么时候？

鲁：光绪二十年，离现在有三十多年了。

朴：哦，三十年前你在无锡？

鲁：是的，三十多年前呢，那时候我记得我们还没有用洋火呢。

朴：（沉思）三十多年前，是的，很远啦，我想想，我大概是二十多岁的时候。那时候我还在无锡呢。

鲁：老爷是那个地方的人？

朴：嗯，（沉吟）无锡是个好地方。

鲁：哦，好地方。

朴：你三十年前在无锡么？

鲁：是，老爷。

朴：三十年前，在无锡有一件很出名的事情——

鲁：哦。

朴：你知道么？

鲁：也许记得，不知道老爷说的是哪一件？

朴：哦，很远的，提起来大家都忘了。

鲁：说不定，也许记得的。

朴：我问过许多那个时候到过无锡的人，我想打听打听。可是那个时候在无锡的人，到现在不是老了就是死了，活着的多半是不知道的，或者忘了。

鲁：如若老爷想打听的话，无论什么事，无锡那边我还有认识的人，虽然许久不通音信，托他们打听点事情总还可以的。

朴：我派人到无锡打听过。——不过也许凑巧你会知道。三十年前在无锡有一家姓梅的。

鲁：姓梅的？

朴：梅家的一个年轻小姐，很贤惠，也很规矩，有一天夜里，忽然地投水死了，后来，后来，——你知道么？

鲁：不敢说。

朴：哦。

鲁：我倒认识一个年轻的姑娘姓梅的。

朴：哦？你说说看。

鲁：可是她不是小姐，她也不贤惠，并且听说是不大规矩的。

朴：也许，也许你弄错了，不过你不妨说说看。

鲁：这个梅姑娘倒是有一天晚上跳的河，可是不是一个，她手里抱着一个刚生下三天的男孩。听人说她生前是不规矩的。

朴：（苦痛）哦！

鲁：这是个下等人，不很守本分的。听说她跟那时周公馆的少爷有点不清白，生了两个儿子。生了第二个，才过三天，忽然周少爷不要她了，大孩子就放在周公馆，刚生的孩子抱在怀里，在年三十夜里投河死的。

朴：（汗涔涔地）哦。

鲁：她不是小姐，她是无锡周公馆梅妈的女儿，她叫侍萍。

朴：（抬起头来）你姓什么？

鲁：我姓鲁，老爷。

朴：（喘出一口气，沉思地）侍萍，侍萍，对了。这个女孩子的尸首，说是有一个穷人见着埋了。你可以打听得她的坟在哪儿么？

鲁：老爷问这些闲事干什么？

朴：这个人跟我们有点亲戚。

鲁：亲戚？

朴：嗯，——我们想把她的坟墓修一修。

鲁：哦——那用不着了。

朴：怎么？

鲁：这个人现在还活着。

朴：（惊愕）什么？

鲁：她没有死。

朴：她还在？不会吧？我看见她河边上的衣服，里面有她的绝命书。

鲁：不过她被一个慈善的人救活了。

朴：哦，救活啦？

鲁：以后无锡的人是没见着她，以为她那夜晚死了。

朴：那么，她呢？

鲁：一个人在外乡活着。

朴：那个小孩呢？

鲁：也活着。

朴：（忽然立起）你是谁？

鲁：我是这儿四凤的妈，老爷。

朴：哦。

鲁：她现在老了，嫁给一个下等人，又生了个女孩，境况很不好。

朴：你知道她现在在哪儿？

鲁：我前几天还见着她！

朴：什么？她就在这儿？此地？

鲁：嗯，就在此地。

朴：哦！

鲁：老爷，你想见一见她么？

朴：不，不，谢谢你。

鲁：她的命很苦。离开了周家，周家少爷就娶了一位有钱有门第的小姐。她一个单身人，无亲无故，带着一个孩子在外乡什么事都做，讨饭，缝衣服，当老妈，在学校里伺候人。

朴：她为什么不再找到周家？

鲁：大概她是不愿意吧？为着她自己的孩子，她嫁过两次。

朴：以后她又嫁过两次？

鲁：嗯，都是很下等的人。她遇人都很不如意，老爷想帮一帮她么？

朴：好，你先下去。让我想一想。

鲁：老爷，没有事了？（望着朴园，眼泪要涌出）老爷，您那雨衣，我怎么说？

朴：你去告诉四凤，叫她把我樟木箱子里那件旧雨衣拿出来，顺便把那箱子里的几件旧衬衣也捡出来。

鲁：旧衬衣？

朴：你告诉她在我那顶老的箱子里，纺绸的衬衣，没有领子的。

鲁：老爷那种纺绸衬衣不是一共有五件？您要哪一件？

朴：要哪一件？

鲁：不是有一件，在右袖襟上有个烧破的窟窿，后来用丝线绣成一朵梅花补上的？还有一件，——

朴：（惊愕）梅花？

鲁：还有一件绸衬衣，左袖襟也绣着一朵梅花，旁边还绣着一个萍字。还有一件，——

朴：（徐徐立起）哦，你，你，你是——

鲁：我是从前伺候过老爷的下人。

朴：哦，侍萍！（低声）怎么，是你？

鲁：你自然想不到，侍萍的相貌有一天也会老得连你都不认识了。

朴：你——侍萍？（不觉地望望柜上的相片，又望鲁妈。）

鲁：朴园，你找侍萍么？侍萍在这儿。

朴：（忽然严厉地）你来干什么？

鲁：不是我要来的。

朴：谁指使你来的？

鲁：（悲愤）命！不公平的命指使我来的。

朴：（冷冷地）三十年的工夫你还是找到这儿来了。

鲁：（愤怨）我没有找你，我没有找你，我以为你早死了。我今天没想到到这儿来，这是天要我在这儿又碰见你。

朴：你可以冷静点。现在你我都是有子女的人，如果你觉得心里有委屈，这么大年纪，我们先可以不必哭哭啼啼的。

鲁：哭？哼，我的眼泪早哭干了，我没有委屈，我有的是恨，是悔，是三十年一天一天我自己受的苦。你大概已经忘了你做的事了！三十年前，过年三十的晚上我生下你的第二个儿子才三天，你为了要赶紧娶那位有钱有门第的小姐，你们逼着我冒着大雪出去，要我离开你们周家的门。

朴：从前的恩怨，过了几十年，又何必再提呢？

鲁：那是因为周大少爷一帆风顺，现在也是社会上的好人物。可是自从我被你们家赶出来以后，我没有死成，我把我的母亲可给气死了，我亲生的两个孩子你们家里逼着我留在你们家里。

朴：你的第二个孩子你不是已经抱走了么？

鲁：那是你们老太太看着孩子快死了，才叫我抱走的。（自语）哦，天哪，我觉得我像在做梦。

朴：我看过去的事不必再提起来吧。

鲁：我要提，我要提，我闷了三十年了！你结了婚，就搬了家，我以为这一辈子也见不着你了；谁知道我自己的孩子个个命定要跑到周家来，又做我从前在你们家做过的事。

朴：怪不得四凤这样像你。

鲁：我伺候你，我的孩子再伺候你生的少爷们。这是我的报应，我的报应。

朴：你静一静。把脑子放清醒点。你不要以为我的心是死了，你以为一个人做了一件于心不忍的事就会忘了么？你看这些家俱都是按从前你喜欢的方向，多少年我总是留着，为着纪念你。

鲁：（低头）哦。

朴：你的生日——四月十八——每年我总记得。一切都照着你是正式嫁过周家的人看，甚至于你因为生萍儿，受了病，总要关窗户，这些习惯我都保留着，为的是不忘你，弥补我的罪过。

鲁：（叹一口气）现在我们都是上了年纪的人，这些傻话请你不必说了。

朴：那更好了。那么我们可以明明白白地谈一谈。

鲁：不过我觉得没有什么可谈的。

朴：话很多。我看你的性情好像没有大改，——鲁贵像是个很不老实的人。

鲁：你不明白。他永远不会知道的。

朴：那双方面都好。再有，我要问你的，你自己带走的儿子在哪儿？

鲁：他在你的矿上做工。

朴：我问，他现在在哪儿？

鲁：就在门房等着见你呢。

朴：什么？鲁大海？他！我的儿子？

鲁：他的脚趾头因为你的不小心，现在还是少一个的。

朴：（冷笑）这么说，我自己的骨肉在矿上鼓励罢工，反对我！

鲁：他跟你现在完完全全是两样的人。

朴：（沉静）他还是我的儿子。

鲁：你不要以为他还会认你做父亲。

朴：（忽然）好！痛痛快快地！你现在要多少钱吧？

鲁：什么？

朴：留着你养老。

鲁：（苦笑）哼，你还以为我是故意来敲诈你，才来的么？

朴：也好，我们暂且不提这一层。那么，我先说我的意思。你听着，鲁贵我现在要辞退的，四凤也要回家。不过——

鲁：你不要怕，你以为我会用这种关系来敲诈你么？你放心，我不会的。大后天我就会带四凤回到我原来的地方。这是一场梦，这地方我绝对不会再住下去。

朴：好得很，那么一切路费，用费，都归我担负。

鲁：什么？

朴：这于我的心也安一点。

鲁：你？（笑）三十年我一个人都过了，现在我反而要你的钱？

朴：好，好，好，那么你现在要什么？

鲁：（停一停）我，我要点东西。

朴：什么？说吧？

鲁：（泪满眼）我——我只要见见我的萍儿。

朴：你想见他？

鲁：嗯，他在哪儿？

朴：他现在在楼上陪着他的母亲看病。我叫他，他就可以下来见你。不过是——

鲁：不过是什么？

朴：他很大了。

鲁：（追忆）他大概是二十八了吧？我记得他比大海只大一岁。

朴：并且他以为他母亲早就死了的。

鲁：哦，你以为我会哭哭啼啼地叫他认母亲么？我不会那么傻的。我难道不知道这样的母亲只给自己的儿子丢人么？我明白他的地位，他的教育，不容他承认这样的母亲。这些年我也学乖了，我只想看看他，他究竟是我生的孩子。你不要怕，我就是告诉他，白白地增加他的烦恼，他自己也不愿意认我的。

朴：那么，我们就这样解决了。我叫他下来，你看一看他，以后鲁家的人永远不许再到周家来。

鲁：好，希望这一生不至于再见你。

朴：（由衣内取出皮夹的支票签好）很好，这是一张五千块钱的支票，你可以先拿去用。算是弥补我一点罪过。

鲁：（接过支票）谢谢你。（慢慢撕碎支票）

朴：侍萍。

鲁：我这些年的苦不是你拿钱就算得清的。

朴：可是你——

［外面争吵声。鲁大海的声音："放开我，我要进去。"三四个男仆声："不成，不成，老爷睡觉呢。"门外有男仆等与大海的挣扎声。］

朴：（走至中门）来人！（仆人由中门进）谁在吵？

仆人：就是那个工人鲁大海！他不讲理，非见老爷不可。

朴：哦。（沉吟）那你叫他进来吧。等一等，叫人到楼上请大少爷下楼，我有话问他。

仆人：是，老爷。

［仆人由中门下。］

朴：（向鲁妈）侍萍，你不要太固执。这一点钱你不收下，将来你会后悔的。

鲁：（望着他，一句话也不说）

第二章 发声技能

## 第四节　嗓音保护

**学习重点**

> 学习掌握嗓音保护的基本知识，在日常生活学习中注意保护自己的嗓音。

教师是靠嗓音工作，圆润的声音不仅对于教学工作有帮助，也是教师风采的重要组成部分。特别是幼儿教师，幼儿喜欢声音动听的老师。因为声音动听的老师讲故事、唱歌都会更加精彩。所以保护嗓音，是我们每一个幼儿教师必须引起高度重视的问题。

### 一、适度用嗓是嗓音使用的基本原则

从发音器官的感觉来说，每次练声或用声时，喉部要很轻松，发音要很自如。在用声过程中适当休息，把握用声的"度"，就能保持声带良好的状态。同时注意四忌：忌音色过于明亮，忌用声偏低，忌突然加大音量，忌用声时间过长。

### 二、科学的发声方法是嗓音保健的重要保障

前面我们分别讲述了气息训练，共鸣控制以及吐字归音的要领，在发音中养成这些正确的发音习惯，不仅有助于发音质量的提高，而且也能有效减轻喉部的负担，对嗓音起到积极的保健作用。

### 三、良好的生活习惯是嗓音保健的关键

#### （一）增强体质

人的身体健康状况，直接影响发声状态和声音质量。发音器官是人体的组成部分，当人的身体健康出现问题，气息就会不足，所有发音器官状态都会受到影响，自然会影响人的发音能力。

#### （二）充足的睡眠

睡眠是嗓音的晴雨表。睡眠不足，嗓子就不好用，发声不协调、无光泽、不持久。所以，保证充足的睡眠是保证嗓音健康的关键。

### （三）适当的饮食

所谓适当，一是指日常饮食尽量少吃或不吃刺激性的食物；用声之后不要立即引用冷饮，以免声带充血。二是刚刚进餐结束时不适宜用声，因为胃的容量增加，会影响膈肌的运动，造成吸气不足、发音气短；同时空腹用声也不好，那样不仅会感到底气不足，体力不支，而且会影响精神集中。所以，合理的饮食习惯，才能保证嗓音的健康。

## 四、遵循练声的原则

### （一）练声要理论指导实践

练声要理论指导实践，即练声不能凭感觉，需要在掌握练声的理论知识的基础上进行有效的实践练习。

### （二）练声要因材施教

每一个人的身体、精神、声带状态都各不相同，如若采取同一种练声的方式，同一种强度，都是不适宜的。所以练声需要根据每个人自身的状态，设计不同的训练内容、方式和强度。

### （三）练声要以字带声

练声的时候，不能因声废字，把练声和朗读变成两张皮。同时要注意，练声是为朗读服务的，要与实际运用相结合。

### （四）练声要循序渐进

练声状态要积极，要坚持不懈，练习中也要量力而行。练声不是一件一蹴而就的事情。

第二单元

朗读篇

# 第三章 朗读概论

**学习目标**

掌握朗读的目的，实现朗读要求。学习能正确地感受和表达作品。

## 第一节 朗读准备

**学习重点**

> 1. 掌握朗读的概念。
> 2. 知道自己在读什么，即明确朗读准备在朗读创作中的重要性，熟悉和初步掌握朗读的准备方法。

### 一、朗读的概念

朗读是把文字作品转换为规范的有声语言的再创作活动。书面形成的文字表情达意的功能受到一定的影响，而朗读正是运用有声语言的再创造功能把作品内容准确鲜明、生动形象地传达给听众，使在纸上的人物和事件活跃起来，增强作品的艺术感染力。这也是作为一个教师必备的基本功。

### 二、朗读的准备方法

很多人都有这样的体会，自己费了很大的功夫读了半天，别人听来甚至会发笑，也就是说无论自己还是听众，都无法从这样的朗读中得到乐趣。但是为什么有的人的朗读听起来轻松愉快，充满感情，而且是一种享受？原因就在于很多人忽略朗读前的准备工作，这就是我们要论述的朗读准备方法——七步法。

#### （一）朗读准备第一步——读准字音

所谓对准字音，即正音。普通话语音的标准程度将直接影响朗读的准确性、庄重性、流畅性。这里要提醒大家的是不仅要读准声、韵、调，还要注意语流音变中的轻声、儿化等语音现象。同时不认识、不确定的字音，应该马上查字典，不要存有侥幸心理。

### （二）朗读准备第二步——划分段落

所谓段落，是指作品的布局、结构。段落结构就是一篇作品的骨架，如果没有清晰的结构，这篇作品一定混乱不堪。那么，面对一篇作品，首先对文章的句、段进行划分。这就像我们从小到大上语文课一样，语文老师总会让我们先划分段落结构，然后概括段落大意。段落划分中，有的段落划分得粗略一些，那就还可以划分出层次。当作品结构化分清楚之后，这篇文章的主题就显而易见了。

### （三）朗读准备第三步——概括主题

主题是指主要事实中包含的思想含义。记叙文的主题离不开人物、事件的发生、发展变化、结果。议论文的主题就是中心论点，是从论点、论据和论证方法中挖掘出来的。主题概括要准确、精炼，同时要有利于调动情感。

### （四）朗读准备第四步——了解背景

这里所说的背景，包括时代背景、心理背景，以及内容背景和朗读环境背景。时代背景和心理背景主要是指作者创作这篇文章的时代背景、心理背景；而内容背景是这篇文章内容所涉及的相关背景。朗读环境背景是我们朗读这篇文章与朗读环境是否适应，这也是背景。只有关注多方的背景，才能准确表达作者的写作意图。

### （五）朗读准备第五步——明确目的

明确目的，就是要弄清楚自己为什么要朗读这个作品，明确它的社会意义是什么。但是朗读目的和作品的主题是有区别的。作品主题具有稳定性和不变性，但是朗读的目的在不同时期有不同的侧重和表现。所以，必须结合现实去分析朗读目的。朗读目的对于朗读起着引领的作用，它可以使朗读者的朗读愿望积极、主题鲜明。还能加强与听者的交流感，也能根据目的正确地把握朗读方式和态度分寸。

### （六）朗读准备第六步——分清主次

当我们抓住线索、明确目的以后，作品表现主题的主次段落就容易确定了。主要的部分指直接表现主题、体现目的、抒发感情、感染听众的段落。主要段落有两种存在形式，一种是集中，一种是分散。集中，是指主要段落集中在一个或几个自然段落中。分散，是指主要段落分散在全篇作品中。一般集中的形式较为常见。分散的形式，容易导致初学者找不到重点。所以，必须明确，没有重点就没有目的，但都是重点也就没有了重点。

（七）朗读准备第七步——确定基调

基调，是指朗读作品总的感情色彩和分量，以及朗读者总的态度倾向。它体现的是朗读者对作品认识、感受的整体结果。作品基调概括要贴切，态度要鲜明，要注意整体感，不要被枝节和次要色彩所迷惑。

我们通常的情感基调有：喜悦明快、庄重哀怜、热情赞扬、豪放舒展、细腻清新、幽默风趣、真诚劝慰、亲切爱怜、昂扬有力、缅怀深情、深沉坚定、沉郁平缓、意味深长、憎恶愤激、郑重批驳。

## 三、朗读准备方法的示例分析：《祝你生日快乐》

▲（一）示例：《祝你生日快乐》

北方都市的清晨，一位洒水车司机缓慢地开着车，在洒水的音乐声里，为黎明的大街沐浴着。

从反光镜里，他奇怪地发现，一个男孩蹬着一辆破旧的自行车，总是不紧不慢地跟着他，如同一个甩不掉的影子。

走过几个街口，他终于忍不住好奇心猛地停下车，拦住了眼里满是慌乱又未及溜走的男孩："你这孩子总跟着我干什么？"男孩使劲摇着头，低着头……

抬起头来已是泪流满面。只因洒水车在重复着《祝你生日快乐》的乐曲，而今天是他的生日，可他是个孤儿……

洒水车司机半晌没说话，他摸了摸男孩的头，把他的破单车放在路边，带着男孩上了驾驶室。洒水车又开动了，整个城市，整个在沐浴中的城市都听到了比任何一个黎明都响亮得多的乐曲——《祝你生日快乐》。

（二）示例分析

《祝你生日快乐》分析笔记如下。

1. 正音

（1）该作品的发音难点

注意后鼻音的发音如：（清）晨、黎（明）、反光（镜）、（蹬）着、自（行）车、（影）子、（猛）地（停）下车、（整）个、（城）市、（听）到、（生）日。

（2）不熟悉的发音：半晌（shang）

2. 段落

全文共 5 个自然段，可分为三个大的段落。

第一段（1 自然段）

一个清晨，洒水车司机在大街上开车洒水。

第二段（2-4 自然段）

洒水车司机发现骑车男孩跟随他的原因。

第三段（5 自然段）

洒水车司机让男孩上了驾驶室，让男孩真正享受生日的快乐。

3. 主题

通过洒水车司机在工作过程中，发现一个孤儿只能跟随洒水车的《祝你生日快乐》的音乐声来为自己庆贺生日而备受感动，给予了小男孩力所能及的帮助。不仅表现出洒水车司机的关爱之心，更传递了只要人人都献出自己的爱，世界会变得更加美好和温暖的讯息。

4. 背景

本文的作者创作时代背景和心理背景不很清晰。但是内容背景与现实社会生活比较吻合。主要宣扬人与人之间的关爱，也有些许对于孤儿的怜悯之情。对于所需要的朗读环境背景而言，该作品的主题积极向上也符合朗读环境需要。

5. 目的

引导人们发扬互助友爱，关爱他人，增添人与人之间的信任感。

6. 重点

第 3、4、5 自然段。

7. 基调

深情的赞美、舒缓、关切。

▲（三）训练材料

根据我们学习过的对作品朗读前的准备要领，分析下面这个作品，写出朗读分析笔记。

## 去年的树

〔日〕新美南吉

一只鸟儿和一棵树是好朋友。鸟儿坐在树枝上，天天给树唱歌，树呢，天天听着鸟儿唱。日子一天天过去，寒冷的冬天就要来到了。鸟儿必须离开树，飞到很远很远的地方去。

树对鸟儿说:"再见了,小鸟!明年请你再回来,还唱歌给我听。"鸟儿说:"好的,我明年一定回来,给你唱歌,请等着我吧!"鸟儿说完,就向南方飞去了。

春天又来了。原野上、森林里的雪都融化了。鸟儿又回到这里,找她的好朋友——树来了。

可是,发生了什么事情呢?树,不见了,只剩下树根留在那里。

"立在那儿的那棵树,到什么地方去了呢?"鸟儿问树根说。树根回答:"伐木人用斧子把他砍倒,拉到山谷里去了。"

鸟儿向山谷里飞去。

山谷里有个很大的工厂,锯木头的声音"沙——沙——"地响着。鸟儿落在工厂的大门上。她问大门说:"门先生,我的好朋友——树在哪儿,您知道吗?"门回答说:"树么,在厂子里给切成细条条儿,做成火柴,运到那边村子里卖掉了。"

鸟儿向村子里飞去。

在一盏煤油灯旁,坐着个小女孩。鸟儿问女孩儿:"小姑娘,请告诉我:你知道火柴在哪儿吗?"小女孩回答说:"火柴已经用光了。可是,火柴点燃的火,还在灯里亮着。"

鸟儿睁大眼睛,盯着灯火看了一会儿。接着,她就唱起去年唱过的歌儿,给灯火听。

唱完了歌儿,鸟儿又对着灯火看了一会儿,就飞走了。

## 第二节　朗读的内部技巧

1. 加强依据语言材料培养形象感受能力,调动生活、知识储备,促发自身的情感活动的能力。
2. 学习掌握逻辑关系的分析方法,并在朗读实践中准确运用逻辑感受。
3. 通过作品的分析,能把握作品中的内在语,从而能在作品的朗读中揭示作品本质。

### 一、具体感受

感受被称为是从理解到表达的桥梁,也是使作品能够如实、生动的情景再现的基础。"感受,在朗读中是指通过词句概念及其运动刺激,引起我们对于客观事物的感知、体会的过程。

它包括眼、耳、鼻、舌、身方面对客观事物的感觉和时间、空间、运动方面的知觉。但是这些感知觉，对于朗读者来说，都不是直接由客观外界刺激的结果，而是由视觉对与文字刺激进行反映的，进而对大脑皮层发生第二信号系统的作用力，使人发出语言机制的思维信息，从而产生概念的运动。概念及其运动成为客观外界各类事物（包括客体的心理变化、思维活动）的代替符号，只是这符号的替代对象对人产生间接的刺激。朗读者间接地接受这种刺激，从而引起感知觉，'感之于外，受之于心'，这个过程，我们称之为感受。"（张颂《朗读学》）具体感受分为形象感受和逻辑感受。

（一）形象感受

1. 形象感受的概述

形象感受是朗诵者通过阅读语言文字内容而产生的身体反应。每个朗读者都要培养自己精密的感受能力。从文字作品的文字语言中，眼睛"看到"的事物，包括形状、大小、色彩、明暗、远近、位置、高低、多少、静动等；"听到"的语言，包括声音、音乐以及声音的远近、音量的大小、音调的高低等；"闻到"的味道包括香臭、某种特殊的气味等；"尝到"的味道包括酸、甜、苦、辣、咸、鲜等；"感觉到"对某种事物的刺激感到惊慌害怕，以及身体对外界的触觉，软硬粗细，物体的轻重、环境的温度、湿度，以及时间、空间、运动感等。形象感受是情景再现的基础，没有形象感受的能力，根本谈不上朗读。同时，形象感受要求朗读者克服无动于衷的毛病。

2. 形象感受的要求

（1）准确、精密

即要设身处地，把作品中描写的一切，作为亲身经历、亲耳所闻，置身其中，但不能忘乎所以，而是处于情理之中。设身处地主要是获得现场感，产生"我就在"的感觉。

（2）不必强求千人一面

保留一定的个性色彩也是可以的，即每个人的感受有差异。

（3）形象感受与情感态度相伴

形象感受的产生，一定会伴随相应的情感、态度，即触景生情，当我们的脑海里浮现出某个场面时，一定会由这个具体的"景"的刺激，马上产生具体的"情"。

（4）形象感受是综合感受

形象感受在作品中出现不纯粹是一种感受，有时候是多种感受综合在一起的，所以要细致体会。

▲3. 形象感受的示例分析

（1）示例：《第一百个客人》

中午午饭的高峰时间过去了，原本拥挤的小吃店，客人都已散去，老板正要喘口气翻阅报纸的时候，有人走了进来，那是一位老奶奶和一个小男孩儿。

"牛肉汤饭一碗要多少钱啊？"奶奶数了数钱袋里的钱，叫了一碗牛肉汤饭。她将碗推向孙子，小男孩儿吞了吞口水望着奶奶说："奶奶，您真的吃过午饭了吗？""当然了。"奶奶含着块萝卜泡菜慢慢咀嚼着。一晃眼功夫，小男孩儿就把一碗汤饭吃个精光。

老板看到这幅景象，走到两个人面前："老太太，恭喜您，您今天的运气真好，是我们的第一百个客人，所以免费。"

之后过了一个多月的某一天，无意间望向窗外的老板发现，小男孩儿蹲在小吃店对面，像在数着什么东西，小男孩儿每看到一个客人走进店里，就把小石子儿放进他画的圈圈里。可是午饭时间都快过去了，小石子儿却连五十个都不到。

心急如焚的老板打电话给所有的老顾客："喂，很忙吗？没什么事儿来吃碗汤饭吧，今天我请客！"像这样打电话给很多人之后，客人开始一个接一个地到来。"……81……82……83……"小男孩儿数得越来越快了，终于当第九十九个小石子儿被放进圈圈里。

那一刻，小男孩儿匆忙拉着奶奶的手，进了小吃店。

"奶奶，这一次换我请客啦！"小男孩儿有些得意地说。真正成为第一百个客人的奶奶，让孙子招待了一碗热气腾腾的汤饭。而小男孩儿就像之前奶奶一样，含着萝卜泡菜在口里咀嚼着。

"也送一碗给那男孩儿吧"，老板娘不忍心地说。老板却说："不。他现在正在学习不吃东西也会饱的道理哩！"

（2）示例分析

该作品中会有多种感官都会产生形象感受。首先，第一自然段中对于小吃店的描写主要是个全景。老板全身放松的触觉感受，抬眼看见小男孩和老奶奶的视觉感受。

第二自然段中，奶奶数钱的手的运动感，小男孩"吞了吞口水"是小男孩太饿，被牛肉汤饭的香味所吸引所产生的味觉感受，奶奶"含着块萝卜泡菜慢慢咀嚼"的嘴的运动感和味觉感受综合在一起，有一种难言的情绪，即奶奶为了小孙子，情愿自己饿肚子，表达了奶奶对小孙子无限的爱。

第三自然段中，"老板看到这幅景象，走到两个人面前"，这里老板走动而产生的运动感受，而这个走动不是一般的毫无目的的走动，而是老板经过深思熟虑之后的决定，所以这个"走"显得坚决、肯定。

第四自然段中，老板无意间发现"小男孩儿蹲在小吃店对面，像在数着什么东西，小男孩儿每看到一个客人走进店里，就把小石子儿放进他画的圈圈里"。这里的视觉感受的视线较远，是个远景。

第五自然段中，老板心急如焚地给老顾客打电话，自然会产生听觉感受。对话之间要注意留有空间，不要连续表达。要有听了对方的话以后再反应、回答的停留时间。否则就不真实。

第六自然段中，"小男孩儿匆忙拉着奶奶的手，进了小吃店"，主要产生的是运动感受，而这个"进"字要把小男孩那种成功后的喜悦情绪表现出来。

第七自然段中，小男孩"含着萝卜泡菜在口中咀嚼着"，这使得嘴的运动感和味觉感受充满了孩子成功后的开心。所以这里的感受和奶奶的感受是有区别的。这里是个特写镜头，不仅放大了小男孩咀嚼的动作和表情，更放大了小男孩的善良的心灵。

最后一段中主要把握老板娘和老板说话时的视觉感受即可，即老板娘和老板都处于远远观察的角度，这里是远景。老板娘的视角中充满了对小男孩的怜惜之情，而老板的视觉中充满了对小男孩的信任。

### （二）逻辑感受

1. 逻辑感受的概述

在朗读分析理解文字作品中，除了形象感受之外，还有逻辑感受的问题。任何一篇文章都有其内在的逻辑，"这内在的逻辑关系，犹如文气，顺畅地贯穿全篇；犹如经络，紧密的布满全身"。（张颂《朗读学》）这种内在的逻辑关系对各部分提出不同的逻辑要求，所以逻辑感受是有关事物之间关系的感受。逻辑感受主要包含主次感、并列感、递进感、总括感、转折感、对比感。

2. 逻辑感受的要求

（1）语言本质要准确，不能含糊其辞

语言本质就是思想感情的目的性和具体性。我们在前面分析作品的结构，就是要把握语言的本质，也就是抓住语句、篇章的真正含义。

（2）语言链条要清晰，不能模棱两可

语言链条是指上下衔接、前后呼应的连贯性、流动性。

文章中的逻辑关系是多种多样的，大到全篇各段落之间的、层次之间，小到语句之间都有内在联系。所以，逻辑感受要起到把语言"穿线抱团"的功能。逻辑感受能力的优劣影响作品朗读的完整性。

▲3. 逻辑感受示例分析

（1）示例：最合格的助手

在一所大医院的手术室中，一位年轻的女护士第一次担任助手，而且是一位赫赫有名的外科专家的助手。

手术从清晨进行到黄昏，眼看患者的伤口即将缝合，女护士突然严肃地盯着外科专家说："大夫，我们用的12块纱布，您只取出11块。""我已经都取出来了。"专家断言道，"手术已经一整天了，立即缝合伤口！"

"不，不行！"女护士高声抗议道，"我记得清清楚楚，我们准备了12块纱布。"

外科专家毫不理睬她，命令道："听我的，准备缝合！"

女护士毫不示弱，她几乎是大声叫道："您是医生，您不能这样做！"

这时，外科专家的脸上浮现出欣慰的笑容，并举起左手手里握着的第12块纱布。他向所有人宣布："她是我最合格的助手。"女护士以自己正直的品格，不仅赢得了专家的信任，而且以"最合格的助手"扬名于瑞典的医护界。

（2）示例分析

全文共6个自然段，分为三个段落。

第一段（第1自然段），在这一段落中，"一位年轻的女护士第一次担任助手，而且是一位赫赫有名的外科专家的助手。"这里"而且"表示出一个递进关系。这个递进关系中应该表现出对于女护士而言，这一件事对于第一次担任助手的她，无疑是一个很好的事业发展机会！

第二段（第2、3、4、5自然段），第二段与第一段之间是转折关系，即"然而"手术快结束时，事情发生了。女护士与赫赫有名的外科大夫之间发生了争执。在整个第二段中主要以对比感受为主。对比感源于内容，即女护士勇敢的坚持与赫赫有名的外科大夫的武断、蛮横的态度形成对比。对比感串联了整个第二段。只有这种对比感表现得淋漓尽致，女护士所表现出的对于生命认真负责的精神，才可能打动人。

第三段（第6自然段），这一段与第二段之间又是一个转折关系。"然而"就是在双方僵持不下的时刻，"外科专家的脸上浮现出欣慰的笑容，并举起左手手里握着的第12块纱布。他向所有人宣布：'她是我最合格的助手。'"这句话是一个递进关系，这个递进关系要表现出外科专家的赞赏和肯定的语气。最后一段话语"女护士以自己正直的品格，不仅赢得了专家的信任，而且以'最合格的助手'扬名于瑞典的医护界"是对女护士行为的总结概括，这里的逻辑感受就是总括感。

▲ 训练材料

分析作品中的形象感受以及段落之间的逻辑感受,以及由此产生的情感态度。

### 一碗汤

在一家美国餐馆里,一位白人老太太买了一碗汤,在餐桌前坐下,突然,她想起面包还没拿。

她起身去取面包,回来时,她发现自己的座位上坐着一个黑皮肤的男子,在喝着自己的汤。

"他无权喝我的汤",老太太寻思着,"可是,也许他太穷了。算了,我还是别出声。不过,不能让他一个人把汤全喝了。"

于是,老太太拿起汤勺,与黑人面对面地坐着,不声不响地也来喝汤。

就这样,一碗汤被两个人一起喝着。两个人都默默无语。

这时,黑人突然站起身来,端来一盘面条,放在老太太面前,面条里插着两把叉子。

两个人继续吃着,吃完后,各自起身,准备离去。

"再见。"老太太说。

"再见。"黑人回答。他显得愉快,感到欣慰,因为他觉得自己做了件好事。

黑人走后,老太太才发现旁边的一张餐桌上,摆着一碗汤,一碗那显然是被人忘了喝的汤!


## 二、内在语

### (一)内在语概述

我们在朗读创作中常常会有这样的情况,拿到一篇作品初看,觉得平平常常;可是深入揣摩,却发现味道很浓,原来一些表面上看似浅显的文字、语句备后,却有着深刻的含义。通常我们会称之为"话里有话""弦外之音",这就是我们所说的"内在语"。内在语,是指在朗读语言中所不便表露、不能表露或没有完全表露出来和没有直接表露出来的语句关系和语句本质。

内在语的作用,就是揭示语句本质和语言链条。所谓语句本质,是结合语言环境和上下文来确定的语句的深层内在含义。朗读作品文字表面的意思,即语句的表层含义与语句的深层含义存在同向同质和非同向同质的区别。大多数和整体而言,作品语句文字的表层意思和内在深层含义是同向同质的,而有些则不同。这需要朗读者参照语句文字表层非主要语义的线索，结合上下文具体语言环境，准确把握语句目的，确定内在语。

语言链条是指语句间的逻辑关系。内在语在这里主要起到的是补设隐含的关联词和短语，把文字之间的逻辑关系揭示出来，搞清句与句、段与段、层次与层次是怎样衔接成一个有机整体的，从而明白文章上下衔接、前后照应的承接关系。

（二）内在语的基本类型

1. 发语性内在语

发语性内在语就是在语句、段落、层次、朗读起始处之前，加上适当的语词，朗读者把这些词语在心里读出来，并与作品原来开头词语自然地衔接，其作用是帮助朗读者"开好头"。

2. 寓意性内在语

寓意性内在语是作品文字的"弦外之音"，是隐含在语句深层的内在语，是结合上下文语言环境挖掘出来的语句本质和语句目的。

3. 关联性内在语

关联性内在语是那些没有用文字表示出来的语句关系。具体说，就是那些体现语句逻辑关系和语法意义的隐含性关联词和关联短语。关联性内在语是使朗读中有声语言的链条向朗读目的定向推进的路标，是朗读者表达语气起承转合的重要依据，是作品内在逻辑力量的关键所在。

4. 揭示性内在语

揭示性内在语用于语句、段落、层次之间，也是为了解决上下语气的衔接问题。特别是在那些文字不太贯通、前后句转换突兀、语气不好衔接的地方，设计一个恰当的揭示性内在语，就可以使语句自然衔接、过渡。关联性内在语使语句的逻辑关系更加严密，而揭示性内在语则更使表达富于灵动的活力。

5. 回味性内在语

回味性内在语就是在作品文字段落、层次和全文结尾处设置相应的词语，提示朗读者的语气或回味、或思考、或想象、或憧憬，给人以语已尽、情尚存的印象。

6. 反语性内在语

反语性内在语直接体现语句表层意义与深层内在含义的对立关系或对比关系。语句深层内在含义与文字表层意义相对立的叫对立型反语内在语。通过反问来表达确定意思的内在语叫反语内在语。利用语音或语义的关系，使语句同时兼顾两种事物的内在语叫双关型反语内在语。语句本质与表层意思同向同质，但在表达的语气中却渗入一定的与语句意义有别的、甚至相对的色彩，这叫非对立型反语内在语。

▲（三）内在语的示例分析

1. 示例：《狼和小羊》

狼来到小溪边，看见小羊在那边喝水。

狼想吃小羊，就故意找碴儿，说："你把我喝的水弄脏了，你安的什么心？"

小羊吃了一惊，温和地说："我怎么会把你喝的水弄脏呢。你站在上游，水是从你那儿流到我这儿来的，不是从我这儿流到你那儿去的。"

狼气冲冲地说："就算这样吧，我听说去年你在背地里说我的坏话。"

小羊着急地说："狼先生，那是不可能的，去年我还没有生下来呢。"

狼不想再争辩了，呲着牙逼近小羊，大声嚷道："你这个小坏蛋，说我坏话的不是你就是你爸爸，反正都一样。"说着就向小羊身上扑去。

2. 示例分析

作品主题就是表达坏人要想做坏事，是不需要借口的。

作品一开始，狼在小溪边看见小羊喝水，就已经起了歹心。所以"看见小羊在那边喝水"这句话应该是寓意性内在语，他的弦外之音是"小羊可逃不了，我今天一定要吃掉你"。

接着小羊的辩解激怒了狼，"去年我还没有生下来呢。"这一句是非对立型反语内在语。它不仅在解释，但在语气上也还渗入了与语句对立的色彩是"你简直就是在胡说嘛"！

最后一句话"说着就向小羊身上扑去"应该处理为回味性内在语。给人以更多的思考。

▲（四）训练材料

仔细分析理解作品，找出作品中的内在语。

### 大山中的老师（节选）

**佚名**

老师在火场中狂奔着往返，她把十几个孩子一个一个地抱离了火场。那时的我，除了恐惧就是哭泣，当屋里就剩下我和另外一位小女孩的时候，我的哭声甚至比凶猛的火势还要嚣张。也许，也许就是这嚣张的哭声，让我占据了，最后一个生的机会。

我到现在都还记得，老师一把把我抱起来的时候对我说："孩子，别哭，老师不会丢下你的。"当老师最后一次冲进着火的茅草屋，大火呼啸着吞没了我们的学校，吞没了老师的背影，吞没了火海中最后一声哭泣。

茅草屋轰然倒塌了！我和所有活下来的孩子都惊呆了。

那个时候的我们，还不能理解生和死的距离，但是，我们都清楚地记得，那个和我在火海中手拉着手，那个我们班上最小的女同学，那个和老师同时葬身火海的小女孩，是老师唯一的女儿！

二十年过去了，每逢到了清明时节，我和当年的许多同学，都会在老师和她女儿坟前，放下一束束的山花，我会对老师说："对于过去，我永远都没有机会说抱歉或者感激了，但是，老师，我向您发誓：无论多么苦、多么难，我都不会离开这片大山，这座学校，和这群孩子。"

# 第四章　朗读外部技巧

> 学习目标

1. 正确认识朗读外部技巧，并学习掌握各种朗读外部技巧。
2. 通过学习技巧把握各种不同体裁作品的朗读方法。

## 第一节　朗读外部技巧的认识和运用

> 学习重点

掌握朗读外部技巧的运用要领，正确认识及外部技巧与内部技巧之间的关系。

### 一、朗读外部技巧的概述

朗读作为再创作，朗读技巧包括停连、重音、语气、节奏几个方面。但是朗读的高下程度并不仅仅取决于朗读技巧的把握，更重要的在于对作品的理解程度。"朗读最完善的理想范本的外部标志——声音形式，那是不会在脱离了思想感情的运动状态之后还保有强大生命力的。因此，我们在重视技巧作用的同时，不能忽略内心依据的支配作用，每一次朗读过程都毫无例外。"（张颂《朗读学》）那么，技巧应该放在什么位置上呢？这就是张颂老师所说的走"体现派"的道路，即"声情并茂"的道路。"所谓'体现派'，既承认内心依据的重要性，又承认语言技巧的重要性，既承认内心体验的决定作用，又承认外部表现的反作用。这样，才能使内容和形式、体验与表现、感情与技巧、目的与方法融会贯通、和谐一致，从而达到声情并茂的境界。"（张颂《朗读学》）对作品的深刻体会、独特感受、熟练技巧、音声魅力，这是一个内心感受理解与表达技巧的高度融合。

### 二、朗读外部技巧的运用

技巧的运用有两个阶段：第一个阶段，称之为"刻意雕琢"阶段。第二个阶段，称之为"回归自然"阶段。任何朗读者都必须经过这两个阶段。

第一阶段是技巧的学习阶段,在第一个阶段要敢于雕琢,因为不经过刻意雕琢,就不可能有回归自然的结局。在这个阶段就是无数次朗读的练习,无数作品的积累过程。在这个雕琢的过程中,就会慢慢地更善于雕琢,使雕琢不留痕迹,则就回归自然了。

第二阶段是技巧的熟练阶段,在这个阶段也不能忽略技巧的练习。在这个阶段,有一些人会自认为自己的技巧已经达到一定的水平,无需再多加练习。但既然是技巧,不经常使用,就会生硬,就不可能烂熟于心。

## 第二节 停 连

### 学习重点

掌握停顿和连接技巧的处理方法。

### 一、理论概要

停连,指的是朗读语流中声音的中断和延续。它包括两个方面的问题,停是停顿,连是连接。停与连在有声语言的表达中常常同时存在,这既是生理需要,也是心理需要。从生理上讲,一口气说完话不行,中间必须换气。从心理上讲,停连是积极主动的,是自如服从思想感情运动需要。停连是朗读者调节气息的需要,在朗读中生理需要要服从心理需要,不能因停害意、因停断情。

停顿是思想感情运动状态的继续和延伸,而不是思想感情的停止、中断和空白。恰当的停顿,能产生"此处无声胜有声"的效果。

作品的标点符号可以帮助我们了解停顿的位置和时间,但停顿和连接才是有声语言的"标点符号",这一点也要引起重视。

停连主要有区分性停连、呼应性停连、并列性停连、分合性停连、强调性停连、判断性停连、转换性停连、生理性停连、回味性停连、灵活性停连。停连通常表现在以下的朗读过程中。

(一)层次停连

划分层次的停顿能够帮助表现层次内容的划分,可以使人听出前后之间的关系。

（二）判断语句意思的停顿

朗读虽然是一字不差，但由于停顿的错误、停顿的位置不当就会产生不同的语词意思。

① 最大的一个 / 五十斤以上。

② 最大的 / 一个五十斤以上。

这里①只是说最大的那个。②表示可能好几个都有五十斤。

如果判断有误就会出现"蓝田人头 / 盖骨"这样的错误（注：蓝田人 / 头盖骨）所以表现作品内容层次停顿的划分，可以使人听出前后之间分别的关系。

（三）表现时间，事物发展的停顿

在事物的发展过程中，时间就是发展的标志，在语言的表达过程中非常有必要表达出这一过程。例如：

严闭的心幕，慢慢地拉开了，涌出 / 五年前的 / 一个印象。

（四）表现心理活动的停顿

表现心理活动的停顿是指在人的心理活动中，思考的内容不可能像角色的对话表达那么流畅，把握停顿技巧的水平高低，就能体现出思考的过程。例如：

"这笑容 / 仿佛在哪儿 / 看见过似的，什么时候，我曾 / ……"我不知不觉地 / 我便坐在窗口下想，——默默地 / 想。

这是表达一个无声的过程，表现人物的思考。

## 二、停连的一般性处理方法

（一）完成句

完成句是指一句话朗读结束了，怎么给人以结束感，要注意三点：一是话语声音停止，气息也呼出完毕；二是收音音节要处于落势，造成稳定的停顿；三是收要收住，或急收、或缓收、或强收、或弱收，都要收住，不能失去控制。

（二）未完成句

未完成句是指一句话还没有说完的时候出现了停顿或连接，这时停前停后如何收、如何起，主要有以下几种方式：

① 停前扬收　是停前的音节、词或词组有一种上行的趋势。
② 停前徐收　在停前音节稍稍拖长的时候，有一种声断气连的感觉。
③ 停后缓起　停后开头音节、词或词组，从容发声，缓缓出口。
④ 停后突起　停顿时急吸气，停后急发声、快吐字。
⑤ 停而紧连　句子中虽然是停顿，但因为情绪需要，而要紧连的时候，应该缩短标点符号的停顿时间，甚至段落之间也可以紧连。
⑥ 停而缓连　停顿之后用声音的若有若无、拉长来缓缓连接。

以上方法只是一般的方法，都是相对而言，更多情况还需要在实践中不断实践、创造，才不会使朗读变得机械、呆板。

### ▲ 三、停连示例分析

1. 示例：《一棵开花的树》

**一棵开花的树**

（台湾）席慕蓉

如何让你遇见我

在我最美丽的时刻

为这

我已在佛前求了五百年

求佛让我们结一段尘缘

佛于是把我化作一棵树

长在你必经的路旁

阳光下慎重地开满了花

朵朵都是我前世的盼望

当你走近

请你细听

那颤抖的叶是我等待的热情

而当你终于无视地走过

在你身后落了一地的

朋友啊

那不是花瓣

是我凋零的心

2. 示例分析

席慕容的作品《一棵开花的树》把一位少女的怀春之心表现得情真意切，震撼人心。诗之灵魂在于情，情真意切才有诗。诗一开篇，"如何让你∧遇见我　在我最美丽的时刻"，在"遇见我"之前作一个强调性停顿，将美好的爱情之心描绘得细致入微而又淋漓尽致，却又没有一丝一毫的矫揉造作，是少女心之真之诚的自然流露。

"我已在佛前∧求了五百年⌒求他让我们结一段尘缘"，第一个停顿仍是个强调性停连。"五百年"和"求他"之间要采取停而紧连的方法，表现出少女急迫的心情。虽然爱情是缘分，爱一个人与不爱一个人，是感觉，是无法选择的，任何的努力都是刻意勉强，是徒劳白费，然而，茫茫人海中，又有多少人排着队，拿着爱的号码牌，向左向右向前看，爱要拐几个弯才来？我等的人，他在多远的未来？"佛∧于是把我化作一棵树　长在你必经的路旁"，这里运用强调性停连，突出我的努力感动了"佛"。"阳光下∧慎重地∧开满了花∧朵朵都是我前世的盼望"作了三处停顿，表现出少女的爱真诚而庄重。如果说，"缘"在天意，那么，"份"在人为。诗中女子，在意中人"必经的路旁""慎重地开满了花"，是积极成就与其意中人"份"的举动。

"当你走近⌒请你细听"，这里使用停而紧连的方法。"那颤抖的叶∧是我等待的热情"表现少女热切的等待。之后有一个较长的停顿，而此时的停顿不是思想的停顿，只是声音的停顿。情绪从热切转换成彻底的失落，因为少女热切的等待只等到了"而当你∧终于∧无视地走过"。两处停顿把少女痛苦而低落的心情表现得淋漓尽致。

"在你身后落了一地的／朋友啊⌒那不是花瓣／是我∧凋零的∧心"，这里的紧连表现少女的激愤，而后的两个停顿则表现少女无比凄凉的心情。情之无悔，生之无憾，其情之真，意之切，追求之心之执着，催人泪下。

## 四、训练材料

1. 请按照停连提示朗读下列长句。

这是虽在北方的风雪的压迫下∧却保持着倔强挺立的一种树！

作品1号《白杨礼赞》

美国的送报员∧总是把报纸∧从花园篱笆的一个特制的管子里塞进来。

作品4号《达瑞的故事》

我们那条胡同的左邻右舍的孩子们放的风筝∧几乎都是叔叔编扎的。

作品9号《风筝畅想曲》

爸爸等于给我一个谜语，这谜语∧比课本上的"日历挂在墙壁，一天撕去一页，使我心里着急"∧和"一寸光阴一寸金,寸金难买寸光阴"还让我感到可怕；也比作文本上的"光阴似箭，日月如梭"∧更让我觉得有一种说不出的滋味。

作品 14 号《和时间赛跑》

一连串的问题，使我这个∧有生以来头一次在众目睽睽之下∧让别人擦鞋的异乡人，从近乎狼狈的窘态中∧解脱出来。我们像朋友一样聊起天儿来……

作品 21 号《捐诚》

森林∧维护地球生态环境的这种"能吞能吐"的特殊功能∧是其他任何物体∧都不能取代的。

作品 31 号《"能吞能吐"的森林》

然而，恰恰是这座不留姓名的坟墓，比所有挖空心思∧用大理石和奢华装饰建造的坟墓∧更扣人心弦。

作品 35 号《世间最美的坟墓》

身陷苦难∧却仍为荷花的盛开∧欣喜赞叹不已，这是一种趋于澄明的境界，一种旷达洒脱的胸襟，一种面临磨难∧坦荡从容的气度，一种对生活童子般的热爱∧和对美好事物无限向往的生命情感。

作品 37 号《态度创造快乐》

育才小学校长陶行知∧在校园看到学生王友∧用泥块砸自己班上的同学，陶行知当即喝止了他，并令他放学后到校长室去。

作品 39 号《陶行知的"四块糖果"》

然而有一天，我发现∧母亲正仔细地用一小块碎面包∧擦那给我煎牛排用的油锅。我明白了∧她称自己为素食者的∧真正原因。

作品 42 号《我的母亲独一无二》

著名教育家班杰明∧曾经接到一个青年人的求救电话，并与那个向往成功、渴望指点的青年人∧约好了见面的时间和地点。

作品 50 号《一分钟》

可是，没等青年人∧把满腹的有关人生和事业的疑难问题∧向班杰明讲出来，班杰明就非常客气地说道："干杯！你可以走了。"

作品 50 号《一分钟》

"晚食以当肉"，意思是∧人应该用已饥方食、未饱先止∧代替对美味佳肴的贪吃无厌。

人活着，最要紧的是∧寻觅到那片代表着生命绿色∧和人类希望的丛林，然后选一高高的枝头∧站在好里观览人生，消化痛苦，孕育歌声，愉悦世界！

作品 54 号《赠你四味长寿药》

作品 55 号《站在历史的枝头微笑》

▲2.作品停连练习：《三个人一双眼睛》

## 三个人一双眼睛

华夏

星期日。百货大楼。熙熙攘攘。

从楼上并排走下三个人。中间是一个漂亮男孩子，约莫有八九岁。他左手牵着爸爸，右手牵着妈妈。

爸爸和妈妈是两个盲人。

很小心很慢地踩着一阶一阶的楼梯。所有目睹的人立刻停止了脚步，闪开一条路。喧闹声像绷断了弦的琴。一步、二步、三步……那男孩的眸子多明亮啊，漆黑漆黑的。他们一边走，一边说着，还有笑在三张脸上流。

渐渐地，远了。

三个人一双眼睛。

而我，两只脚却像生了根，纹丝不动了许久。思绪的羽翼却飞向了辽远。不知过了多长时间，我才像从酣睡中惊醒，身躯抖动了一下，呼吸也振颤了。

三个人一双眼睛。还有笑在脸上流。

我不知为了什么，竟跑下楼，去追赶他们。我想更确切地看清他们的长相。我想望望小男孩的眼睛，摸摸他的头，再捧起他的闪着炽炽光彩的小脸，还想和他爸爸妈妈握握手。我要寻问他们关于这个世界，关于生活中的很多问题。

三个人一双眼睛。还有笑在脸上流。

我跑到街中央，车流和人流淹没了那三个人。我惘然若失。

我突然觉得天空从来没有像现在这样蓝过，生活从来没有这样美好过。新鲜的阳光在这个世界上流着，正如新鲜的笑在三张脸上流着。

哦，我为什么竟哭了！

## 第三节 重音

### 学习重点

> 了解重音的作用，并掌握重音的不同处理方式。

**一、重音概念**

在语言的表达中不是每个词的轻重、快慢、高低都是一样的，有的重要些，有的次要些，有多重层次。朗读中，要着重强调以便突出地、明晰地表达出具体的语言目的和具体的思想感情。那些被着重强调的词或词组，就是重音。比如："今天是我的生日"，其中"生日"就是重音。

在表现一个句子的整体状态时，语句的重音往往落在一句话的最后一个字上。但是同样一个句子。句中重音的位置不同，就会表现出不同的语句含义。

示例：我手里拿着一本书……谁？

我手里拿着一本书……部位？

我手里拿着一本书……方式？

我手里拿着一本书……数？

我手里拿着一本书……量？

我手里拿着一本书……拿什么？

原话一个字没变，但由于重音落在不同位置，句子的意思已经有质的不同。由此看来，重音是体现句子核心意思的词或词组。

**二、确定重音**

（一）确定重音的方法

在判断重音的过程中，我们要根据作品的上下文来确定句子的含义，确认重音，以准确地表达。总的原则就是在语句中确认最能表达说话目的的词语，如陈述事实的主要词语，主要的说明、修饰词语，表示判断的关键词，主要的数量词。刚开始应注意在两三句中寻找重音，而不要总是只局限在一句话中。明确了主要重音，其他的词语轻重可以顺其自然。

### （二）重音的表现方法

重音的表现形式一般有"加重""放轻""提高""降低"，通常也称之为强弱法、快慢法、虚实法。在重音处理时一定注意：重音是突出和强调的作用，是气息的加强，不要单纯理解为声音的提高。也就是说，需要强调的重音应该是在前后较低较轻较弱的环境中突出，而不是在高调门之上的更高的调门。

### （三）常用重音的分类

**1. 并列重音**

例如：春风在唱歌，泉水在唱歌，小鸟在唱歌，小姑娘也在唱歌。

这其中并列的几个"歌唱"应为重音。

**2. 对比重音**

例如：妙的是，每个打电话的人，反应全一样——先是怒气冲冲地责问，然后满口道歉，最后笑容满面地挂上电话。

这其中对比的"怒气冲冲""笑容满面"应为重音。

**3. 强调重音**

例如：我们不愿让那些贫苦的孩子感到他们是在接受救济，因为施舍的最高原则是保持受施者的尊严。

这其中强调的"救济""尊严"应为重音。

**4. 呼应重音**

例如：父亲说："你们爱吃花生吗？"我们争着答应"爱。"

这其中呼应的"花生""爱"应为重音。

**5. 反义重音**

例如：爸听了便叫嚷道："你以为这是什么车？旅游车？"

这其中反义的"旅游车"是重音。

重音还有递进性重音、转折性重音、拟声性重音、肯定性重音、比喻性重音。

## ▲ 三、重音示例分析：《壁虎的爱情》

这是发生在<u>日本</u>的一个<u>真实的故事</u>。

有人为装修家里拆开了<u>墙壁</u>。日本式住宅的墙壁是<u>中间架了木板后，两边批挡泥土，里面是空的</u>。

他拆墙壁的时候，发现<u>一只壁虎困在那里</u>。一根从外面钉到里面的<u>钉子钉住了那只壁虎的尾巴</u>。那主人觉得又可怜又好奇，<u>仔细看那根钉子</u>，他很<u>惊讶</u>，因为那是<u>10年前盖那栋房子时钉的</u>。到底<u>怎么回事</u>？那只壁虎竟困在墙壁里<u>整整活了10年</u>！在黑暗的墙壁里生活10年，<u>真不简单</u>！

尾巴被钉住了，<u>一步也走不动</u>的那只壁虎到底<u>吃了什么活了10年</u>？

那主人暂时<u>停止了工程</u>。"<u>它到底吃什么</u>？"

过了不久，不知从哪里<u>又爬来一只壁虎</u>，<u>嘴里含着食物</u>……呵，<u>爱情</u>！那无比高尚的<u>爱情</u>！为了被钉住尾巴不能走动的壁虎，另一只壁虎<u>这10年里一直在喂它</u>。

那只壁虎是母亲或父亲，夫妻或兄弟，我们<u>不知道</u>，<u>也不一定要知道</u>。

我听到<u>这件事</u>，深深地被那<u>爱情的力量所感动</u>！

作品通过两只壁虎之间坚持十年喂食的故事，歌颂了壁虎爱情力量的伟大。动物之间尚且如此，那人类之间的爱情又将如何？！

## 四、训练材料

1. 句子重音练习

① 美——创造与奋进的标志，外表与灵魂的结合。像春蚕，吐丝到死丝方尽，像冬梅，零落依旧香如故。

② 爱美，才能珍惜人生，爱美，就是热爱生活。

③ 船，在前进，岸，在后移。

④ 没有一片绿叶，没有一缕炊烟，没有一粒泥土，没有一丝花香，只有水的世界，云的海洋。

⑤ 人类给它以生命，它毫不悭吝地把自己的艺术青春奉献给了哺育它的人。

⑥ 纽约的冬天常有大风雪，扑面的雪花不但令人难以睁开眼睛，甚至呼吸都会吸入冰冷的雪花。

⑦ 可能有人不欣赏花，但决不会有人欣赏落在自己面前的炮弹。

▲2. 作品重音练习：《请把我埋得浅一点》

"二战"时期，有一个天真、活泼的小女孩和她的母亲一起被关在纳粹集中营里。一天，她的母亲被纳粹士兵带走了，再也没有回到她的身边。小女孩问大人她的妈妈哪里去了，大人们就对小女孩说，妈妈去寻找你的爸爸了，不久就会回来的。小女孩相信了，她不再哭泣和询问，而是唱起妈妈教给她的许多儿歌，一首接一首地唱着，像轻风一样在阴沉的集中营中吹拂。她还不时爬上囚室的小窗,向外张望着,希望看到妈妈从外面走过来。

小女孩没有等到妈妈回来,就在第二天清晨,纳粹士兵用刺刀驱赶着数万名犹太人,他们将一起被活埋。人们一个接一个地被纳粹士兵残酷地推下深坑,当一个纳粹士兵走到小女孩跟前,伸手要将她推进深坑中去的时候,小女孩睁大漂亮的眼睛对纳粹士兵说:"请你把我埋得浅一点好吗?要不,等我妈妈来找我的时候,就找不到了。"纳粹士兵伸出的手僵在了那里,刑场上顿时响起一片抽泣声,接着是一阵愤怒的呼喊……

人们最后谁也没能逃出纳粹的魔掌。但小女孩纯真无邪的话语却撞痛了人们的心,让人们在死亡之前找回了人性的尊严和力量。暴力真的能摧毁一切?不,在天真无邪的爱和人性面前,暴力让暴力者看到了自己的丑恶和渺小。刽子手们在这颗爱的童心面前颤抖着,因为他们也看到了自己的结局。

## 第四节 语 气

### 学习重点

了解语气的内涵,并掌握语气的多种变化与技巧。

### 一、语气

语气,是指在某种思想感情支配下的具体语句的声音形式。同一句话说话的人由于语句目的不同,说话的对象不同,语句的声音形式也会随之不同。所以,朗读者要要确定一句话的语气,必须理解语义掌握好语句的感情色彩,清楚爱恨、是非、悲痛、喜悦、焦虑、愤怒、恐惧、质疑、冷淡等具体的态度和感情的具体性质。各种态度情感形之于声时,具体的感情色彩就在语气中丰富多彩地表现出来了。

### 二、语气的色彩和分量

语气的色彩和分量是语句的灵魂。语气的色彩和分量,是指语句包含的是非爱憎等。语气的色彩是语句内在的具体思想感情的积极运动的线路,这种显露当然就在声音气息的变化上。

爱的感情通常是"气徐声柔"，憎的感情通常是"气足声硬"；悲的感情通常是"气沉声缓"，喜的感情通常是"气满声高"；惧的感情通常是"气提声凝"，欲的感情通常是"气多声放"；急的感情通常是"气短声促"，冷的感情通常是"气少声平"；怒的感情通常是"气粗声重"，疑的感情通常是"气细声粘"。语气色彩绝不会是单一的，以上这些感情，在朗读中经常重叠交织在一起，但是有主次之分，即以某种感情为主，另一种感情为辅。

语气的分量是只要显示出是非、爱憎不同程度的区别，也就是分寸和"度"的问题。语气的分量存在着"过"与"不及"的问题，这就需要对作品细心体味。感受的深浅直接影响语气的分量。

### 三、确定语气

怎样确定语气呢？首先应该仔细分析、体会作品的思想感情。现时生活中人们的语调是丰富而多样化的，因此语调也是千变万化的，朗读中不能机械套用。以下是常见的一些语气类型。

① 爱的语气：我崇敬那只小小的、英勇的鸟儿，我崇敬它那种爱的冲动和力量。

② 悲的语气："外祖母永远不会回来了""什么是永远不会回来呢？"

③ 惧的语气：老麻雀浑身倒竖着羽毛，惊恐万状，发出绝望凄惨的叫声……

④ 急的语气：像只无头的苍蝇，我到处乱钻，衣裤上挂满了芒刺。

⑤ 怒的语气：父亲发怒了："如果你只是要借钱去买毫无意义的玩具的话，给我回到你的房间睡觉去。好好想想为什么你会那么自私。"

除了以上语气之外还有陈述、疑问、命令、肯定、赞美、悲伤、高兴、疑惑、恐吓、怜爱、冷漠、亲切等，在朗读时具体体会。

另外，学术界中也有把语气分为"平、升、曲、降"四种基本调式。

平调，常用来表示严肃、庄重、思索、踌躇、冷淡、厌恶等语气。

升调，常用来表示反问、疑问、惊异、兴奋、号召、鼓动。

曲调，常用来表示嘲讽、反语、暗示、双关、怀疑、意外、惊奇。

降调，常用来表示肯定、坚决、自信、赞叹、请求、沉痛、惭愧。

特别应注意的是，造成语气变化的关键是呼吸的变化，呼吸的变化来源于真实的情感变化。

## ▲ 四、语气示例分析

1. 示例：《触摸春天》

**触摸春天**

吴玉楼

邻居的小孩安静，是个盲童。

春天来了，小区的绿地上花繁叶茂。桃花开了，月季花开了。浓郁的花香吸引着安静。这个小女孩，整天在花香中流连。

早晨，我在绿地里面的小径上做操，安静在花丛中穿梭。她走得很流畅，没有一点儿磕磕绊绊。安静在一株月季花前停下来。她慢慢地伸出双手，在花香的引导下，极其准确地伸向一朵沾着露珠的月季花。我几乎要喊出声来了，因为那朵月季花上，正停着一只花蝴蝶。

安静的手指悄然合拢，竟然拢住了那只蝴蝶，真是一个奇迹！睁着眼睛的蝴蝶被这个盲女孩神奇的灵性抓住了。蝴蝶在她的手指间扑腾，安静的脸上充满了惊讶。这是一次全新的经历，安静的心灵来到了一个她完全没有体验过的地方。

在春天的深处，安静细细地感受着春光。许久，她张开手指，蝴蝶扑闪着翅膀飞走了，安静仰起头来张望。此刻安静的心上，一定划过一条美丽的弧线！蝴蝶在她八岁的人生划过一道极其优美的曲线，述说着飞翔的概念。

我没有惊动安静，谁都有生活的权利，谁都可以创造一个属于自己的缤纷世界。在这个清香袅袅的早晨，安静告诉我这样的道理。

2. 示例分析

《触摸春天》是一篇简短的抒情散文，真切描写了一个盲童安静在花丛中用手、用心灵来感受美好春天的故事，表达了她热爱生活，珍爱生命的强烈追求。作品基调细腻、清新、舒缓。通过下表内容，感受文章中语气的细腻变化。

| 作品《触摸春天》 | 语气处理 |
| --- | --- |
| 邻居的小孩安静，是个盲童。 | 第一句话的后半部分语气显出惋惜、同情。 |
| 春天来了，小区的绿地上花繁叶茂。桃花开了，月季花开了。浓郁的花香吸引着安静。这个小女孩，整天在花香中流连。 | 第二段整体显出欢快的语气，表现春天给人们带来的快乐。 |

| | |
|---|---|
| 　　早晨，我在绿地里面的小径上做操，安静在花丛中穿梭。她走得很流畅，没有一点儿磕磕绊绊。安静在一株月季花前停下来。她慢慢地伸出双手，在花香的引导下，极其准确地伸向一朵沾着露珠的月季花。我几乎要喊出声来了，因为那朵月季花上，正停着一只花蝴蝶。 | 　　第三段中的前两句语气平实。第三句不知安静停在月季花前要做什么，所以，语气有些疑惑。第四句语速稍慢突出动词，用略微吃惊的语气处理"极其准确地伸向一朵沾着露珠的月季花"这句话。最后一句话要用惊讶且紧张的语气处理。 |
| 　　安静的手指悄然合拢，竟然拢住了那只蝴蝶，真是一个奇迹！睁着眼睛的蝴蝶被这个盲女孩神奇的灵性抓住了。蝴蝶在她的手指间扑腾，安静的脸上充满了惊讶。这是一次全新的经历，安静的心灵来到了一个她完全没有体验过的地方。 | 　　第四段的第一句要用惊诧、不可思议的语气来处理。第二、三、四句的语气则是无限感慨。 |
| 　　在春天的深处,安静细细地感受着春光。许久,她张开手指，蝴蝶扑闪着翅膀飞走了，安静仰起头来张望。此刻安静的心上，一定划过一条美丽的弧线！蝴蝶在她八岁的人生划过一道极其优美的曲线，述说着飞翔的概念。 | 　　第五段整体的语气是无限美好的感情。 |
| 　　我没有惊动安静，谁都有生活的权利，谁都可以创造一个属于自己的缤纷世界。在这个清香袅袅的早晨，安静告诉我这样的道理。 | 　　最后一段主要的语气是对安静的赞美，以及自身的感动。 |

▲ 课后练习

朗读练习下面两篇作品，注意不同的语气色彩和分量。

1. 诗歌《字典公公家里的争吵》

字典公公家里吵吵闹闹。

吵个不停的原来是标点符号。

看，它们的眼睛瞪得多大，

听，它们的嗓门提得多高。

感叹号拄着拐杖，

小问号竖起耳朵，

调皮的小逗号急得蹦蹦跳。

首先发言的是感叹号，

它的嗓门像铜鼓敲：
"伙伴们，我的感情最强烈，
文章里谁也没有我重要！"
感叹号的话招来一阵嘲笑，
顶不服气的是小问号：
"哼，要是没有我来发问，
怎么能引起读者的思考？"
小逗号说话头头是道，
它和顿号一起反驳小问号：
"要是我们不把句子点开，
文章就会像一根长长的面条。"
学问深的要算省略号，
它的话总是那么深奥：
"要讲我的作用么……
哦，不说大家也知道。"
水平高的要算句号，
它总爱留在后头作总结报告：
"只有我才是文章的主角，
没有我，话就说得没完没了。"
大家争得不可开交，
字典公公把意见发表：
"孩子们，你们都很重要，
少一个，我们的文章就没这样美妙。"
"滴水汇成了长江，
碎石堆成了海岛，
大家不要把个人作用片面强调。
任何时候都不要骄傲！"
小朋友，你听了字典公公家里的争吵，
心里想的啥，能不能让我知道？

2. 作品《打翻的鱼缸》
三年级的教室里，同学们正在紧张地进行考试。教室最后一排，一个小男孩的脸一阵红一阵白,这并不是因为试题太难,而是他太想上厕所。小男孩憋得满头大汗。忽然,最尴尬的事发生了,他尿裤子了。幸好同学们都在埋头苦干,没有人发现小男孩的异常。

细心的老师发现了小男孩的焦躁不安。他轻轻地走到小男孩身边,立刻就明白了一切。老师不动声色地来到窗边,端着窗台上的金鱼缸走过来,经过小男孩身边时,他"一不小心"打翻了鱼缸,小男孩身上溅满了水。老师连忙向男孩道歉,并示意其他同学继续考试。接着,他领着小男孩,来到自己的办公室,擦干男孩身上的水,并给他一条干净的裤子让男孩换上。

小男孩回到教室的时候,穿着一条极不合身的裤子,皮带都系在了胸口上,看上去滑稽极了,但是没有一个同学嘲笑他,而是对他报以友善和同情的眼神。男孩心里充满了对老师的感激。

考试结束了,小男孩走到老师身边,他怯生生地对老师说:"谢谢您,老师。"老师拍拍男孩的头,微笑着说:"不要紧,我小时候也弄湿过裤子。"

## 第五节 节 奏

**学习重点**

理解节奏的内涵,并掌握节奏的多种变化。

### 一、节奏的定义

节奏是指交替出现的有规律的强弱、长短的现象。这种运动状态体现在外部语言的表达上,一些文章节奏深沉,一些文章节奏舒缓,一些文章的某一部分要读得急切紧张,一些文章的某一部分应表达得含蓄内敛。

### 二、节奏的类型

节奏类型主要针对全篇而言,注重整体感,与基调紧密配合,统领全文。快慢、强弱的变化一般会受到节奏类型的制约。节奏常见的六种类型如下。

① 高亢型:语势逐步向上推进,声音明亮、高亢、激烈。速度较快、力量强。如,作品《白杨礼赞》。

②紧张型：气急、音短、急促、紧张。速度偏快、力量较弱。如，作品《打猎归来》。

③轻快型：活泼、欢畅、多扬少抑。速度偏快、力度适中。如，作品《珍珠鸟》。

④低沉型：多抑少扬，语速缓慢、偏暗、偏沉。速度偏慢、力量较弱。如，作品《小河》。

⑤凝重型：多抑少扬、多重少轻、多实少虚，声音沉着、坚实有力。速度适中、力量较强。如，作品《我的母亲独一无二》。

⑥舒缓型：舒展自如、气长而稳。速度偏慢、力量适中。如，作品《济南的冬天》。

## 三、节奏的变化

在朗读文章时，虽然受节奏型的调控，但一个作品不可能只有一种节奏、只用一种速度、只用一种力度，节奏应相互转换，即快与慢、抑与扬、轻与重、虚与实，互相交叉，互相作用，形成具体作品的各具特色的节奏转换。同时各具特色的节奏又不能脱离文章的总体节奏，而是要为总体节奏服务。朗读者应该对文章的层层节奏变化心里有数，在各个阶段制造不同的节奏，或张或弛，或急或稳，推动一轮一轮节奏的波澜。

## 四、节奏示例分析

▲1. 示例：《笑》

### 笑
#### 冰心

雨声渐渐地住了，窗帘后隐隐地透进清光来。推开窗户一看，呀！凉云散了，树叶上的残滴，映着月儿，好似萤光千点，闪闪烁烁地动着。——真没想到苦雨孤灯之后，会有这么一幅清美的图画！凭窗站了一会微微的觉得凉意侵人。转过身来，忽然眼花缭乱，屋子里的别的东西，都隐在光云里；一片幽辉，只浸着墙上画中的安琪儿。——这白衣的安琪儿，抱着花儿，扬着翅儿，向着我微微笑。

"这笑容仿佛在哪儿看见过似的，什么时候，我曾……"我不知不觉地便坐在窗口下想，——默默地想。

严闭的心幕，慢慢地拉开了，涌出五年前的一个印象。——一条很长的古道。驴脚下的泥，兀自滑滑的。田沟里的水，潺潺地流着。近村的绿树，都笼在湿烟里。弓儿似的新月，挂在树梢。一边走着，似乎道旁有一个孩子，抱着一堆灿白的东西。驴儿过去了，无意中回头一看。——他抱着花儿，赤着脚，向着我微微笑。

"这笑容又仿佛是哪儿看见过似的！"我仍是想——默默地想。

又现出一重心幕来，也慢慢地拉开了，涌出十年前的一个印象。——茅檐下的雨水，一滴一滴地落到衣上来。土阶边的水泡儿，泛来泛去地乱转。门前的麦陇和葡萄架子，都灌得新黄嫩绿的非常艳丽。——一会儿好容易雨晴了，连忙走下坡儿去。迎头看见月儿从海上来了，猛然记得有件东西忘下了，站住了，回过头来。这茅屋里的老妇人——她倚着门，抱着花儿，向着我微微地笑。

这同样微妙的神情，好似游丝一般，飘飘漾漾地合了拢来，绾在一起。这时心下光明澄静，如登仙界，如归故乡。眼前浮现的三个笑容，一时溶化在爱的调和里看不分明了。

2. 示例分析

这是冰心早期的一篇抒情散文。这篇散文里，她把古道旁"抱着花，赤着脚儿，向着我微微笑"的小孩子，乡间茅舍里"倚着门，抱着花，向着我微微笑"的老妇人，同"抱着花，扬着翅儿，向着我微微笑"的安琪儿一起"融化在爱的调和里"深情地歌颂母爱。她把荒野中的小孩子和乡间茅舍里的老妇人都看成了天使。结构上一唱三叹，反复吟咏，集中地写了"笑"表现了"爱"。这是全文的背景，基调是舒缓，真挚、轻柔构成自然下行的抑转扬，舒缓的节奏得以成型，语气应是气徐声柔，气多声放。

## ▲ 五、训练材料

朗读下列作品，把握作品总体节奏与层次节奏的配合。

### 小站歌声

佚名

子夜时分，山村小站昏暗静谧，苗兰老师提着行李来到站台。像触电般浑身颤抖起来。

她本想趁着夜深人静时悄悄离开山村，没想到全班四十多个孩子都站在那里为她送行，站牌下有一篓山核桃，篓把上贴着个红双喜，那是山里人祝贺新婚的礼节。

三天前，她去了一趟省城，回到山村她对孩子们说，她要和远在千里的男朋友举行婚礼，婚后将在那里定居了。

孩子们舍不得她，却没有张口将她挽留，只将一串串难舍难离的泪水洒下。

远处传来列车长鸣声。四十多个孩子含着泪水像一棵棵被雨水浇伤的禾苗一样凄悲地立着。班长说："咱们为苗老师唱一首《好人一生平安》吧！"

"有过多少往事／仿佛都在昨天／有过多少朋友／仿佛还在今天／也曾心意沉沉／相逢

是苦是甜 / 如今举杯祝愿 / 好人一生平安。"

歌声在夜空中响起，这歌声低沉悲哀，这是孩子们真诚的祝愿。

列车徐徐开动了，孩子们像一阵旋风似的跑着唱着："好人一生平安！"

歌声，像让泪水滤过一样。

车上的苗老师失声痛哭。

这些孩子怎知道她不是去结婚，三天前她去省城体检。她患了白血病，在人生的旅途上，她只有半年的时间了。

## 地球万岁（节选）

薛卫民

一

在浩瀚无边的宇宙，
有一个美丽的地球。
它是人类的家园，
它是太阳和月亮的朋友。
所有的日子，
都在地球上印下痕迹；
所有消逝的事物，
都在地球的记忆中存留；
哪怕仅是一个普通的春秋，
哪怕仅是一个小小的追求。
所有的儿童，
都是爸爸妈妈的孩子，
所有的爸爸妈妈，
都是地球的孩子；
不管你是总统还是百姓，
不管你是贫穷还是富有。
太阳是大家的，
月亮是大家的，
地球每时每刻都自转着——
哪里的白天都不会永驻，

哪里的黑夜都不能持久；
地球上的每一个人，
都有权分享
阳光的明媚，
月光的温柔。
海洋是大家的，
陆地是大家的，
地球把海洋和陆地，
送给白皮肤的欧洲、北美洲，
也送给黄皮肤的亚洲，
黑皮肤的非洲，和棕色皮肤的大洋洲、南美洲。
森林是大家的，
草原是大家的，
荒凉的戈壁和沙漠也是大家的。
地球教导我们：
珍惜生存的家园，
学会利用和保护。
不要贪婪地索取，
不要奢靡地享受。

二
地球把它的一切都给了我们，
它从来不懂得自私和吝啬，
总是倾其所有。
可是人类，
曾经和正在做着多少惭愧的事情：
在共同的家园里厮杀，
为野心和贪欲去争斗，
用刀枪去撕裂土地，
让马蹄去践踏丰收，
硝烟窒息儿童的歌声，鲜血染红清澈的河流……

还有：
无休止地砍伐森林，
让遥远处的绿叶都为之颤抖；
还有：
把动物摆上贪吃者的餐桌，
残忍地捕杀人类的朋友；
还有：
无节制地侵占植物的领地，
坐视一个个物种灭绝；
还有、还有、还有……

三
让拥抱陆地的海洋，
永远不失蓝色的梦幻吧！
就像清纯的童话，
充满善良的追求；
美人鱼的歌声，
在季风中飘荡，
岸边的橄榄树，
向过往的船只招手……
隔海相望的陆地，
都伸出友谊之手，
相视一笑，泯灭旧日的怨仇。
没有掠夺者的咆哮，
也没有反抗者的怒吼。
人们彼此互赠的礼物，
是平等、自由。
人人都懂得和学会了爱——
珍惜每一棵花草树木，
每一把泥土，
每一条江河溪流，

每一声小鸟的啁啾；
春天赶着绿色，
涌向所有的草原和牧场，
涌向奉献乳汁的奶牛；
秋天带着成熟，
走向所有洒过汗水的田野，
庄稼结出丰硕的果实，
葡萄滴下甘醇的美酒……
为了这美好的一切，
我们今天能够拥有，
子孙万代还能继续拥有，
人类的千百种语言，
凝成一句不用翻译的话：
地球——万岁！
万岁——地球！

# 第五章　幼儿文学作品朗读

**学习目标**

了解幼儿文学作品朗读的选材特点，以及幼儿文学作品与成人作品朗读的共同点与差异，准确把握幼儿文学作品朗读技巧处理方式。

幼儿文学作品在陪伴幼儿成长中，给幼儿打下了成长的"精神的底子"。幼儿年龄特点决定了幼儿文学与幼儿之间的传递的重要性，即对于不识字的幼儿而言，幼儿文学的媒介材料不是文字，而是声音。金波先生曾指出："通过声音（朗读），给幼儿创造一个'想象的空间'。幼儿借助于语言的想象功能，进行'再创造'，便培养了他艺术欣赏的主动性、能动性。"（金波《幼儿的文学启蒙》）"朗读，是把无声书面语言转化为规范的有声语言的再创作活动。朗读有利于深入体味文字作品，有利于提高语言表达能力，有利于发挥语言的感染力，同时也是一种高尚的精神享受。"（张颂《朗读学》）

幼儿教师和幼儿家长承担着传递者的重要角色。幼儿教师不仅是主要的传递者，更承担着引领家长的职责。如何将幼儿引向幼儿文学作品，并从幼儿文学作品中感受到精彩的大千世界与温暖的人性力量。幼儿文学的突出特点，即幼儿文学是"听觉文学"。因此，一个善于运用语言来表情达意、说话具有感染力的教师，他的朗读往往能收到"寓教于乐"的良好效果。由此可见，幼儿文学作品的朗读和讲述的能力都是幼儿教师必须熟练掌握的一项基本技能。

## 第一节　幼儿文学作品朗读材料的选择

### 学习重点

> 掌握幼儿文学作品的选材要领。

幼儿文学作品是否适合朗读，可以从内容选择和语言表现方式来分析。从是否适合朗读角度划分，幼儿文学作品有这样几种类型：一是有童趣，适合朗读，即内容具儿童特质，符合儿童心理。作品的语言创作中也关注了幼儿的语言特点，运用幼儿喜爱的表达方式来表现作品内容；二是有童趣，不适合朗读，即作者在创作时，并没有考虑作品是否适合朗读或讲述，但是作者创作能够从幼儿心理和年龄特点出发；三是无童趣，也不适合朗读，这样的作品可以称之为"伪幼儿文学作品"，这样的作品是作者把幼儿看成是一个"缩小版的成人"导致的。

作为幼儿教师必须具有辨别最后一种类型的作品的能力，这样的作品不可能给幼儿带来什么益处。而对于第二类作品，我们可以调整语言表达方式来传递给幼儿。但是调整的前提是不改变作品主题，可以稍作适当的微量调整。

"幼儿文学的媒介材料不是文字，而是有确切含义的声音。因此，幼儿文学便具有了听觉艺术的一些特色：便于听，听得懂，记得住。"（金波《诉之于听觉的幼儿文学》）这段论述非常契合幼儿的语言特点，可以作为我们在选择朗读或讲述幼儿文学作品时的标准之一。幼儿文学作品是否适合朗读，可以从内容、语言、结构三方面来考察。

（一）语言上，便于听

适合朗读或讲述的幼儿文学作品要有音乐美。幼儿文学的音乐美不仅表现在韵脚上，还表现在词语的选择和句式的安排上。比如多用象声词，用音响的模拟造成一种听觉的真实感。多用短句，多用反复、排比的句式，听了给人造成一种重叠复沓，回环反复的旋律感。

动感十足也是幼儿感兴趣的重要原则，也符合幼儿心理特点。

在幼儿创作中提倡："作品写完以后，作者一定要多朗读几遍，体会一下语言的节奏感和声调，在朗读中进行修改加工。"（金波《诉之于听觉的幼儿文学》）在为幼儿选择文学作品时，也可以参照以上的建议，一定要多朗读几遍，体会一下语言的节奏感和声调，在朗读中作出判断和选择。

## （二）内容上，听得懂

"给幼儿写作，还要使他们听后能记得住，甚至能复述出来。这不单单是写作技巧问题，还有一个选材问题；如果你的作品是从孩子们生活中来的，写的是他们感兴趣的事，他们便容易记住。有趣，能吸引他们；能吸引他们，他们才容易记住。"（金波《诉之于听觉的幼儿文学》）是否有童趣，是幼儿接受文学作品的前提。

幼儿处于语言学习的初级阶段，作家创作要有一种选择和调配词汇的功能，在孩子们掌握的有限的词汇里，挑选并调配好词汇，使平平常常的口语，已经巧妙地调配在一起，不仅好懂，而且听来格外生动活泼。也就是说浅近而活泼的语言，孩子才听得懂。

## （三）结构上，记得住

这是指幼儿文学的讲述技巧，即情节的叙述的结构形式。幼儿喜欢主题单纯、情节直线发展的故事。同时内容的选材是否有童趣，以及语言是否朗朗上口、节奏明快等都会影响幼儿对一则故事是否记得住。

# 第二节 幼儿文学作品朗读要领

掌握幼儿文学作品朗读与成人作品朗读的共同点和差异。

## 一、理论概要

### （一）幼儿文学作品朗读的基本技巧

幼儿文学作品朗读与成人作品朗读技巧基本相似，要在深入分析理解幼儿文学作品内容的基础上，加深感受，产生与幼儿心灵相通的真实感情，然后通过富有感染力的声音，准确生动再现作品的思想内容，加深幼儿对作品的理解，引起幼儿的共鸣，激发幼儿情感，从而达到朗读目的。

▲1. 掌握朗读内容

首先通过阅读，了解作品说的是什么。阅读作品，是朗读准备工作重要的一步。在这一步骤中不仅要解决作品的语音问题，还要全神贯注揣摩和体味语句之间的逻辑关系，并能用简短的语句概括全文的内容。

其次理清作品脉络、结构。要把自然段归并为部分和层次,这样作品的脉络会更加清晰,人物、事件的来龙去脉就会在头脑中"活"起来,有利于声音的表达。

(1)示例:《吃核桃》

## 吃 核 桃

佚名

狐狸艾克捡到一大堆核桃,它把小狐狸们召拢过来说:"你们这些吃现成东西的小家伙们,吃吧!吃吧!长大了还不知道有没有良心呢?""啊,有良心,有良心呀!"小狐狸们随口答应着,抓起核桃就往嘴里扔。只听见咯愣、咯愣的声音,却不见谁把壳吐出来。小狐狸们咬不动核桃。

"笨蛋,看我的。"说着狐狸艾克抓起一个核桃往嘴里一扔,只听"嘎嘣"一声,他赶忙捂住嘴。"呕,爸爸也咬不动核桃哟!"小狐狸们起哄说。

"胡说,谁说我咬不动?我是舍不得吃那么快。""啊,爸爸,那你教我们吃核桃吧。""吃东西还要人家教啊,真是的!"艾克说着跑了。

老远他才把核桃吐掉,同时把硌掉的牙也吐出来了。他虽然疼得很厉害,但是却不敢哼哼,他是挺要面子的。

艾克知道水獭发明了一种吃硬东西的办法,便去向他请教。小溪边,艾克看见水獭仰面躺在浅水里,胸脯上压了一块青石板,只见水獭两只手随手从水里摸起贝壳,往青石上一磕,再把贝壳放到嘴边,"呼",贝壳肉就进口了。真比吃荔枝还容易呀!艾克想:不必请教了,把它的发明搬回家,不就可以露一手了吗!

艾克回到家里,看见小狐狸们对着一大堆核桃一筹莫展,就说:"哎呀呀呀呀,你们真是笨到家了,还是让我来教教你们吧。"说着他往地上一躺,大声喊,"搬一块青石板来!"小狐狸们真的抬了一块青石板来。"把它压在我艾克的胸脯上!"小狐狸们真的把它压在艾克的胸脯上。谁知,它们刚一松手,"刷"艾克就被压得脸色发白,说不出话来了。

要不是这时候,水獭从这路过,及时纠正了艾克的错误,艾克准没命了。

"哎呀,我说艾克仁兄,你不知道物体在水中都有浮力吗?青石板在水中压不死我,在陆地上就可以压死你呀!我的发明,你怎么好乱用呢?"

艾克从水獭的这番话中得到启示,从此才发明了用榔头敲碎核桃的办法。

(2)示例分析

故事《吃核桃》,作品通过叙述狐狸艾克教小狐狸吃核桃的有趣经过,全文可用一句话概括为:不懂装懂害人又害己。

为了有利于朗读，全文根据事情发展的经过共分为三个层次。第一层（1—4段）艾克第一次不懂装懂，教小狐狸吃核桃时，把自己的牙给咯掉了。第二层（5—7段）艾克第二次不求甚解，教小狐狸们吃核桃时，差点把自己的命给断送了。第三层（8—9段）水獭的帮助使聪明的艾克发明了用榔头敲碎核桃的办法。通过这样的分析，艾克聪明却反被聪明误的滑稽形象就被生动地展现在幼儿眼前。

2. 明确朗读目的

亚里士多德曾说过，在一切事物中，目的是最关重要的。我们说朗读目的，是指我们为什么要朗读这样内容、这样主题的这个作品。因此在确定朗读目的时，不能脱离具体的作品内容，远离作品主题思想，但也不能把作品主题思想和朗读目的完全等同起来。

朗读目的中是作者的写作意图、态度和感情与朗读者的愿望、态度和感情的结合，也是对作品评价意义与对现实指导意义的结合。

实现朗读目的要抓三个环节。一是抓住重点，包括重点部分、重点层次、重点语句、重点词或词组。重点体现目的，显示各段之间的内在联系。二是加深感受，加深感受以落实目的，所以加深感受必须沿着目的确定的方向，在作品的重点上进行。三是引发愿望，是实现朗读目的的根本。朗读者为了达到朗读的目的，自觉地、由衷地产生的非常愿意朗读、非常渴望朗读作品的心情，就是朗读愿望。

以故事《吃核桃》为例，作者通过讲述狐狸艾克教小狐狸吃核桃的滑稽可笑的经过，塑造了一个自以为是的狐狸艾克形象，并且说明了不懂装懂的严重后果。与此同时，也给孩子带来了轻松幽默的精神享受。

3. 确定朗读对象

不同的朗读对象是幼儿文学作品朗读与成人朗读技巧的根本性差异。

朗读幼儿文学作品要做到"两个有"，即有童心、有童趣。

首先有童心，是幼儿教师必须热爱幼儿，理解幼儿，真诚地对待幼儿，把幼儿当自己的朋友，想他们爱想的事，说他们爱听的话。

其次有童趣，是符合幼儿认知心理和水平的意趣、情趣和理趣。只有运用富有童趣的朗读方式，才能扣动孩子的心弦。富有童趣的声音形式，才能够真正"粘"住孩子的心。

对于幼儿而言听故事不会直奔主题。以《吃核桃》为例，故事中艾克滑稽的言行是幼儿倾听过程中的兴趣点，抓住这个点，运用夸张的声音和表情来表现，孩子们就会在欢笑中领悟了作品的主题内涵。

4. 掌握表达方法

朗读中具体的表达方法，是实现朗读目标的重要手段。朗读方法分为内部心理状态和外部表达技巧。内部心理状态是外部表达技巧的基础和前提，这里我们先讲内部心理状态，外部技巧在前面的朗读部分已经讲过，这里我们在具体幼儿文学作品的示例中进行分析。

（1）内部心理状态之一——形象感受运用

感受，在朗读中是指通过词句的概念及其运动的刺激，引起我们对客观事物的感知、体会的过程。也就是"感知与外，受之于心"的过程。朗读者要透过文字，目击其物，即要能够看到、听到、嗅到、尝到、触摸到，使作品中的情、境、物、人、事、理结合朗读者自身的经历、经验和知识储备，化作朗读者的内心视像。

比如，《吃核桃》第一自然段。

当我们读第一句话"狐狸艾克捡到一大堆核桃"，眼前不仅要出现一堆核桃，甚至眼前还要出现艾克如何捡回一大堆核桃的场面。接下来"它把小狐狸们召拢过来说：'你们这些吃现成东西的小家伙们，吃吧！吃吧！长大了还不知道有没有良心呢？''啊，有良心，有良心呀！'小狐狸们随口答应着，抓起核桃就往嘴里扔。"艾克和小狐狸之间对话的场面中，艾克和小狐狸说话的表情、动作，以及他们站的方位都会在朗读者的眼前出现，耳朵里能听见艾克话语中得意洋洋的语气语调，以及小狐狸敷衍了事的、稚气的回答声，小狐狸们迫不及待把核桃扔进嘴里的表情、动作都会出现在朗读者的眼前。

"只听见咯愣、咯愣的声音，却不见谁把壳吐出来。小狐狸们咬不动核桃。"读到这里，朗读者不仅要看见小狐狸们皱眉咬不动核桃的尴尬表情，甚至还要感觉到牙咬在核桃壳上硬硬的感觉。

（2）内部心理状态之二——内在语的运用

朗读中的内在语，是指那些朗读语言中所不便表露、不能表露或者没有表露出来和没有直接表露出来的语句关系和语句本质。要学会在朗读中运用"内在语"的力量，赋予语言一定的思想、态度和感情色彩。例如《吃核桃》中的这一段："'胡说，谁说我咬不动？我是舍不得吃那么快。''啊，爸爸，那你教我们吃核桃吧。''吃东西还要人家教啊，真是的！'艾克说着跑了。"这段对话中艾克话语的语气不仅是生气，应该还有隐含在生气的情感下面的被核桃咯疼了又不能表现出来的尴尬的内在语。否则，这段对话就会缺乏光彩，艾克不懂装懂的性格也无从表现出来。

很多人认为幼儿文学作品似乎比成人作品简单，不太注意内在语，因此导致幼儿文学作品朗读显得很单调、无味。

（3）内部心理状态之三——语气的运用

语气"从字面上理解，'语'是通过声音表现出来的'话语'，'气'是支撑声音表现出来的话语的'气息状态'"。在朗读中，语气包含两个方面的内容，既有内在思想感情的色彩和分量，又有外在的快慢、高低、强弱、虚实的声音形式。学会以情运气，以气托声，以声传情，将情、气、声三者融为一体，并能运用自如，才能增强有声语言的表现力。例如《吃核桃》中的这一段："'胡说，谁说我咬不动？我是舍不得吃那么快。''啊，爸爸，那你教我们吃核桃吧。''吃东西还要人家教啊，真是的！'艾克说着跑了。"这段对话中艾克话语的语气虽然生气，但是又因为疼痛，说话时气息在"胡说"上要很足，但是在说后面半句话时气息和声音不可能那么连贯，因为牙疼的缘故。而变化成小狐狸的语言时，气息足声音稚嫩，与艾克的语言形成对比，塑造出艾克狼狈不堪的幽默形象。

## 二、外部技巧的示例：《吃核桃》的朗读示例分析

"朗读技巧是桥，可以直通听者的心田；朗读技巧是船，可以飞速驶入听者的脑海。"（张颂《朗读学》）外部表达技巧包括语调、停连、重音、节奏。朗读技巧只有在朗读过程中不停地运用、摸索、总结、再运用、再摸索、再总结，才能达到内外合一。

| 作　品 | 分　析 | 备　注 |
| --- | --- | --- |
| 基调：幽默、欢快 | | |
| 狐狸艾克捡到一大堆核桃，它把小狐狸们召拢过来说："你们这些吃现成东西的小家伙们，吃吧！吃吧！长大了还不知道有没有良心呢？""啊，有良心，有良心呀！"小狐狸们随口答应着，抓起核桃就往嘴里扔。只听见咯愣、咯愣的声音，却不见谁把壳吐出来。小狐狸们咬不动核桃。 | 第一句话中的"一大堆核桃"是重音所在。而狐狸艾克的话语要表现出艾克得意的口吻，从而确定狐狸艾克的性格特点——自以为是。<br>"'啊，有良心，有良心呀！'小狐狸们随口答应着，抓起核桃就往嘴里扔。"语速稍快，表现出小狐狸迫不及待的语气。<br>最后两句之间的关系是问答关系。前一句有疑问语气，后一句是对于前一句的解答。 | 狐狸艾克的表情语气要夸张。<br>小狐狸与艾克的音色上要有一些区别。 |
| "笨蛋，看我的。"说着狐狸艾克抓起一个核桃往嘴里一扔，只听"嘎嘣"一声，他赶忙捂住嘴。"呕，爸爸咬不动核桃哟！"小狐狸们起哄说。<br>"胡说，谁说我咬不动？我是舍不得吃那么快。""啊，爸爸，那你教我们吃核桃吧。""吃东西还要人家教啊，真是的！"艾克说着跑了。<br>老远他才把核桃吐掉，同时把硌掉的牙也吐出来了。他虽然疼得很厉害，但是却不敢哼哼，他是挺要面子的。 | 第二自然段的第一句"笨蛋，看我的"，要显出艾克很得意的样子，反衬出他咬不动核桃的狼狈模样。第三自然段中艾克的说话声音要让人感觉嘴里含着东西的感觉，同时要刻画艾克强忍牙疼的感觉，但话语又要让人听得清楚。这时的艾克情绪复杂交织，有一种死要面子活受罪的尴尬。<br>第四自然段重点艾克是"挺要面子的"，这里自然是重音所在。 | |

| 作　品 | 分　析 | 备　注 |
|---|---|---|
| 　　艾克知道水獭发明了一种吃硬东西的办法，便去向它请教。小溪边，艾克看见水獭仰面躺在浅水里，胸脯上压了一块青石板，只见水獭两只手随手从水里摸起贝壳，往青石上一磕，再把贝壳放到嘴边，"呼"，贝壳肉就进口了。真比吃荔枝还容易呀！艾克想：不必请教了，把它的发明搬回家，不就可以露一手了吗！ | 　　第五自然段的重点在最后一句话上："艾克想：不必请教了，把它的发明搬回家，不就可以露一手了吗！"再次刻画艾克的自以为是的形象。该段的次重点在第二句话，就是水獭吃贝壳的方法。 | |
| 　　艾克回到家里，看见小狐狸们对着一大堆核桃一筹莫展，就说："哎呀，你们真是笨到家了，还是让我来教教你们吧。"说着他往地上一躺，大声喊，"搬一块青石板来！"小狐狸们真的抬了一块青石板来，"把它压在我艾克的胸脯上！"小狐狸们真的把它压在艾克的胸脯上。谁知，它们刚一松手，"刷"艾克就被压得脸色发白，说不出话来了。<br>　　要不是这时候，水獭从这路过，及时纠正了艾克的错误，艾克准没命了。 | 　　第六自然段艾克的话语要透露出自负的语气。高潮在"把它压在我艾克的胸脯上！"以及"谁知，它们刚一松手，'刷'艾克就被压得脸色发白，说不出话来了。"艾克的胸有成竹和瞬间说不出话的紧张构成反差，再次把自以为是的艾克形象生动地展示在孩子们的眼前。<br>　　第七自然与前自然段的停连要缩短时间，要紧密结合。第七段节奏要加快，表现出紧张的情绪。 | |
| 　　"哎呀，我说艾克仁兄，你不知道物体在水中都有浮力吗？青石板在水中压不死我，在陆地上就可以压死你呀！我的发明，你怎么好乱用呢？"<br>　　艾克从水獭的这番话中得到启示，从此才发明了用榔头敲碎核桃的办法。 | 　　第八、九自然段注意突出重音即可——"浮力""水中""陆地上""可以压死你""用榔头敲碎核桃的办法"，就会让孩子明白原因了。 | 水獭的声音要与叙述语言有区别。 |

▲ 课后练习

分析下面两则童话作品，并尝试朗读。

## 两只小鸡

### 俄罗斯民间故事

　　从前有一只公鸡和一只母鸡。母鸡下了一个小鸡蛋，孵出一只小黄鸡，爸爸妈妈叫它小唧唧。

　　有一天，飞来一只老鹰，把鸡妈妈叼走了。公鸡又领来了一只母鸡，名字叫咕咕。咕咕孵出了一只小黑鸡。它说："我们得给小黑鸡取个又长又美的好名儿。听说名字越长，活得也越长。"

它们给小黑鸡取名叫作"我们的小娇娇蓝眼睛绿嘴壳红冠子飞毛腿机灵的脑袋乌黑的羽毛爸爸妈妈的小宝贝"。哎呀，真是又美又长。

两只小鸡待在一块儿。小黄鸡老是干活。小黑鸡呢？谁也懒得叫它去干，因为一想到得念这么长的名字，还不如叫小唧唧痛快。

"小唧唧，去弄点儿水来！"

"小唧唧，去挖点蚯蚓来！"

"小唧唧，去捉些虫子来！"

日子长了，长名字的小黑鸡，它什么也不干了，光知道晒太阳。

有一天，一只狐狸溜进院子，抓住了小黄鸡。公鸡爸爸忙喊道："小唧唧被狐狸抓着啦！"

猪、狗和山羊一听，连忙赶来追狐狸。狐狸吓得忙把小唧唧放下跑掉了。

第二天，狐狸又来了，抓住了小黑鸡，母鸡妈妈忙喊道："我们的小娇娇蓝眼睛绿嘴壳红冠子飞毛腿机灵的脑袋乌黑的羽毛爸爸妈妈的小宝贝被狐狸抓着啦！"

还没等它把这个啰唆的长名字全说完，狐狸早已叼着小黑鸡跑掉了。

### 铁桶里的老鼠

**佚名**

一只老鼠偷东西的时候，不小心掉进一个大铁桶里，大铁桶光溜溜的，老鼠怎么也跳不出来。好几天以后，鼠儿子才找到了铁桶里的鼠妈妈。他急得直转圈，不知道怎么样才能把妈妈救出来。这时，鼠妈妈对他说："儿子，你快，快找个硬木块给我啃啃吧！"鼠儿子心想："我妈妈这准是饿了。"他就溜进厨房，偷了一块馒头，扔进铁桶里。

可是鼠妈妈不吃馒头，"我要啃硬木块，快去给我找啊！"鼠儿子心想："妈妈是嫌馒头不好吃吧。他又溜进客厅，偷来一块面包，扔给妈妈。"

"你，你这个笨孩子，我告诉你我现在什么都不能吃，我只要啃硬木块。"鼠儿子赶快去找硬木块。他找了好半天才找到，当鼠儿子叼着硬木块回来的时候，他妈妈已经死了。鼠儿子伤心地哭了起来。

听见儿子的哭声，鼠爸爸来了。鼠儿子一边抹着眼泪儿，一边向爸爸讲述刚才发生的事情。鼠爸爸听完之后，生气地打了鼠儿子一巴掌。

"哎呀，你这个笨蛋。都是你把你妈妈给害死了，你怎么不早点给你妈妈去找硬木块呢？""哎哎，为什么要找硬木块儿？""嗨，我们老鼠的门牙长得特别快，一个星期就可以长好长好长。""那该怎么办呢?""我们就得经常磨牙齿才行啊?""怎么磨呀?""我们经常啃木头之类的东西就是在磨牙齿呀!"

"妈妈,妈妈要硬木块,就是为了磨牙的呀!""当然是了!""你妈妈在水桶里什么也啃不到,门牙就越长越长,这样她怎么能吃东西呢?她就只好给饿死了!"

鼠儿子伸头朝铁桶里一看,鼠妈妈的门牙长得特别长把嘴都撑开了,难怪她死了。

## 第三节　不同幼儿文学作品的朗读

### 学习重点

掌握儿歌、幼儿诗以及幼儿散文的朗读要领。

#### ▲ 一、儿歌的朗读技巧

儿歌是幼儿最早接触、最易接受、顺口易懂的短小诗歌,是活在孩子们口头的文学,能让他们充分地感受到美和乐趣,儿歌表演更是幼儿教师在幼儿园教育教学活动中的重要内容。幼儿教师应该能够根据幼儿的情绪和思维特点,恰当运用语言和体态语技巧,音韵优美、生动形象地朗读儿歌。

1. 显韵

儿歌的押韵一般是每逢双句的最后一字的韵母相同或相近,诗行押韵的末尾字叫韵脚,朗读儿歌时要把韵脚读得突出一些,舒展一些,将儿歌的韵律强调出来。这种朗读方法叫"显韵",否则叫"跑韵"。当然显韵也不要太突兀,要掌握恰到好处的分寸。

示例

小蚱蜢

张继楼

小蚱蜢,学跳高,
一跳跳上狗尾草。
腿一弹,脚一翘,
"哪个有我跳得高?"
草一摇,摔一跤,
头上跌个大青包。

全诗押韵的韵脚是 ao 韵，朗读时可以对"高、草、翘、跤、包"等字作稍微的突出，同时用语气的变化表现出小蚱蜢从骄傲、得意，到后来摔跤后的狼狈模样的生动形象。

2. 节奏

在儿歌中，有规律地出现一定数量的音节，形成一定数量的节拍，朗读起来就形成节奏。这里的节奏主要体现在语言的快、慢断、连的变化上，通过它造成情感和情节叙述的紧、急、舒、缓。儿歌的节奏感有跳跃性，常常可以用击掌的方式反映其旋律。

示例

母鸡小鸡

佚名

母鸡说小鸡，
你这个笨东西。
我教你唱咯咯咯，
你偏要唱叽叽叽，
你实在太可气，
你实在太可气！

这首儿歌形象生动，语言活泼有趣，很受低龄儿童喜爱。朗读时可以用 4/4 拍的节奏型来表现，语气活泼跳跃，伴有明显的语气变化。同时，鲜明的节奏需要适当夸大重音、停连。如，把"笨东西""偏要唱""咯咯咯""叽叽叽"等着重突出，才能在稳定的节拍中形成明显变化。

3. 变化

根据儿歌内容作巧妙的语气词安排，增加朗读的趣味。儿歌的构思非常巧妙，在恰当的地方增加戏剧化的语气词等，可以突出儿歌的表演性，增加趣味感。

示例

绿妈妈

佚名

大青蛙，叫呱呱，
"我是一个绿妈妈。"
绿妈妈把河下，
生了一群黑娃娃。
黑娃娃，不像妈，
圆圆身子长尾巴。
长尾巴，不见啦，

长成一群小青蛙。

这首儿歌语言简洁生动,短短数语把小蝌蚪的特点交代得清清楚楚。朗读时,根据情绪变化增加语气词,既能使儿歌朗读生动活泼,又能帮助幼儿理解儿歌内容。如:绿妈妈,把河下,咦——(奇怪的语气),生了一群黑娃娃。长尾巴,不见啦?哦——(明白的语气),长成一群小青蛙。最后突出小青蛙特点,可以增加"呱——呱——呱"的拟声词。

### ▲二、幼儿诗和幼儿散文的朗读

幼儿诗比较自由,不像儿歌那样要求句与句之间的音步和节奏对称,甚至不要求押韵。幼儿诗在形式上也比较开放,可以句无定字,节无定行。在朗诵时,要在自然的语言律动中显示出内在的节奏感和音乐美。幼儿诗可分为抒情诗和叙事诗两大类。幼儿抒情诗是幼儿心灵的直接袒露,感情色彩明显。朗读幼儿抒情诗要做到字字含情,吟诵生活之美、自然之美、童心之美。幼儿叙事诗是带有浓郁的情感去写的人和事,朗读幼儿叙事诗,要能用声音塑造不同的人物,读出情节的童趣。

幼儿散文是适合幼儿听赏、朗读的散文,它可以像诗歌那样抒情写意,又可以像故事那样记人叙事,同时幼儿散文在结构和语言风格上有较大自由度,既不必像诗歌那样讲究韵律节奏,又不必像故事那样强调情节结构。朗读时在风格上接近散文自由的文体风格,如音乐的旋律,流动自如,遇到人物对白,也不必强调角色的形象生动,声音变化,只需进行适当调整即可。

在朗读幼儿诗和幼儿散文时,为了让孩子深入感受作品的语言美、意境美,同时也给朗读者营造更美的朗读氛围,提倡运用多种手段辅助朗读,如配乐朗读、配图朗读、表演朗读、分角色朗读等。配乐朗读时注意以下几点:

① 配合的乐曲基调要与朗读的诗文基调一致;

② 配乐不能喧宾夺主,音乐要起到点缀、串联、感染以及增加朗读者情绪的体验的作用;

③ 配乐既可以贯穿整个朗读过程,也可以断续于朗读过程。

示例

| 幼儿诗 |

小猪奴尼

鲁兵

有只小猪,叫作奴尼。

妈妈说:"奴尼,奴尼,瞧你多脏呀,快来洗一洗。"

奴尼说:"妈妈,妈妈。我不洗,我不要洗。"
妈妈挺生气,来追奴尼。
奴尼真顽皮,逃东又逃西。
逃哇,逃哇,扑通,掉进泥坑里。

泥坑里面尽是烂泥,
奴尼又翻跟头又打滚儿,
玩了半天才爬起。
一摇一摆回家去,
吓得妈妈打了个大喷嚏。
"阿嚏、阿——嚏!你是谁,我不认得你。"
"妈妈,妈妈,我是奴尼,我是奴尼。"
"不是,不是,你不是奴尼。"
"是的,是的,我真的是奴尼。"
"出去,出去!"妈妈发了脾气。
"再不出去,扫把扫你,畚箕畚你,当作垃圾倒了你!"

奴尼逃哇逃,逃出两里地。
路上碰见羊姐姐,穿的毛衣真美丽。
"走开,走开,别碰脏了我的新毛衣。"
路上碰见猫阿姨,带着孩子在游戏。
"走开,走开,别吓坏我的小猫咪。"
最后碰见牛婶婶,在吊井水洗大衣。
"哎呀,哎呀,哪来这么个脏东西!
快来,快来,给你冲一冲,洗一洗。"
冲啊冲,洗呀洗,井水用了一百桶,
肥皂泡泡满天飞。
洗掉烂泥,是个奴尼。

奴尼回家去,妈妈真欢喜。
"奴尼、奴尼,你几时学会自己洗?"

奴尼，奴尼，鼻子翘翘，眼睛挤挤。

"妈妈，妈妈，明天我要学会自己洗。"

这是鲁兵先生很经典的一首幼儿童话诗。全诗以轻松欢快的笔调，描写了一个不爱洗澡的小猪，因为玩泥巴，闹出了一系列笑话。最后在牛婶婶的帮助下终于消除了误会，也让小猪奴尼意识到了自己的缺点，想改过。朗读时，首先明确全诗的内容和想表达的主题，以轻松愉快的基调，带着几分俏皮的语气开始朗读。朗读中重点把握全诗小猪奴尼情绪的变化。一开始，小猪得意、顽皮，不肯听妈妈的话。到外面玩了一身泥时，这种调皮、兴奋的劲头达到顶点。结果一回到家，妈妈不认识，小猪奴尼开始还没事似的，后来妈妈真赶他走，奴尼就真着急了。奴尼逃出来，一路上的遭遇让他越来越沮丧，遇到牛婶婶，奴尼才算是又有了精神，终于洗干净回家了。结束时小猪奴尼既有洗干净回家的高兴劲儿，又有一些不好意思的情绪。除了把握朗读情绪的变化，还要刻画的就是不同的人物音色。妈妈的声音成熟、温柔，对小猪有无奈，有生气，有着急。羊姐姐、猫阿姨、牛婶婶声音也是各具特点，并表现出不同的语气。

幼儿散文

## 花的学校

〔印度〕泰戈尔

当雷云在天上轰响，六月的阵雨降落的时候，湿润的东风走过原野，在竹林中吹着口笛。

于是一群一群的花，从无人知道的地方突然跑出来，在绿草地上跳着狂欢的舞。

妈妈，我真的觉得那群花是在地下的学校上学。它们关了门在做功课。

如果它们想在散学以前出来做游戏，它们的老师是要罚它们站壁角的。

雨一来，它们便放假了。

树枝在林中互相碰触着，绿叶在狂风里飒飒地响，雷云拍着大手。

这时花孩子们便穿了紫的、黄的、白的衣裳，冲了出来。

你可知道，妈妈，它们的家是在天上，在星星住的地方。

你没看见它们是怎样急着要到那儿去么？你不知道它们为什么那样急急忙忙么？

我自然能够猜出它们是对谁扬起双臂来。它们也是有它们的妈妈的就像我有自己的妈妈一样。

在印度诗人泰戈尔的笔下，美丽的花朵变成了一个个活泼可爱、天真烂漫的孩子，在雨中的树林中舞蹈，狂欢，又像天上的星星洒落了一地。这浪漫唯美的画面，适合用明亮欢快的声音来表现。在轻快的节奏型中，转化着微妙的情绪变化。如："妈妈，我真的觉得那群花是在地下的学校上学。它们关了门在做功课。如果它们想在散学以前出来做游戏，它们的老师是要罚它们站壁角的。"罚站是孩子们最害怕的事情，不能大声喊出来，要轻轻地告诉妈妈。可是，雨一来，一切都不一样了，花儿们放假了，就像孩子们一样，欢快地，高声呼叫着蹦跶出来了。这一切是多么美好啊。在尽情地欢乐中，又深情地扑向妈妈的怀抱："我自然能够猜出它们是对谁扬起双臂来。它们也是有它们的妈妈的就像我有自己的妈妈一样。"在美好欢乐的情绪中自然流露出深情。声音随情感变化表现出高低强弱快慢张弛，是这篇散文朗读中要特别注意的关键。

## ▲ 三、训练材料

请朗读下面的作品。

儿歌

### 飞飞洗脸

佚名

飞飞爱洗脸，一洗好半天。
找来小毛巾，再寻大澡盆，
一切都找全，开始大海战。
毛巾变鲸鱼，皂盒当军舰，
左满舵，右转舷，
飞飞舰长最勇敢。
飞飞爱洗脸，越洗越惊险。

### 峰峰睡觉

高洪波

被子太薄，盖毛毯；
褥子太单，铺棉垫；
枕头太低，加加高；
台灯太亮，扭扭暗；
峰峰不睡觉，吵得人心烦。
爸爸搬来老妖婆，

白头发飘,绿眼睛圆,
长长的指甲尖又尖。
峰峰吓得蒙起头,
乖乖闭住眼,
闭住眼,不敢睁,
一睁就来老妖婆,
一夜熬过去,
床儿尿得湿蓬蓬。

## 老鼠看电视

### 佚名

小老鼠,蹲窗口,偷偷来把电视瞅。
看见鱼,看见肉,看得口水不断流。
忽然看见大花猫,吓得急忙往后溜。
往后溜,脚踩空,咚的一声摔下楼。

## 想当哥哥

### 佚名

我想当哥哥,哥哥多神气,
哥哥是大人,可以管弟弟。
给他讲故事,给他分玩具,
要是不听话,批评他几句。
可惜真可惜,我呀没弟弟,
叫来小花狗,让他当小弟。
花狗摇尾巴,花狗不乐意,
他也要当哥,让我当小弟?!

## 我给小鸡起名字

### 任溶溶

一、二、三、四、五、六、七,
妈妈买了七只鸡。
我给小鸡起名字:

小一、
　　小二、
　　　　小三、
　　　　　　小四、
　　　　　　　　小五、
　　　　　　　　　　小六、
　　　　　　　　　　　　和小七。

小鸡一下都走散，
一只东来一只西。
于是再也认不出：
谁是小七、
　　小六、
　　　　小五、
　　　　　　小四、
　　　　　　　　小三、
　　　　　　　　　　小二、
　　　　　　　　　　　　和小一。

幼儿诗

### 你别问这是为什么

刘倩倩

妈妈给我两块蛋糕，
我悄悄地留下一块，
你别问，这是为了什么？

爸爸给我穿上棉衣，
我一定不把它弄破。
你别问，这是为了什么？

哥哥给我一盒歌片,
我选出了最美丽的一页,
你别问,这是为了什么?

晚上,我把它们放在床头,
让梦儿赶快飞出我的被窝。
你别问,这是为了什么?

我要把蛋糕送给她吃,
把棉衣给她去挡风雪,
在一块儿唱那美丽的歌。

你想知道她是谁吗?
请去问一问安徒生爷爷,
她就是卖火柴的那位小姐姐。

# 第六章 态势语运用与训练

**学习目标**

了解态势语在教师职业口语中的作用，掌握态势语运用的要领，养成运用态势语的良好习惯，使口语表达更富表现力。

## 第一节 态势语的概说

**学习重点**

1. 了解态势语的内涵，态势语的主要内容。
2. 了解态势语口语交际中的作用。

### 一、什么是态势语

在人们的交往和信息传递中，有两种语言，一种是口头语，即我们所说的话语；另一种就是态势语，即说话时以身姿、手势、表情，如眉开眼笑，挥手示意，转动身子等，来帮助表达自己的思想情感，又称为体态语。口头语言是通过耳来接受的，而态势语则是通过眼睛来接受的，也称为可视语言。

态势语是口语交际活动中传递信息的重要手段。很难想象和一个人谈话时，那个人既没有一点表情，也没有丝毫动作。

### 二、态势语的作用

在人们日常生活和交往中，态势语是无处不存，无时不在，几乎所有的人都自觉与不自觉地运用着它。成功的口语交际和教育、教学活动，不仅得力于优秀的有声语言，也必须伴随着和谐得体的态势语。

英国首相丘吉尔在一次演讲中说:"我们现在的生活水平比历史任何都高,我们现在吃得很多。"讲到这里,他故意停下来,看着听众好一会儿,然后他盯着自己的大肚皮说:"这是最有力的实证。"丘吉尔的这一动作有力地强化了有声语言的信息。

教育学家斯霞给小学生讲解"颗颗稻米多饱满"后,要求学生用饱满造句,学生只会用植物造句:麦粒长得很饱满;豆荚长得很饱满……斯老师忽然走到教室门口,然后转身,胸脯微微挺了一挺,头稍扬了扬,两眼炯炯有神地问:"你们看,老师今天精神怎样?"学生异口同声"老师精神饱满"。这一系列动作明显有启发引导的效果。

在人与人面对面的沟通中,大约一半以上的信息交流,是通过身体语言实现的,由此可见,态势语有着口头语无法替代的作用,在口语交际和教师职业口语运用中也具有不可忽视的作用。

态势语的作用可概括为以下几个方面。

### (一)沟通、交流情感

如果说"言为心声",态势语则是无言的心声。面对一位卧病在床的人,你是为他(她)递上一杯水,还是为他(她)朗诵一首情诗更能够表达真情实感呢?一定是此时无声胜有声。恋爱中的人,一个眼神便能让对方感受你的心意。即将走上舞台的胆怯的孩子,教师一个坚定的眼神,一个肯定的点头,足以给孩子力量和勇气。由此可见,人们可以通过态势语表情达意,也可以通过态势语分析对方说话的内容是否表达了真情实意,达到双方沟通交流的目的。

### (二)补充、强化信息

在口语交际和教师职业口语中,说话人的身姿体态、举手投足、神情容貌,始终伴随着他的有声语言发送各种信息,通过动态的直观的形象,与有声语言协调统一,同时作用于人们的视觉和听觉,补充和强化了有声语言的信息,使有声语言变得直观具体,其表现力和感染力得到提升。这一点,在幼儿教师职业口语中尤为重要。例如,在童话故事讲述中,夸张的手势、表情增加了故事的生动性,强化了孩子对故事的感受和记忆。

### (三)调节交际气氛

有一次,美国总统林肯作为被告的辩护律师出庭,原告律师将一个简单的论据翻来覆去地陈述了两个小时,听众很不耐烦,轮到林肯上台,他一言不发,先把外套脱下来,放在桌上,然后拿起水杯喝口水,接着重新把外套穿上,然后又喝口水,再把外套脱了,喝口水,再穿上外套,喝口水……这样的动作重复了五六次,逗得听众大笑不已,这时,在笑声中他开始辩护。这一系列动作既调节了法庭气氛，引导听众的思路，又暗示了原告律师的无能、无聊，甚至可以化不利、被动的局面为有利、主动的局面。

所以，无论是交际口语还是教师职业口语，学会正确使用态势语都是相当重要的，也是作为教师应该做到的。

### 三、态势语的主要内容

态势语主要包括身姿语、服饰语、手势语、表情语。

（一）身姿语

身姿语是指人的身体姿态传递的信息，包括坐姿、站姿、走姿，这是构成口语交际中说话者和听话者整体形象的重要因素。俗话说：站如松（挺身直立）；坐如钟（正襟危坐）；行如风（步履稳健），挺立的形象是人基本气质的体现。所以，正确的坐姿、站姿、走姿体现了教师的基本素质。

（二）服饰语

服饰语是指交际场合通过服饰传递信息，它能显示人的职业、爱好、社会地位、性情、气质、文化修养、信仰、观念、生活习惯以及风俗、为人处世的方式等，它等同于一幅活广告，可以通过服饰了解一个人，也可以让你了解自己。服装的款式、色彩、质地、协调的搭配，是构成口语交际中说话者和听话者气质、职业、性格、审美品位以及心情的重要因素。正确的服饰搭配是教师的基本气质风度和审美品位的体现。

（三）手势语

手势语主要指说话者中臂、掌、指的动作。通常分为情意手势，用来表达说话者情感；指示手势，用来指名要说的人、事、方向等；象形手势，用来描摹具体的人或物的形貌；象征手势，用来表达抽象概念。

（四）表情语

表情语指面部肌肉、眉、眼、唇的变化。表情语是通过面部表情的不同变化来反映说话者的不同内心活动。微笑是面部表情的基本形式，也是教师教学中面部表情的基本要求。目光是表情语中的核心，口语交际和教师教学中需要恰当应用各种眼神。

以上几方面要协调配合，力求自然、大方、得体，才能达到好的效果。

## 第二节 态势语的运用

### 学习重点

1. 了解态势语具体运用的基本要领和原则。
2. 初步养成态势语运用的良好习惯。

### 一、身姿语

身姿语包括坐姿、站姿、走姿。

**（一）站姿**

站姿能体现一个人的整体面貌，是讲话的基本身姿之一，而且交流起来也更加的灵活丰富。

正确的站姿：头一定要放正，眼睛平视前方。肩部自然下垂，不要耸肩也不要故意压肩，应该是放松的，可以自由活动的，背要直，身要正，立稳。忌左右摇晃、两脚打颤，以免给人轻率、傲慢或慌张的感觉。

站姿主要分三种：

自然式：两脚基本平行相距与肩同宽；

前进式：两脚一前一后重心均衡分布，相距适中；

丁字步：两脚成丁字形站立。

这样站立，不仅给人端庄、踏实的感觉，还有利于语言表达，因为这样站立，将身体的重心均匀分配或放在丁字步的前脚上，比较稳，容易让小腹自然有紧绷感，易于自如地控制气息。如果把脚分得很开，或者把重心偏移到一边斜着站，都会让人觉得不雅不认真，吊儿郎当，整体会显得很懒惰，还不利于气息的运用。

站立时，不仰头或低头，不要俯视也不要仰视，俯视会让人觉得你在藐视对方，显得傲慢不平和；而仰视又会给人很卑微的感觉，缺乏自信。自然摆正的头部姿势也有利于我们的发声，如果昂头，就会使下巴不自觉地前伸，挤捏嗓子，使声音比较刺耳不圆润；如果低头，下巴会往后缩，牙关打不开，造成压嗓说话，使声音发扁发闷，卡在喉咙里出不来，字音不清楚。还会因为头部的位置不对，造成咽腔的形状改变而使声音得不到很好的共鸣，影响声音的美感。

肩部要放松，如果肩部紧张，会很容易造成气息上提，声音飘虚。胸部自然舒展，不要使劲故意地去挺胸，也不要过于含胸，只是微微有点含胸就行了。故意挺胸会让人觉得很不自然，很做作，端着架子不自如，过于含胸又会让人觉得很拘谨很自卑，没自信。而且，不管是故意挺胸还是含胸都会造成气息不通畅，使声音控制不能自如。腰部和背部要挺直，决不能驼背。腰部要立起来，不要松松塌塌的，这样会给人很没精神的感觉，一点儿不积极向上，容易显得老态。腹部有绷紧的感觉就行了，也就是说要有控制的感觉。但不是故意往里收或毫无控制地往外凸，如果这样就会给人一种很紧张、很僵硬的感觉。

站姿要注意"陌生人禁区"。这个禁区以伸直手臂，指尖刚刚触到对方臂膀距离为宜。一旦进入这个禁区，对方便会感到不舒服或不安全，甚至试图马上离开。

教师的站姿要端庄、挺直、精神饱满。忌弯腰驼背；忌从一只脚不停地换到另一只脚，前后摇动，或身体歪斜左右摇晃；忌两脚交叉站立，或脚与脚之间距离太近或太远；忌脚踩椅子。不要长时间地将双手撑在讲台上，或将身体伏在讲台上。

（二）坐姿

坐姿是讲话的基本身姿之一，能反映人的心理状态。

正确的坐姿：坐姿与站姿不同的是，站姿是将重心落在脚的前部，而坐姿是将重心落在臀部。头部、肩部、胸部、腰背部跟站姿都是一样的要求。臀部应该坐在椅子的三分之一前处（占座位的 2/3），不要坐满臀，坐满臀容易使背部挺不直，腰立不起来，使不上劲。重心落在臀部上，给人很稳的感觉。另外在背直重心稳的前提下，身体可以略微前倾，给人一种积极交流的感觉，两手掌心向下，叠放在两腿之上，脚自然着地，两膝间的距离，男子松开一拳或两拳为宜，女子则不松开为好，非正式场合，坐定后可双腿叠放或斜放，交叉叠放时，力求做到膝部以上并拢。

不同的坐姿反映不同的心态：

抬头仰身靠在座位上——倨傲不恭；

上身略前倾，头部侧向说话者——洗耳恭听；

上身后仰把脚放在桌面上——放纵失礼；

欠身侧坐椅子一角——谦恭或拘谨；

跷起二郎腿不时晃动——心不在焉；

频繁变换坐姿——不耐烦。

坐姿要端正，文雅，自然放松，面带微笑。忌把两腿直伸开去；忌跷二郎腿或坐着抖动双腿；女性忌双腿分开坐。

坐姿是个人修养和个性的体现。得体的坐姿可以塑造良好的形象。

（三）走姿

走姿的基本要求是稳健优美。

正确的走姿：行走中，对头部、肩部、胸部、腰背部的基本要求也是与站姿、坐姿要求是一致的。另外还要注意的是：双臂以肩关节为轴，上臂带动下臂协调地前后摆动。不要随意地甩手臂，或者在身体前部摆动，这样都不雅观，显得很随便。抬头挺胸，步履轻捷稳健，手臂自然摆动，不要摇摇晃晃，慌慌张张，拖拖沓沓。优美自信的走姿是平稳轻盈的，一定不能拖拖沓沓，让人觉得你没精打采。双腿—膝盖正对前方，以胯带动膝关节再带动小腿向前迈进，注意两脚行走时的距离最好只相隔5厘米，如果太近就成内八，如果隔得太远就不雅观了。腿部还要注意的一点就是，行走中，向前迈的腿的重心应该落在脚后跟，不要用前脚掌着地，这样很难使腰背直立。另外，后面的腿的膝关节内侧应该是伸展的，这样可以使后面的脚跟自然带起，显得干净利落。

行走时忌手插口袋、摇头晃脑。

教师在教室里的走姿要轻捷稳健、优雅而自信，步幅适中，频率较缓。

良好的身姿语会给学生留下深刻的印象，起到师表作用。

## 二、服饰语

服饰语是形象最直观的名片。在口语表达活动中，服饰的装扮非常重要，它无时无刻不在向人们展示自己的形象、风度、气质。服饰语有诸多构成因素，包括服装的款式、色彩、质地、协调的搭配等。

"色彩"居第一位，因为色彩具有主动吸引人的感染力，能先于其他而影响人的判断和情感。韩剧《花样男子》中，男一号和男二号的服装色彩明显地确定了二人带给观众不同的情感定位。男一号的服饰以黑色为主，领口和衬衫袖口有时会配以红色。给人的感觉是霸气十足，一副唯我独尊的派头，而红色又显示其单纯冲动的个性；男二号的服饰以灰色、米色和乳白色为主，衬托其温厚可亲的形象，一种超然的王子风范。而褐色的开司米围巾又给人温暖和安全感。所以，不同的色彩有不同的象征意义，能引起人们不同的心理反应。

（一）服饰色彩与表现的效果

黑色：庄重肃穆的颜色，通常代表着庄重、高雅、沉着、深刻，趋于稳重的气质。

白色：纯净朴实的色彩，通常代表着纯洁、雅致、朴素、明快，趋于素净、淡雅的气质。

灰色：是一种中间色，代表着中立、和气、文雅，有随和庄重之感，趋于低调随和的气质。

黑、白、灰是配色中较为安全的颜色，较容易与其他色彩搭配，灰色可以说是万能色，几乎可以和任何颜色搭配。

红色：是最能引起人们兴奋和快乐情绪的颜色，通常容易让人联想到活泼、热烈、跳跃、兴奋、喜庆，一般和活泼开朗的个性吻合，能使穿着者显现朝气、青春、活力，适合性格外露、热情、活泼者。

橙色：是一种炽热、欢乐的颜色，通常让人感到兴奋、喜悦、明朗。明亮、鲜艳的橙色使人联想到阳光、希望，让人感觉温暖，有希望、有活力，是华丽、欢乐的象征；偏灰暗的橙色显得厚重、威严，较为古典、朴素。喜欢橙色的人，性格活泼、炽热、明朗。

黄色：是一种过渡色，它对人的感官刺激作用强烈，通常容易让人联想到未来，不安定、兴奋、活跃、年轻，是代表支配和权力的颜色。鲜艳的黄色能使人显得精神焕发，清新有动力；偏灰暗的黄色有时会感觉沉闷、阴郁，有时则带有神秘感。

绿色：是一种清爽宁静的色彩，是人的视觉最能适应的颜色，通常使人联想到和平、希望、健康、安全，有生命活力，能使穿着者更显年轻、更加朝气蓬勃。偏明亮的绿色给人明快、爽朗、清凉感；偏灰暗的绿色给人平静、沉着感，使人显得成熟、老练。

蓝色：是一种比较柔和、宁静的色彩，常常让人联想到广阔的天空和海洋，让人感到高远、深邃，一般和深远、沉静、安详、清爽、冷淡、安静、理智的性格吻和。偏明亮的蓝色是年轻色彩的象征，使人联想到活力和积极向上；鲜艳的蓝色使人联想到沉着、冷静；偏灰暗的蓝色有遥远、宽广的感觉；深蓝有忧郁、孤独、寂寞的感觉。

紫色：是一种极富想象力的孤傲的颜色，它代表着华丽、高贵、优越。偏亮的紫色让人联想到古典、高雅，给人温柔、体贴、宁静、安定的感觉；鲜艳的紫色属于高贵的象征；偏灰暗的紫色代表悲伤、不幸，是消极的色彩。

色彩的选择要符合自己的肤色、体型、性格。同时，幼儿教师应选择亮丽、明快、温暖的色彩，让孩子感到积极向上、快乐、有亲和力。

(二)服饰颜色搭配的基本技巧和原则

1. 服饰颜色搭配的基本技巧

前面说到了,黑、白、灰是配色中较为安全的颜色,较容易与其他色彩搭配。但人们有一个明显的误区,认为黑色是万能色,这是不对的,灰色才是万能色,它包含了所有颜色的元素,几乎可以和任何颜色搭配。

红色常与无彩色搭配。这里的无彩色就是指黑、白、灰。红与绿的搭配,能发挥最大程度的活力与喜庆。例如中国传统节日春节,张灯结彩往往用的就是红绿搭配。服饰中往往是以某一色为主色,另一色作为点缀。红色忌与棕色、咖啡色搭配。

橙色与其他色彩搭配会表现出年轻的感觉,与黑灰搭配显得很精神,但与白色搭配则显得无力、低调。

黄色与紫色搭配让人感到视觉明亮。

蓝色适合于红黄搭配,与白色配效果最佳。蓝色装扮用红色作为点缀(手镯、项链等),可显得沉静又不失靓丽。

绿色适合搭配黑、灰、褐、灰棕色。

紫色与灰色配会很雅致。

配色没有对错,只有好和更好。虽然,每个人有自己的审美观和自己的喜好,但有一定的规律可循。

2. 服饰颜色搭配的基本原则

服装的基本配色原则是:一般而言,全身的色彩以不超过三种为宜,这不是铁定规则,但却是适用于大多数人的原则,这三种色彩的搭配比例最好是大面积的主色、局部的辅色和一点点缀色。主色是服饰气氛营造的基础,占全身色彩面积最多的颜色,占60%以上,通常是套装、大衣、长裙、长裤、衬衫、风衣等;辅色起平衡主色的冲击效果和减轻其对观看者产生的视觉疲劳度,占30%左右,通常是单件的上衣、小外套、小背心等;点缀色只占5%~10%,女性以丝巾、鞋、包、腰带、腕表等为主,还有一些小的首饰(项链、手镯、耳环、戒指、脚链、胸针),起画龙点睛的作用;男性配饰主要是领带、腕表、皮夹、公文包。

(1)统一原则

指全身着装颜色相同或相似或属同一色系。例如:浅蓝色T恤搭蓝色牛仔裤;米色上衣搭深褐色裙子。这种搭配法效果柔和、不易出错,但如果对比不够会流于单调、平淡。可利用不同服饰的材质或不同面料的差异穿出层次感,比如面料的有光泽与无光泽的对比;粗糙与平滑的对比等。

（2）对比原则

指服装搭配中，选定一个主色，再以主色调的对比色进行辅色和点缀色的搭配。对比色时尚的叫法称作撞色。通常红与绿、橙与蓝、黄与紫、桃红与紫色、明黄与绿色等在色相环中两个颜色位置较远的称为撞色。撞色的搭配可释放出色彩的强烈对比力量，易于吸引人们的目光，让人变得时尚而瞩目。例如绿色大衣，挎一个桃红色的包；蓝色外套或蓝色毛衣配一根红色小皮带。

（3）点缀原则

指在服装搭配中，色彩太统一，就要加入小面积的点缀色。点缀色使用非常有用，常常通过色彩的明与暗、冷与暖、鲜艳与灰浊等对比关系，使服装效果更好。通常在暗色调中点缀明色；低纯色中点缀鲜艳色。如褐色大衣搭明黄色皮带；黑色大衣搭红色或绿色或桃红色的围巾或皮带等。

（4）呼应原则

在服装主色调确定后，可选用1～2个相同或相似色彩反复在服饰或身体的其他不同部位出现，让色彩彼中有此，此中有彼，相互呼应。最简单的方法就是鞋包同色、皮带与包同色、皮带与鞋同色等。在买鞋、包、皮带时就应想好衣橱里这些东西是否可以匹配。

（5）图案原则

当服装上有图案、花纹时，要掌握"素色＋花色"的搭配原则，最好搭素色单品，素色单品的颜色最好和花色中某个颜色相同。

这只是几种让人们着装相对协调的基本原则，从中可根据自己个性、喜好进行创新，衍生更具个体风格的搭配。

（三）服饰的质地款式的选择

服饰的质地款式与人们的体形、脸型、性格、职业等有关。每个人可根据自己的形象、爱好和职业需求，选择适合自己的款式。

服装款式给人们形成的印象如下：

牛仔装：潇洒、随和、热情、洒脱；

中山装、西装、职业装：严肃、稳重、文雅；

T恤运动装：随意、随便、休闲不羁；

穿着时髦时尚：新潮、前卫、有创意；

名牌贵重的服饰：富有；

普通价廉的服装：简朴；

穿着奇异扮相特别：浪漫、独特；

女性裙装：飘逸、娴静、温婉可人；

男性衬衫，系上所有纽扣：严谨；

男性衬衫，从上往下第一颗纽扣不扣：随意；

男性衬衫，两颗纽扣不扣：洒脱；

男性衬衫，三颗纽扣不扣：性感。

（四）教师着装的基本要领

无论作什么选择，服饰语必须符合目前国际上公认的 TPO 衣着原则。"T"（Time）指时间；"P"（Place）代表地方、场所、位置、职位；"O"（Object）代表目的、目标、对象。

教师着装要体现出道德魅力、审美魅力、知识魅力和行为规范魅力，要与所处的环境协调，和身份角色一致，还要和自身条件相协调。服装要配套，以端庄、平整、干净为宜，可适当加入时尚元素，可佩带合适的配饰，使自己不至显得过于严肃或古板，增加亲和力和时代感。幼儿教师以温婉可人或活泼开朗的形象为佳，大方、简洁、明快、方便的服饰较为妥当，不宜穿短裙、包裙；不适合戴项链、耳环或易划伤幼儿的戒指，可选择手镯、耳钉、头饰等作为服装配饰。

教师服装要克服几种倾向。

① 过于华美，即花枝招展，饰品华丽。装饰过多，易分散学生注意力。

② 过于随意，即不守章法，随便穿、随便搭配。虽流行混搭，但比如西装搭凉鞋仍属不伦不类，易给人造成粗心、不严谨的印象。

③ 过于暴露，即不宜穿低胸、吊带、露背装，易显轻浮。

④ 过于透视，即当下，为张扬个性，一些时装很透，走秀没问题，但教师穿这样的衣服，会显得既不尊重自己，也不尊重学生。

⑤ 过于紧身，即现在流行服装小一号，紧身装可展示身体线条，但教师不宜把自己装扮成一颗性感炸弹。

⑥ 不男不女，即中性服饰，男性穿着缺乏阳刚之气，过于感性；女性穿着显得古板、乏味，过于理性，易给人性别错位感。

随着时代的发展，服装已脱离古板与单一，每个人都应该在规范的约束下穿出自己的特色、自己的品味。

### 三、手势语

美国心理学家詹姆斯认为，在身体的各部分中，手的表达能力仅次于脸。手势变化形态多，表达内容丰富，具有极强的表现力和吸引力，能弥补口头语和表情语表达的不足。

在日常生活中，手势语的运用范围相当广泛。譬如在街上"打的"时，手一招，司机就知道你的意思了；跟人说话时，摊手表示坦诚或无可奈何。当然不同国家相同的手势有着不同的意思。比如向上伸小拇指，在中国表示小、微不足道、最差或倒数第一，可引申表示轻蔑；在美国表示"懦弱的男人"或"打赌"，但在泰国和沙特，向对方伸出小拇指，表示彼此是朋友；而在缅甸和印度，这一手势表示"想去厕所"。可见手势不能不分时间、地点、场合滥用。

#### （一）手的活动范围

根据手的活动范围，一般将手势大体分为三个区域：肩部以上为上区，多表示正面、肯定、喜悦、表扬、积极、向上、振奋、张扬等褒义情态；肩部至腰部为中区，大多表示坦诚、平静、和气等叙述、说明的中性意义，一般不带浓厚的感情色彩；腰部以下为下区，主要表示反对、憎恶、鄙视、讨厌、压抑、否定、批评、失望等贬义情态。教学手势主要在中区。

#### （二）手的动作

**1. 方向**

根据手势动作的方向，凡是向内、向上的手势意味着肯定、赞同、号召、鼓励、希望、信心……表示积极地；反之则是否定、消极的。

**2. 幅度**

根据手势动作的幅度，一般来说激昂慷慨时，手势动作幅度大；平静叙述说明时，手势动作幅度小；达到高潮时，语速较快，动作频率也会加快。

**3. 手型**

不同的手型有不同的含义。手形主要分三种：手指、拳头、手掌。另外，还有两手配合的手势。手型与动作范围、动作方向、动作幅度相配合，就能传递出你需要传递的信息。例如，手指向上竖起大拇指，表示夸赞之意；向下，表示蔑视；向内指向自己，表示老子天下第一（粗俗）。再例如拳头，右手握拳上举，可以表示决心；右手握拳向左下方挥动，可表示抗议。而手掌掌心向外推出，表示拒绝；两手下垂，掌心外摊，表示无可奈何。如果双手配合，双手朝上搓手，有摩拳擦掌的意思；双手朝下搓手，则表示局促不安。

（三）教师的教学手势

教师在教学中的手势跟生活中的手势有差异，教学中的手势应该目的鲜明，是内心感受的真实流露，应该依据有声语言的思想内容进行创作。手势可以设计但运用时一定要自然，可以从手的形状、掌心方向，运动的区域、路径、力度、速度、幅度，单手双手等方面考虑，由上述要素的不同组合，加之分量级差的不同，就会演绎出丰富的手势语，辅助有声语言表达丰富的思想感情。一般的教学手势要适度，不能太随意，不能太夸张，而幼儿教师手势语可适度夸张。

总之，手势语要优美大方，使用手势语的姿态、幅度、频率要与口头语、表情语和谐配合。

## 四、表情语

面部表情是人心理活动，情绪变化的寒暑表。一方面要准确、贴切地运用自己的面部表情，表达自己的意图；另一方面要善于"察颜观色"，通过对象的面部语言，来把握其心理、情绪。一位人类学家说，人的脸能做出25万种不同的表情。每个人脸上的每个细胞、每条皱纹、每根神经都表达某种意愿，某种感情，某种倾向，它是最准确、最微妙的情绪的晴雨表，人有多少种情感，就会有多少种表情。人的面部表情贵在四个字：自然、真挚，一般我们的面部表情是"面带微笑"。

表情语可分为面部表情语、头部语言和目光语。

（一）面部表情语

面部表情语主要是脸色、眉毛、嘴唇和眼睛的动作配合，比如：快乐，嘴唇打开、双眼眯缝、眼角上翘、眉毛上扬；愤怒，眼睛圆睁、嘴角向下、眉毛倒竖。以下是脸色、眉毛、嘴唇在不同情绪中的动作表现。

1. 脸色

脸色泛红晕：羞涩、激动

脸色暗黄：抑郁、烦闷

脸色发青：发白：愤怒、紧张、或生气、惊吓

2. 眉毛

眉毛上扬：表惊喜，有喜上眉梢之意

横眉冷对：表愤怒，有满脸杀气之感

眉头紧锁：表忧愁，有若有所思之感

眉毛平顺：表平静，有和谐庄重之意

皱着眉头：有反感、恼怒、不同意的意思

3. 嘴唇

嘴唇闭拢：和谐宁静、端庄自然

嘴唇半开：疑问、奇怪、惊讶

嘴角向上：善意、礼貌、喜悦

嘴角向下：痛苦、悲伤、无可奈何

嘴唇撅着：生气、不满意

嘴唇紧绷：愤怒、反抗、决心已定

教师的表情特点，是常规的表情和蔼、亲切、热情、开朗、自然、真诚，面带微笑；变化的表情与所讲内容要一致，要随教学内容，教育教学情境而改变；表情要丰富多变，但变化要适度。

教师常见不当表情，有麻木式（无生气）、僵硬式（无变化）、虚假式（无真情）、对学生冷笑或嘲笑。

（二）头部语言

头部语言体现在头部动作上，有许多成语体现头部语言，如昂首阔步、点头哈腰、摇头晃脑等。

1. 头部动作语言的内涵

头部端正：表示自信、严肃、正派、自豪、有勇气、有魄力等精神面貌。

头部微向前：表示倾听、期望；有时也表同情或关心。

头部微向后：表示惊奇、恐惧；有时也表退让或迟疑，还可表示陶醉。

频频点头：表示肯定、答应、同情、理解、赞许、鼓励、承认等。

不住摇头：表示否定、反对、不同意、不理解、不满意、不屑等，有时还可表示无可奈何。

向左或右歪头：表示疑惑、猜想、回忆、思考、天真等。

昂头：可表示充满信心、胜利在握、目中无人、骄傲自满等。

低头：可表示顺从、听话、委屈，还可表示另有想法。

2. 头部语言运用原则

① 动作要明显，尤其是它发挥替代功用的时候，如到底是点头还是摇头，要明确，让对方看清楚，不要产生歧义。

② 要注意与交际语言的配合使用和配合其他体态语的使用。

③ 要注意不同国家的文化差异，使用前弄清别人的习惯，以免产生误会。

（三）目光语

目光语是指面部表情中实现的运用，是通过眼睛来反映心理，表达情感。意大利伟大的艺术家达·芬奇曾说："眼睛是心灵的窗户。"芬兰的心理学家还进行过这样的实验：把表现演员不同情绪的目光照，裁成只保留眼神部分的细条，然后让人分辨他们所表现的情感，结果正确率很高。这说明，人们都能解读目光语言。

1. 不同眼神的内涵

正视：严肃、庄重、诚恳、平和

斜视：轻蔑、鄙视

环视：与听众交流；点视：示意性、针对性

仰视：崇敬、傲慢、思索、追忆

俯视：关心、忧伤、害羞、含蓄

凝视：专注

漠视：冷漠

虚视：消除紧张

2. 视线停留的位置

① 亲密注视：A 近亲密注视：对方两眼与胸部之间的倒三角区；

B 远亲密注视：对方两眼与裆部之间的倒三角区。

② 社交注视：对方两眼与嘴之间的倒三角区。

③ 严肃注视：对方前额中间为顶两眼为底的三角区，目光总在这一区，可掌控主动权（商人洽谈、外交谈判、律师辩护常用）。

3. 教师目光语的运用

① 前视法：视线平直向前流动，落在教室中间部位学生脸上，在此基础上照顾全场，让每个人感到"老师是在对我讲"。

忌：教师的视线总是忽上忽下或忽左忽右。视线向上,传递的是傲慢或思索的信息；视线向下，传递的是羞怯或逃避的信息；左顾右盼，传递的是惊慌失措或征询意见的信息；视线看向门窗，传递的是不安或心不在焉的信息。这些信息会带个学生不良的课堂效果。

② 环视法：视线左右前后来回扫动，与听者保持目光接触，增强与听者情感的交流，在此基础上辅以点视能收到良好的控场效果。

忌：头摆动过分有规律，类似摇头的电风扇；忌眼睛滴溜溜地频繁乱转。

③ 点视法：有重点地观察学生，与之目光接触。这种方法对于专心听讲者有启发、引导作用；对未专心者，有批评、制止作用。

忌：一直盯着某一学生看，这样会让别的学生觉得老师是在对"他"讲，与我无关。

④ 虚视法：指似视而非视，似看大家而实看部分人。这种目中无人而心中有人的视线，可克服怯场心理，显出彬彬有礼、稳重大方的神态，还可把思想集中在所讲内容上。

忌：虚视时眼睛空洞无神。

## 第三节 态势语的训练

### 学习重点

> 掌握态势语训练要领，养成良好的态势语运用习惯。

**一、态势语的分解训练**

（一）身姿语的训练

1. 形体训练

（1）站姿训练

靠墙站立法：身体背靠着墙，让后脑勺、肩胛骨、臀部、脚后跟都能与墙面呈点的接触，体会正确的站立时的身体各部位的感觉。可每天练习，比如每天靠墙站立十分钟，进行挺身直立的训练，或者分时间段来练习体会站立的感觉，纠正不良的站立姿态。

收腹立腰站立法：进行这个练习，主要就是要让自己有一个向上的感觉。就好像头顶中间有一根绳子从上面拉着你，然后肩放松下沉，腰背自然挺立，双手叉腰，有整个身体往中间收拢成一根棍的感觉，而且要觉得身体随着长了5厘米，还在努力地往上长，让背部、腰部、腹部、臀部都向中间收紧，有很强的绷紧的感觉。这样站立一分钟左右休息一下，然后反复地练习几遍，对挺拔我们的身姿非常有效（最好能在头顶放一本书，站立时尽量不让书本掉下来）。

（2）坐姿训练

对坐姿的要求基本上和对站姿的要求是一致的，所以，练习站姿的方法也同样是适用于坐姿的训练。只是对于坐姿来说，更重要的是注意一些细节的地方，比如坐的时候坐在靠椅子的前处；双膝要靠拢，不要分开，特别是不要跷二郎腿，不要做随意地抖动双腿等不雅观的动作。否则会给人一种不认真、不端庄、没修养的感觉。

（3）走姿训练

练习平衡感：进行这样的练习有助于纠正我们在走路的时候不由自主地左右晃动，或者是弯腰驼背，脊椎不直。具体的做法：把一本书或者是一个小垫子，放在头顶上，视线落在前方4米左右的地方，行走时，手可以叉腰也可以自然下垂前后摆动，双脚间距5厘米左右，前后距离一个脚掌左右（俗称走一字步），坚持走一段距离，休息一下再反复练习。

修正线条：这一练习可以让我们走姿变得优美、优雅。在地上放一条宽五厘米左右的带子，迈出去的脚只能让脚跟内侧碰到带子，如果踩到带子上就变成外八字了，臀部还会外翘，显得没有活力；也可通过走花台10厘米左右的边沿来练习。

2. 观察、分析训练

对镜自照：对着镜子观察自己的身姿语，分析自查看看有无不良之处，并纠正失当的不正确身姿，通过练习逐步养良好的身姿习惯。

观察他人：看一部电影或电视剧，选择观察某一角色的身姿语，分析其流露的情感信息与人物的个性特征；观察身边的人的身姿语，分析其身姿语流露的心态与整体风格或整体面貌；然后，自我探讨自身应有的符合自己身份、个性、职业的正当的身姿语。

（二）手势语的训练

很多人在手势运用上的问题在于，一到紧张或兴奋的时候就手足无措，好像手不听自己的使唤了，这就是对手势缺乏控制，不能很好地有意识地支配手的动作。具体的练习方法是：

1. 手势训练

将两手手心相对合掌于胸前，开始想象有一粒种子埋在土中，接着，双手手心微开，想象幼芽萌发出来了，以手尖表示嫩芽；接下来，手指微开，想象花蕾开始绽放了，脸上同时要露出笑容；然后，将意念传达到指尖，让花开放三分；再然后，想象花开了五分，开了七分,同时脸上的笑容也随之越来越灿烂;最后,将手指打到最开,但手掌间还是要合拢,感觉花儿已全然盛开,笑容也最灿烂。做这个练习,一定要慢慢地做,用心去体会,有意识地支配手的动作,达到对手势的自如运用。

2. 其他训练方法

(1)观看一部电影或电视剧,观察体会角色手势中表现出的意义,并进行模仿训练,再根据其手势意义创造设计不同话语中类似意义的手势运用。

(2)对着镜子模仿并设计不同话语表达时的各种手势,可先分解,就某句话设计单项手势,后综合,就一段话设计不同手势。要与有声语和身子协调,手随心行,话到手到,手势要简洁、大方、自然、不造作。

(3)平时,可多考虑一下手势运用的问题。用稿件来带动练习,什么样稿件内容该用什么样的手势,平时要去思考,多做自我设计,多观察一下优秀得体的一些主持人的手势,丰富自己的表达。

(4)同学之间可相互提醒克服口语交际中失礼的手势,并予以纠正。

(三)表情语的训练

表情语是一个和谐的整体面部表情、头部语言、目光语不宜作分解训练。训练方法如下。

(1)对镜自我观察,看看自己在不同的心理状态下面部表情的变化:大笑、微笑、苦笑、皮笑肉不笑、忧愁、平静、惊讶、悲伤高兴、愤怒等。体会不同表情中面部表情与目光语的配合。

(2)观察影视剧中人物的面部表情。注意:抓住人物关键部位的表情语进行分析。

(3)与人交谈时,注意通过观察对方的表情揣测对方的心理状态。可通过一些有意的语言暗示,推测对方此时可能的心理变化观察对方表情的变化。

(四)服饰语的训练

服饰是人的第二张皮,作为人体包装的服装、饰品等式与身体姿态融为一体的,它向人们展示的是一个人的形象、风度、气质、个性、职业等。每个人的审美取向和审美品位以及体态、个性有很大的差异,其训练应需要一个长期的实践过程。训练方法如下。

(1)观看时尚偶像剧,观察剧中多个角色的服饰搭配所体现的人物不同性格、不同气质风度、不同职业、不同的家世背景,感受不同色彩、不同款式、不同质地、不同的首饰搭配带给人的不同感觉,学会寻找剧中人服饰的时尚元素,并分析其中那个角色的服饰适合自己的风格。

（2）翻阅流行服饰杂志，浏览每季商场橱窗展示，关注每年每季服饰色彩、款式、搭配等流行趋势。

（3）观察身边人们的服饰，寻找他们身上是否有时尚的元素，是否符合流行的趋势，是否有你认为不尽如人意之处或不符合人物性格、体型、职业的穿着。

（4）平时可多思考不同职业的合理服饰，用自己已有的服装尝试搭配不同场合、不同职业、不同气质的装扮，找到适合自己的搭配方式。

（5）观察自己的形体、肤色，思考自己的性格，分析自己的气质，参考自己的职业，选择自己喜欢的适合的装扮。

## 二、态势语综合训练

（1）观看电影《真实的谎言》片段，结合电影场面、情节，从女主角服饰的演变分析人物从职业到个性转变。对比女主影片前半部服饰、动作、脸部表情与人物个性、职业的一致性和后半部演变为特工之后动作、表情的改变，进行赏析（包括身姿、手势、表情、目光、服饰）。

（2）哑剧小品训练。构想生活中某个情节片段（讽刺或赞赏某种现象或行为），通过动作、手势、表情、眼神等态势语的综合运用表现出来，表演后让学生说出大致内容或主要情节，测定态势语的表现力如何。

（3）特定语境中的态势语训练。设定教学情境，角色扮演，可分别扮演老师、家长、学生等不同角色，进行对话，同时训练对话中态势语的综合运用。（可事先设定话题：如：上课、开家长会、找学生谈话等）

（4）小组成员分饰自选小品中的角色，设计与台词相应的态势语进行训练。观众同学充当评委，对表演者的态势语进行评分，并对不合适的态势语进行修改。

### 课后练习

1. 以展示自我为主题，走上讲台作两分钟的讲话，再走回座位坐下，请老师、同学当场评价并纠正讲话者的不当身姿。

2. 朗诵下列诗句，按要求完成几个动作，反复体会，找到舒展、自然的感觉。

① 我骄傲，我是中国人！

（右手抚胸如自我介绍）

② 我们的祖国，如红日冉冉升起在二十一世纪的东方。

（右手向斜前方伸出，慢慢上举，如仰望红日升起）

③"东亚病夫"的历史已被我们远远地抛进了太平洋。

（右臂如鄙视般向身侧下方挥去）

④让我们张开双臂迎接中华民族复兴的辉煌。

（两臂向前方环形张开，作拥抱状）

提示：做手势时身体始终都要保证站姿的基本姿态，不能出现扭曲或晃动，应时刻注意向上挺拔。手势应与身姿训练结合起来。

3. 观察、列举人们指示"你、我、他"能够采用的不同手势，分析讨论并模拟训练。

4. 教师表情语运用不当的常见情况有哪些？你认为这些不良的表情语可能会对学分别生产生什么样的影响

5. 找一个目前很热门的话题在班上讨论，观察发言人以及听众的眼神变化，从中捕捉情感信息。

6. 讨论见过的学校教师中喜欢的老师的服饰装扮，说明其给你的第一印象是什么？并简单分析其服饰风格。

7. 讨论幼儿教师应有的服饰。

8. 设想自己将来的职业，为自己设计一套第一天上班的服装，说明理由。

第三单元

听说篇

# 第七章　听说能力

🔹学习目标

了解听说能力训练的重要性，并掌握提升听说能力的要领。

## 第一节　听知技能

🔹学习重点

> 掌握听知能力基本要求，并能在实际中学习运用。

口语是口耳相传之事，听，是为了接收；说，是用于表达。没有听，就无从表达；表达若不是为了旁人接收，就失去了表达的意义。它们互为依存，相互支持。

### 一、听知能力

所谓听知，是以听觉为基础的并参与了知觉形成过程的一种心理活动。听知技能是指借助听觉器官接收语言消息，进而通过思维活动加以认知、理解的能力。这不是简单的听觉训练、听话训练。

### 二、听知能力要求

（一）在说什么

"说什么"就是抓住中心，把握要点。要善于从别人的讲述中捕捉中心，并能够记住事件发生的主要内容。例如，听一则幼儿故事，就要记住故事中的主要角色、主要情节，从而总结出故事的主题。

## （二）怎么说

"怎么说"就是理清思路，掌握线索。听别人说话，要能抓住话语中的"点"，通过选择、归纳、整理，理出各"点"的序列，使其主次分明，脉络分明。例如，听一则幼儿故事，就要记住故事先发生了什么，接着又发生了什么，最后结局是怎样的。

## （三）为什么说

"为什么说"就是要明白说话人遣词造句的语气、语调。也就是仔细揣摩说话人的立场、态度，即揣摩意图，品味情感。这不仅要听，还要观察说话人的表情、动作。例如，听一则幼儿故事的讲述，就要能从讲故事人的语气、语调，以及表情、动作，判断故事中的角色的立场，以及讲故事人的态度。

## （四）说得怎样

"说得怎样"就是指听别人说话还要全面对说话内容，能够作出优劣、是非、真伪的判断。例如，听一则幼儿故事，听完后要能对故事内容本身的优劣作出评价。

# 第二节 说话能力

### 学习重点

> 了解并掌握不同说话方式的特点，并能较好地在实践中运用。

口头语言是一种即时的、即兴的语言表达方式。口头语言的表达方式主要有叙述、描述、评述、解说。

## 一、叙述

叙述是把人物活动的经历、事件经过的情况说出来的一种表达方式。叙述是说话的最基本的表达方式。叙述要做到明白、清晰。明白就是要把人物、事件的情况交代清楚，同时还要把叙述的立足点交代清楚，用第一人称或第三人称。清晰就是语言脉络清晰，是以时间还是以空间为线索，或是以物件为线索等。脉络清晰，就能使人听的连贯、清楚。

叙述主要用叙述句，语调一般比较平直，但叙述中语句重音要清晰，这样语调就可以在平直中求变化。

## 二、描述

描述，是用生动形象的语言，把人、事、物、景等具体事物的特征及形态，具体细致地描绘给别人听的一种口语表达方式。描述，主要是以客观存在着的具体事物为表达对象，以观察为表达基础，具有独创性。描述，主要用于个别事物或若干事物的组合体的表达，以给听者提供具体事物的特征和形态为目的，具有片断性和形象性。描述者需要迅速组织自己的语言，把内部语言（思维）转化成外部语言。

描述是以观察为基础的。如果描述对象在眼前，要边看边说，如果描述对象不在眼前，也要尽量从记忆中搜寻它的形象，边想边说，如果描述的对象是不曾全面观察过和全部经历过的，那就要通过联想和想象构成它的形象。想象和联想并非胡思乱想，也都要以过去的观察为基础。所以，描述训练是培养观察力、想象力，培养敏捷的思维能力和迅速地组织语言能力的好方法。

### （一）真实准确

不论是描绘人物、景物、器物，还是事件、场景，都要符合生活的真实，让听的人感到你说的和他看到的或经历过的相符。不要随意夸张渲染，更不能毫无根据地胡拼乱凑，这样才能让人信服。

### （二）鲜明形象

描述得像不像，关键在于特征抓得准不准。抓准特征，突出事物的特点，一个个事物就会被描绘得活灵活现。只有对事物的声、色、形进行逼真的描摹，用声音、语气的变化表达人物的感情，渲染环境气氛，才能给人以如见其人、如睹其物、如临其境的感觉，留下鲜明而深刻的印象。

### （三）优美生动

进行描述不仅要准确地选择形容词语，而且要注意语调的起伏多变，语流的畅达舒展，做到语中有画，话中含情，在声音上给人以美感。

## 三、评述

评述就是人们表述自己的见解和感受。评述的核心在于"评"。是以听到、看到、读到后所产生的见解和感受为表达对象。评述，虽然是以'评'为主体，但是寓不开'述'，没有对读到、听到、观察到的客观事物的叙述和描述，"评"就失去了基础和依据。因此，评述是"评"与"述"相结合的；同时"评"也具有议论的特点，即评论。

进行评述训练，不仅可以继续提高叙述和描述能力，还能培养和提高分析能力、理解能力、鉴赏能力和评论能力，也可以提高思维的灵敏性和条理性。

（一）实事求是，持论公允

评述，是"述"与"评"的结合，'述'要实事求是，"评"要持论公允。"述"，表达的是客观事物，必须原原本本，实事求是，不能断章取义，不能歪曲原意。"述'是'评'的基础，"述"不准确，"评"就难免偏颇。"评'表述的是个人对客观事物的见解、感受，必须对'述"的材料进行深入研究，具体、客观地分析，持论要公允。掌握分寸，切忌主观片面。只有这样，听者才能接受你的看法，理解你的感情，而不会产生反感和怀疑。

（二）观点鲜明，理据充分

是爱是憎，是赞许还是反感，表述观点、感情，要明确，绝不能含糊其词，模棱两可，更不能前后矛盾。说明观点，要理据充分，令人折服，切忌空泛。

（三）语言准确，严谨有力

评述的语言要力求准确、简练、通俗、明白，做到字字要贴，句句中的。表达要条理清楚，有逻辑性。还要注意运用不同的语调，表达不同的思想感情，显示说理的力量。要努力做到以情感人，以声夺人。

## 四、解说

解说，就是说明事物，解释事理。

事物，是人们通过感官可以感知的各种具体事物和现象。它包括自然界的生物、无生物、人类制造的各种器物及人类社会和自然界的各种现象。各种事物和现象有它自己的名称、属类、性质、形态、变化、功用等。说明事物，就是把自己感知的具体事物及各种现象的以上诸点，用平平实实的语言，作完整、准确、客观的介绍，给人留下具体、清晰的印象，使人了解、认识它。

事理，是指人们通过感官难以即知的抽象道理。它包括各种事物的规律、原理、关系等。解说事理，就是把自己对某一抽象道理的理解，用通俗明白的语言，深入浅出、条分缕析地进行解释，使人明白其中的道理。

不论是说明事物，还是解释事理，都是以解说者全面透彻的认识和理解为基础的，都是以使人明白、了解为目的的。它们有共同的特点和规律，所以我们把它放在一起来训练。

解说，是一种实用性很强的口头表达方式，有着广泛的用途。从自然界到人类社会，从宏观世界到微观世界，从现在到未来，从学习文化科学知识到生活中的吃穿用……凡是需要介绍解释的，都离不开这种表达方式。

培养和提高口语解说能力，不仅可以扩展人们的知识领域，获得新鲜有用的知识，而且对于培养和提高观察能力、思维能力，以及口语表达的准确性、条理性、都是十分重要的。

（一）真实准确

解说主要是用来介绍科学知识。介绍科学知识，要有科学的态度和实事求是的精神，要尊重事实，从实际出发，要冷静客观，恰到好处。要做到真实准确，首先必须取得对解说对象全面、准确的认识，真正把握其本质和规律。不清楚的要细致地观察，周密地调查研究，广泛地搜集资料。其次，要注意表达的分寸。

（二）条理清晰

解说的目的是使人明白、理解。要达到这一目的，除了注重内容的真实准确外，还必须做到层次清晰，条理分明。这就要认真研究解说对象本身固有的条理性，根据其本身的特点和人们认识事物的规律，妥善地安排解说顺序。

（三）语言确切、简洁、通俗

确切，就是说理得当，表达有分寸，能恰如其分地反映客观事物的本来面目，使人一听就能准确地把握事物。

简洁，就是用最经济的语言，干净利落地表达出丰富的内容，言简意明，质朴自然，使人一听就能抓住要点，理解内容。

通俗，就是用明白、晓畅、平实易懂的语言，把抽象的道理说得具体、形象，把深奥的道理说得浅显明白，把专门知识说得通俗易懂，还能根据不同的听讲对象，恰当地选用不同的语词，使所有的人都能听得明白。

然而，在语言表达中，几种表达方式经常会综合使用。只是在某些场合会更侧重运用某种表达方式而已，不可能截然分开。

## 第三节　听说能力综合训练

**学习重点**

> 在不同的听知能力的训练中，不仅要掌握不同听知能力的要领，同时学会运用不同的说话能力。

听说能力原本就无法分离，所以这里我们将两者结合起来进行训练，也能够节约相应的课时。这里我们以听为前提，进行训练，辅之以相应的说的形式要求。

### 一、注意训练

注意训练，就是培养耐心和专注力，听取别人讲话的良好习惯。注意力包括两方面内容：一是集中注意；二是分配注意。集中注意，要求听别人讲话时，有明确的目的和坚强的意志，能够排除来自主观和客观方面的干扰，把注意力集中在听的内容上。分配注意，就是能把注意力同时分配到较多的方面，一边听，一边进行其他活动。

### 二、理解训练

理解是听的目的。理解力的强弱是听知能力高低的主要标志。理解讲话，需要借助听知的记忆力、想象力、品评力、组合力、选择力，而这些能力又都是以理解为基础的，它们也决定和影响着理解力的高低。

理解讲话，主要是理解讲话的内容与含义，包括语词的意义、句子和篇章的意义。对于语词主要在重要的关键的语词上，口语中表现为一句话中的重音上。句子在口语表达中会出现语病，我们需要在补齐成分、调整语序、去掉废话等方法进行加工整理。同时我们还要听句子表达中的语气语调，观察表达者的表情、体态语，听懂表达者的深刻含义。

### 三、记忆训练

理解别人的话，需要对讲话前后相关内容联系起来进行思考。不理解的东西，也没办法记住。理解和记忆互为基础，相辅相成。想既快又牢地记住别人说的话，要注意以下三点：一是有明确的识记任务，知道该记什么；二是注意力高度集中；三是运用良好的记忆方法。

**四、想象训练**

听知想象力，就是指听话人根据说话人口头描述的内容，运用头脑中已有的表象进行加工改造，创造出新的形象的能力。想象，可以丰富和补充讲话的内容，使人们更具体更形象地感知讲话内容，能帮助理解和记忆讲话内容。

**五、品评训练**

听知的品评能力，就是对听到的话品味、辨析和鉴赏能力。具体地说，也就是在听的过程中不仅要听懂讲话的内容，而且能品味出讲话人在话语中流露的思想情感，分辨出其中表述和观点的正误；能鉴别出思想内容、条理逻辑的优劣。

## 课后练习

1. 教师讲述幼儿故事，讲述完毕后，要求同学们通过上述听知能力的要求和方法，用叙述的方式讲述故事的主要情节。每节课进行一次相关的练习，逐渐要求学生在叙述的基础上，增加描述的方式使作品生动。

2. 请学生朗读已经准备好的故事，讲述完毕，要求其他学生评述同学的故事朗读。并让该同学解说自己故事朗读的处理方法。

3. 课前教师提供一则故事，让一个同学利用3～5分钟看完以后，到讲台上讲给大家听。听完后，要求学生概述故事主题，并评述同学的故事讲述情况。

# 第八章　演　讲

*学习目标*

了解演讲的特点，掌握演讲的方法，并学会演讲。

## 第一节　演讲概述

*学习重点*

了解演讲概念中"演"与"讲"之间的关系，掌握演讲的特征。

### 一、演讲的定义

演讲作为一种社会活动，也作为一个人的基本素养而备受重视。什么是演讲？按照西方传播学的观点，演讲是"演讲者通过有声语言或表演形式进行人类信息传播"。我国辞海对"演讲"的解释是"在听众面前就某一问题表示自己的意见，或阐说某一事理。也叫演讲或讲演"。在杨高潮和刘德强的《演讲艺术》一书中是这样定义："演讲是演讲者面对广大听众，以口头语言为主要形式，非口头语言为辅助形式，系统地阐述自己的观点和知识，并互相交流信息的真实的社会活动过程。"另外，在邵守义、谢盛、高振远主编的《演讲学教程》中给出的定义是："演讲是人们借助有声语言和无声语言，就某一问题，或围绕一个中心表达真情实意，从而影响和感召听众的语言交际方式。"对比以上定义，我们不难发现一个共同的观点，即演讲首先是"讲"，其次是"演"。因为"讲"，才能贴近听众，才能让听众感到真实，从而感召听众，而"演"则是形式，是帮助"讲"达到更好的效果。

### 二、演讲的特征

（一）现实性

演讲的现实性特征，是指演讲属于现实活动范畴，而不属于艺术活动范畴。演讲者是通过对社会现实的判断评价，直接向广大听众陈述自己的观点、意见、情感、态度。

首先，从反映的对象看。假若一篇演讲不是面对现实、反映现实，只涉及一些与现实无关的东西，那就算不上真正意义的演讲，更不能期望得到听众的欢迎。从这个意义上说，要求演讲稿的论据应该是真实且具有说服力的。

其次，从演讲者的表现看。演讲者的演讲表现不同于表演艺术家的艺术表现。演讲者是现实中的自己，站在演讲台上的时候，仍然是他自己。在演讲时面对听众发表的又是属于自己的观点、情感。而表演艺术家则不然，在台下他是生活中的自己，一走上舞台便成了艺术角色。

## （二）逻辑性

所谓逻辑性，是指演讲内容应该结构完整、层次清晰、中心突出。是演讲者对现实进行分析、判断和评价，即演讲者提出观点、主张，是以事实材料和某种理论主张为基础，通过概念、判断和推理等逻辑手段实现的。听演讲和看文章不同，声音转瞬即逝，因此演讲者始终抓住一个中心思想，并围绕着它层层展开，迅速抓住演讲的论点、论据和论证过程，一听就懂。这也强调演讲者应该在演讲时，特别注意逻辑感受。

## （三）艺术性

演讲具有的艺术性是现实活动的艺术。当代艺术观认为，现代艺术应有两大系统，一是欣赏艺术系统，二是实用艺术系统。而实用艺术系统又分为物质实用艺术和精神实用艺术。物质实用艺术主要指那些出于物质使用需要并借助物质条件展示出来的艺术，比如建筑艺术、食品艺术等；精神实用艺术则是指处于精神使用需要并借助于人的精神活动条件而展示出来的艺术，如演讲艺术、广告艺术等。演讲虽然以"讲"为主，以"演"为辅，但演讲依然可以借助一些表演艺术的技巧和手法，如声音的抑扬顿挫，节奏的快慢、体态语的和谐等语言表达的艺术技巧。所以，演讲也就具有了艺术语言的色彩，具有了一定的艺术魅力。但是，艺术技巧的运用一定有度，以不影响演讲的真实性为原则，否则演讲就会失去真实感。

## （四）互动性

所谓互动性，即从演讲过程看，是演讲者与听众互相交流信息。人们常常只是片面强调演讲者的讲和听众的听。其实，当演讲者把信息传给听众时，听众将会反馈给演讲者一些信息。如果演讲者及时掌握听众的反馈信息，可以及时处理、调控演讲方式。一是演讲者可以根据听众的反馈信息，及时调整演讲内容，避免无效的演讲。二是演讲者可以掌握听众的心理状况，在最佳时间段里输出最大值的信息量。

（五）鼓动性

鼓动性是演讲产生的目的。演讲的目的就是通过透彻的说理、精辟的论证、严密的逻辑、强烈的感情，使听众接受自己的观点，发挥鼓动宣传作用。

## 第二节 演讲的技巧

### 学习重点

> 掌握演讲的有声语言处理方法，以及无声语言的配合要领，并在实践演讲中运用。

**一、演讲中有声语言的技巧**

演讲的有声语言是以"讲"为主。对于"讲"的方式的把握要注意以下几点。

（一）抒发真情实感

演讲的现实性特征，决定了演讲必须是自己真实的观点、真实的情感抒发，这样的演讲也才具有感召力和鼓动性。这样的"讲"的语气、语调才会自然、协调，才显得真实可信。

（二）明确逻辑感受

演讲稿属于议论文文体，而议论文强调论证过程缜密的逻辑性，所以演讲的有声语言要准确把握段落、语句之间的逻辑关系，语气、语调，才可能将明确的逻辑感受表现出来。诉之听众，才可能让听众一听了然。而逻辑感受的表现方式，语气、语调不需要夸张，以理服人，有逻辑的力量，符合"讲"的感受。

（三）通俗易懂有趣

"讲"是口语表达方式，所以为了给"讲"增添一些色彩，我们通常会在一些论据表述中显得平易、通俗、诙谐、风趣，使"讲"变得活泼一些。

**二、演讲中无声语言的技巧**

演讲中演讲者在运用声音的同时，还要运用无声语言，即适当的态势语。

## （一）表情手势

### 1. 表情自然

演讲者的表情应该随着演讲内容和情绪变化而作出相应的变化，表情要情随意出，自然真实。表情中要善于使用眼睛，采用目光语中的虚视法，眼睛既不要盯着某一个人，否则会受这个人行动的影响和干扰，也不要不看听众。而是目光平视看着会场中后部分的听众，余光扫着前面的听众，这样所有的人都会感到你在注视着他们。

### 2. 手势得体

在演讲中手势也很重要，得体的动作能使演讲更富有感染力，能为演讲增姿添色。手势包括从肩膀到手指各部分的协调活动。一般来说，积极意义的手势，手往往向上、向前、向内，消极意义的手势，手往往向下、向后、向外。但是使用手势要注意分寸，即不宜过多。手势要与内容、语言和拍、协调。如果感觉手势做出来很别扭，就不要做，以免妨碍演讲。

## （二）姿态风度

### 1. 姿态端庄

演讲的姿态要端庄、朴实、自然。要克服僵硬、耸肩、昂首等不良习惯和不雅的站姿。站的姿态通常是小八字。演讲过程中无特殊需要，不要随意走动。

### 2. 风度大方

风度与演讲者的仪表、举止有关。演讲不是演戏，服装、发型尽量简洁。不要穿得大红大绿，服装样式也不要很夸张。演讲时的举止要大方稳健。上场时，应该面带微笑步履轻松地走向台中央。站稳后不要急于开口，先巡视全场，等听众安静下来，再开始演讲。演讲结束也不要匆匆收场，要给听者思索回味的余地。不过，一个人的姿态和风度不是一蹴而就的，需要日积月累。

选择一篇与社会现实结合较为紧密的演讲稿，尝试进行演讲。

# 第九章　幼儿故事讲述

**学习目标**

了解讲述与朗读的区别，掌握讲述幼儿故事的要领和方法，会讲幼儿故事。

## 第一节　幼儿故事讲述概述

**学习重点**

> 了解朗读与讲述的差异，熟悉幼儿故事讲述的方法，并能在幼儿故事的实践讲述中运用。

故事讲述，简称讲故事，是用生动形象的语言、曲折完整的情节，艺术地反映社会生活的口头文学活动。这既是人们喜闻乐见的一种语言艺术活动，也是发展思维和学习语言的好方法。特别是幼儿教师更应具备讲故事的能力，因为幼儿天生就喜欢听故事。幼儿在故事的天地里，可以了解生活、感受生活、体味生活，满足他们强烈的探索欲望，从而促进他们健康发展。

### 一、讲述和故事讲述的概念

朗读与讲述是两种不同的语言表达方式。朗读，是把无声书面语言转化为规范的有声语言的再创作活动。讲述，则是把无声书面语言转化为口语化语言的再创作活动。朗读与讲述的区别从定义上不难发现，虽同为有声语言，但是朗读的语言是一种较为规范的有声语言，而讲述则是一种较为生活化的口头语言。主要区别是语言表达方式和语言水平要求不同。幼儿教师要在较熟练地掌握幼儿文学作品朗读的基础上，才能提高自己的幼儿文学作品的讲述能力。简单说，朗读是讲述的前提和基础。

幼儿文学作品讲述主要是针对叙事类作品，故事讲述要达到较好的效果，就需要将故事的书面语言转化为儿童化的口语，即讲述的语言应该贴近幼儿生活，符合幼儿心理特征，使孩子如闻其声、如见其人、如临其境。要做到将书面语言转换为儿童化口语的前提是幼儿教师具有纯洁、正直、博爱的童心，以及符合儿童认知心理和水平的童趣。

## 二、幼儿故事讲述的基本方法

### （一）口语化

语言口语化是故事语言的特征。由于口语化的语言接近生活实际，所以用口语化的语言讲故事，说起来上口，听起来顺耳，同时听起来格外亲切。

### （二）幼儿化

语言幼儿化，具体表现在两方面。一是运用的口语词汇要浅显易懂、具体形象；少用书面语，多用口头语；少用表意抽象的词语，多用具体的词汇；多用叠音词、象声词和语气词。二是句式运用要多选择简单、短小、明快的句式；多用单句，少用复句；多用比喻、夸张、拟人、反复等修辞方式，使语言生动形象。应善于把抽象的概念具体化，深奥的道理形象化，防止咬文嚼字。

### （三）趣味化

1. 趣化内容

要从幼儿的视角出发，对表达内容进行加工，注入幼儿所喜爱的趣味因素。

（1）设计故事开头

讲故事怎样开头？这是个很关键的问题。因为好的开头，能一下吸引幼儿的兴趣。故事开头没有固定模式，要根据需要自行选择或设计。故事开头的方法一般有提问式、议论式、介绍式、楔子式等几种。无论怎样讲，都要围绕故事内容。以童话故事《会打喷嚏的帽子》的开头为例：

魔术团里，有一位老爷爷。老爷爷有一顶奇怪的帽子。他朝帽子吹一口气，里面就会放出多好吃的东西来，有糖果、蛋糕、苹果……

这话谁说的？嗯，是几只耗子说的。晚上，他们就悄悄地溜到老爷爷家里去了。

老爷爷正睡觉呢，那顶奇怪的帽子，没放在柜子里，也没放在箱子里。在哪里呢？就盖在老爷爷的脸上。

"好了，我看还是小耗子去偷最合适，他个子小，脚步又轻。"大耗子挤挤小眼睛说。

"吱……"小耗子害怕得尖叫起来，"我不去！我怕'呼噜'。你们没听见，奇怪的帽子里藏着一个呼噜，像打雷似的。"大耗子叫黑耗子去偷，黑耗子不敢，叫灰耗子偷，灰耗子也不敢；反正叫谁去偷，谁都说"不敢"。

大耗子生气了，摸摸长胡子说：

"好啦！好啦！都是胆小鬼，你们不去，我去。等会儿，我偷来了帽子，变出许多好吃的东西来，你们可别流口水。"

话是这么说，其实呀，大耗子心里也挺害怕，它一步一抬头，防着帽子里的那个呼噜钻出来咬他。也真巧，他刚走到老爷爷床跟前的时候，呼噜不响了。这下，大耗子可得意啦，原来呼噜怕我呀！他轻轻一跳，跳上了床，爬到老爷爷的枕头旁边，用尖鼻子闻了闻那顶帽子，啧啧，好香哟，有糖果的味儿，蛋糕的味儿……快！快！他把尾巴伸到帽子底下去，想用尾巴把帽子顶起来……咦，这是怎么啦？尾巴伸到一个小窟窿里去了……哎呀，什么小窟窿，是老爷爷的鼻孔哪！

"啊欠——"老爷爷觉得鼻孔痒痒的，打了个大大的喷嚏，吓得大耗子连滚带爬，一口气跑到门口，对他的伙伴说："快跑，快跑！"耗子们闹不清是怎么回事，跟着他跑哇，跑出好远，才停下来，他们问大耗子："这是怎么回事呀？你偷来的帽子呢？"

大耗子说："帽子里藏着一个啊欠，这个啊欠可比呼噜厉害多了。你们一碰它，它就轰你一炮，要不是我跑得快，差点给炸死了。"

提问式，提出一个感兴趣的问题，引入出故事。比如：小朋友们，你们平时有没有打过喷嚏呢？你们见过会打喷嚏的帽子吗？今天老师就要给你们讲一则《会打喷嚏的帽子》的故事。

议论式，针对讲述目的来设计开头。比如，小朋友们知道，耗子平时最喜欢偷东西，这可不是好习惯。这次耗子们又要去偷东西了，结果会怎么样呢？我们一起来听故事《会打喷嚏的帽子》。

介绍式，开门见山，把故事梗概、前因后果介绍一下，使故事有一个总纲。但语言要简练。比如，一群耗子要去偷魔术团老爷爷有魔法的帽子，结果这顶帽子打了个大大的喷嚏，吓得耗子们魂飞魄散，四处逃窜。今天我们就来欣赏一则童话故事《会打喷嚏的帽子》。

楔子式，先讲一个与本故事有关的小故事或一些小背景材料，接着再讲故事的本体。比如，小朋友们听过这样的一首儿歌：小老鼠，上灯台，偷油吃，下不来。喵喵喵，猫来了，叽里咕噜滚下来。小耗子们嘴又馋，又是胆小鬼，听见猫叫的声音，就被吓得从灯台上滚了下来，太可笑了！这次小老鼠们有准备出去偷东西，又会发生什么可笑的事情呢？我们来欣赏一则童话《会打喷嚏的帽子》。

当然这几种方式有时也会综合使用，但无论采取什么样的开头设计，开头的语言都要言简意赅，生动有趣，使幼儿产生听的欲望。

（2）调整故事情节

对于故事情节的调整，一定要遵循不改变故事主题的原则。调整故事情节主要的方法是删除和变换。

① 删除

所谓"删除"，就是把故事中无关紧要的情节删去，突出主干，使情节发展快捷。比如在《会打喷嚏的帽子》里，"他轻轻一跳，跳上了床，爬到老爷爷的枕头旁边，用尖鼻子闻了闻那顶帽子，喷喷，好香哟，有糖果的味儿，蛋糕的味儿……快！快！"这一段不是重要情节，因为重点是大耗子把尾巴伸进了老爷爷的鼻孔。所以这一节可以删除，即使不删除，讲述时也可以轻描淡写地一笔带过。

② 变换

所谓"变换"，是指把故事的表述方式进行变换、调整，从而使故事情节更加生动有趣。比如，把叙述语言变换为对话语言。例如故事《会打喷嚏的帽子》中把原文的"大耗子叫黑耗子去偷，黑耗子不敢，叫灰耗子偷，灰耗子也不敢；反正叫谁去偷，谁都说'不敢'"这一段改成对话的方式就增加了趣味性。

大耗子说："黑耗子，你去！"黑耗子说："我我我……不敢！"

大耗子对灰耗子说："灰耗子！那你去！！"灰耗子吓得"呃"的一声晕了过去。叫谁去谁都说"不敢"。

（3）设计故事结尾

每个故事都有结尾，讲故事的人可以沿用原故事的结尾，也可以根据故事内容和听众情况设计结尾，以便取得更好的效果。通常会根据故事长短，来决定故事的结尾。

比较长的故事，即一次讲不完的故事，可以采用留"扣子"的方法，也就是俗称"卖关子"，讲到关键地方突然"急刹车"，以吸引幼儿下次再听的愿望。

比较短的故事主要的处理方式：高潮处结尾，给听者造成种种猜测；提问式结尾，启发幼儿去思考故事的意义。但这两种方法要注意，对于幼儿不太适合把抽象的教育意义陈述出来。因为幼儿是形象思维，在生动故事中幼儿已经能够理会故事的用意。只是幼儿语言能力发展有限，无法准确表述自己的感受和理解。但是如果此时成人一定要将抽象的道理讲出来，反而还有可能让幼儿不知所云了，所以成人利用提问引导、启发即可。

另外，还有尾声式的结尾，就是扩展故事情节和结尾，以满足幼儿的心理要求。

比如《会打喷嚏的帽子》可以综合运用提问式和尾声式结尾的方法："小朋友们，你知道耗子们为什么没偷到老爷爷的帽子吗？他们还会去偷那顶帽子吗？"不仅启发幼儿思考，同时满足幼儿继续想象的愿望。

2. 趣化形式

主要表现在以下几方面。

（1）生动的语调

故事讲述中有情有景，随着故事情节的展开，讲述声音也会高低起伏，快慢有致。

故事中既有作者的"叙述"语言，又有任务的"对话"语言，需要注意区分。叙述语言的语气语调要客观，表达出作者的褒贬。例如《会打喷嚏的帽子》中第一自然段"魔术团里，有一位老爷爷。老爷爷有一顶奇怪的帽子。他朝帽子吹一口气，里面就会出放多好吃的东西来，有糖果、蛋糕、苹果……"，就应该读出惊讶、羡慕的语气，讲到"有糖果、蛋糕、苹果"时，音高逐渐上扬，把惊讶的语气表现出来。

人物角色的对话应着力表现人物性格和思想感情，只有认真分析研究人物的个性特征以及人物之间的相互关系，才能形象地刻画人物，使人物生动起来。因此讲述时要运用不同的音色、语调和语气来表现。例如《会打喷嚏的帽子》里的大耗子自以为是，小耗子胆小怕事。大耗子说话声音稍沉一些，语速稍慢一些，以表现其盛气凌人、耗子王的身份；小耗子声音尖细，语速稍快，以表现其弱小的特点。人物对话力求和日常说话语速相一致。

给幼儿讲故事要根据幼儿的心理特点，语气语调可适度夸张、对比。夸张，不但是指语言外部形态的放大与强调，还要有高度的真实感与信念感。否则，缺乏说服力和感染力。对比，主要指对不同形象的塑造区别要大。只有加大对比，方可区别它们，使人听而辨之。同样，对比也必须加强内心的对比感，抓住每一形象的不同之处，加以放大与强调，才可以内外相贴，形有所依，也才可能讲得趣味盎然，给幼儿以强烈的艺术感染。

（2）形象的体态语

教师在讲述故事时要辅之以生动的表情、夸张的动作。只有对所讲的故事有深切的感受，讲的时候感情才会真挚，表情才会自然。幼儿具有较强的直观性，给幼儿讲故事，面部表情、手势动作要明确，略带夸张。一般来说，对集体讲时，眼睛要平视，照顾到点和面；对个别讲时，要看着对方。坐着讲故事，双膝应靠拢，两手平放于膝盖，身体略前倾。

例如，《会打喷嚏的帽子》里最后一段，耗子们与大耗子对话时，大耗子说："帽子里藏着一个啊欠，这个啊欠可比呼噜厉害多了"，说道"啊欠"，大耗子身体不由得向后缩一下，显出害怕的表情。说道"它就轰你一炮"时，做出用双手抱头的动作，然后讲到"差点给炸死了"时，双手向两边摊开，做出无奈且伤心的表情。

另外，《会打喷嚏的帽子》里这一段："老爷爷正睡觉呢，那顶奇怪的帽子，没放在柜子里，也没放在箱子里。在哪里呢？就盖在老爷爷的脸上。"其中重点在"没放在柜子里，也没放在箱子里。在哪里呢？就盖在老爷爷的脸上。"在这段叙述的语言中加入四处寻找的感觉,说道:"在哪里呢?"语速要慢,眼光扫过整个场面,然后突然回看,似乎看漏了什么,做出很惊讶的表情,然后再用惊讶的语气说:"就盖在老爷爷的脸上。"

借助表情、手势,目的在于帮助幼儿理解故事内容。但过多的手舞足蹈,也会喧宾夺主,分散听众注意力。

(3)象声词渲染

在故事讲述中利用象声词把自然界中的各种声响渲染得淋漓尽致,也能增加故事的生动性。象声词的使用不仅可以增加幼儿故事的生动性,还可以帮助幼儿更深入地理解、感受故事。例如《会打喷嚏的帽子》里耗子们被喷嚏吓跑后,他们的一段对话:"他们问大耗子:'这是怎么回事呀?你偷来的帽子呢?'大耗子说:'帽子里藏着一个啊欠,这个啊欠可比呼噜厉害多了。你们一碰它,它就轰你一炮,要不是我跑得快,差点给炸死了。'"耗子们和大耗子开始讲话前应该设计"累得大口大口喘气的表情和动作"以表现出耗子们惊恐的样子。又例如"他朝帽子吹一口气,里面就会出放多好吃的东西来,有糖果、蛋糕、苹果……"说到糖果、蛋糕、苹果,都可以在这些食品的后面加入表示嘴馋的象声词,以渲染故事的氛围。

## 第二节 幼儿故事讲述训练

### 学习重点

1. 掌握幼儿故事讲述的方法,学会在实际讲述中运用。
2. 能较为熟练地讲述幼儿故事。

### 一、故事口语化和幼儿化训练

将下面的故事语言进行口语化和幼儿化的调整,然后进行讲述。

#### 狼和小羊

佚名

狼来到小溪边,看见小羊在那边喝水。狼想吃小羊,就故意找碴儿,说:"你把我喝的水弄脏了,你安的什么心?"小羊吃了一惊,温和地说:"我怎么会把你喝的水弄脏呢。你站在上游,水是从你那儿流到我这儿来的,不是从我这儿流到你那儿去的。"狼气冲冲地说:"就算这样吧,我听说去年你在背地里说我的坏话。"小羊着急地说:"狼先生,那是不可能的,去年我还没有生下来呢。"狼不想再争辩,呲着牙逼近小羊,大声嚷道:"你这个小坏蛋,说我坏话的不是你就是你爸爸,反正都一样。"说着就向小羊身上扑去。

## 二、故事开头、情节和结尾的设计训练

设计故事开头、情节以及结尾,并运用讲述的方法讲述下面两则故事。

### 小猫和老虎

〔日〕寇风塞塔马米

在一座高高的山上,左边有一条路,右边也有一条路。一只小猫从山的右边爬上了山顶,一只老虎从山的左边爬上了山顶。小猫身上的斑纹,跟老虎一模一样。

"咦!?"

"咦?!"

小猫和老虎一见面,都叫了起来。小猫想:这大概是只顶大顶大的大猫吧?老虎想:这大概是只顶小顶小的小老虎吧?他们在山顶上,面对面地说起话来,不一会儿,就成了好朋友。

忽然,砰!一声枪响,老虎吓得蹦了起来,又四脚朝天倒了下去。小猫吓得捂住耳朵,往草丛里钻。一个猎人拿着枪从树林里走出来,看见老虎朝天躺在地上,可高兴了。

"啊哈!今天运气太好了,我打着老虎啦!"猎人拖不动老虎,转身叫他的伙伴去了。

躲在草丛里的小猫,赶紧跑了出来,使劲摇着老虎:"喂!喂!快起来呀!子弹打在哪儿啦?好像没有打着你呀!你吓昏啦?快醒醒,别再躺着啦,猎人再回来,就要捉住你啦!"

小猫拼命摇着老虎。骨碌碌碌,老虎顺着山坡滚下山去了。

就在这时,猎人的伙伴兴冲冲地走来一看,地上躺着的是一只虎皮小猫,真是又好气又好笑,他大声说:"哎,这就是你打着的大老虎吗?"

猎人一看,也呆住了:"怎么搞的?"他抓抓脑袋,觉得非常奇怪。

"走吧,走吧,要这样的小猫有什么用啊!"他的伙伴嘟嘟哝哝地说。猎人没趣极了,只好跟着他下山了。

"嘻嘻嘻,真好玩啊!"他们刚走,小猫就张开眼睛,调皮地笑了。他一骨碌跳起来,下山去找老虎。老虎,也正往山上爬呢。他们在山坡上碰面了。

"喂,你没事儿吧?"小猫问。

"没事儿，谢谢你救了我！"老虎高兴地回答。

"哈哈哈——"

"哈哈哈——"

小猫和老虎大笑起来，他们成了最要好的好朋友了。

### 门铃和梯子
#### 周 锐

野猪家离长颈鹿家挺远的。但为了见到好朋友，野猪不怕路远。

到了。"咚咚咚！"野猪去敲长颈鹿的门。敲了好一会儿，没有人来开门。

野猪大声问："长颈鹿大哥在家吗？"

"在家呢。"长颈鹿在里面答应。"咦，在家为什么不开门？"

"野猪兄弟，你往上瞧，我新装了一个门铃。有谁来找我，要先按门铃。我听见铃响以后，就会来开门。"

野猪抬起头来，看见了那个门铃。"长颈鹿大哥，我很愿意按铃的，但你把它装得太高，我够不着。所以我还是像以前那样敲敲门吧！"——咚咚！

可是长颈鹿仍然不开门。"对不起，野猪兄弟，我知道你真的够不着。但你就不能想想办法吗？要是大家都像你这样，图省事，敲敲门算了，那我的门铃不是白装了吗？"野猪没话说了，但又怎么也想不出能按到门铃的办法，只好嘟嘟囔囔回家去了。

过了一些日子，野猪又来看长颈鹿。这回他"哼哧哼哧"地扛来了一架梯子……

野猪把梯子架在长颈鹿门外，爬上去，一伸手，够着了那个门铃。

可是，怎么按也按不响，急得野猪哇哇大叫。

"对不起，野猪兄弟"，长颈鹿在里面解释说，"门铃坏了，只好麻烦你敲几下门了。""这怎么行！"野猪叫起来，"只敲几下门？那我的梯子不是白扛来了！"

## 第三节　幼儿图画书的讲述

### 学习重点

> 掌握图画书阅读的技巧及方法，能完整设计图画书讲述语言。

有了一本好的图画书，我们该如何呈现给孩子。幼儿图画书的讲述主要是幼儿园集体阅读和亲子阅读两种方式。无论哪一种方式，成人都需要了解相应的讲述方法，使图画书充分发挥它的价值。

## 一、读懂图画书的妙招——先看图再看文

看图画书时，成人要习惯首先从图画里去了解故事的内容，注意图画里画了什么，图画的细部与整体有何关联，前一幅图与下一幅图之间如何串联，画与画之间的串联如何铺陈出故事的情节，不忽略画面带给我们的信息。

看懂图后再看文。这样才能得到一个立体丰满的故事。

## 二、注重讲述的顺序

讲述从封面开始，注意环衬和扉页，有时要结合封底。

图画书的讲述应该从封面开始。封面是预测图画书内容的主要来源。对题目的介绍，对故事内容的猜测并引起孩子阅读的兴趣，往往都是从封面开始的。如《大卫惹麻烦》的封面讲述语言：

看，他就是大卫。他在干什么？他坐在墙角，眼睛看着一个时钟。他好像被罚坐墙角了。发生了什么事，大卫惹了什么麻烦？我们一起来看这个故事吧。

环衬是封面与书芯之间的一张纸，通常一半是粘在封面背后，一半是活动的，也有人称为蝴蝶页。环衬在图画书中有时不仅仅是一张白纸或彩纸，我们要注意它所带来的信息。如《我爸爸》的环衬上画的是爸爸睡衣的花色，这件睡衣是爸爸在故事中一直穿着的衣服，是留在作者心目中印象最深的爸爸的形象。如果能引导孩子去发现，这是一件很有趣的事情。

扉页又叫主书名页，是环衬之后，正文之前的一页，上面一般写着图书的书名，作者。讲图画书时在扉页部分可以再一次强调故事名字加深印象。有的扉页还有有趣的设计，如《大卫上学去》，这个穿着裙子，叉着手，站在讲桌前的人是谁呢？孩子们不妨猜一猜。

图画书作者有时会将封面和封底画成一个整体，在讲完故事后再把封面封底连起来，会让孩子更进一步体会到故事的内容。例如《小黑鱼》，封面和封底连成一张完整的图画，表现了小黑鱼和小红鱼生活的海底世界。一条小黑鱼和许许多多的小红鱼在一起快乐地游来游去，只有打开封面和封底才能看清楚。还有的图画书故事结局是在封底展现的。如《1只小猪和100只狼》。故事讲述了100只狼抓住了一只小猪，可是狼们觉得1只猪太少，不够分，于是就让猪回去叫100只猪来，这样就可以不吃这只小猪。小猪答应了，100只

狼就放走了小猪。狼们在原地等啊等啊，图画书最后一页画的是：100只狼等得天都黑了，小猪还没来。狼们心里很着急，想：这只小猪怎么这么慢。怎么还不来？画面就在这里结束了，那故事的结局到底是什么呢？小猪来没来？一看封底就知道了。原来小猪在屋里睡觉呢！

**三、巧妙设计讲述语言**

讲图画书只照着图书上的文字念可以吗？有的图画书的文字非常简洁，如果只按照图画书的文字来讲，很显然构不成一个生动的故事，信息量也不够。有的图画书语言非常完整丰富，完全照着念又可能使每一页的翻阅稍显冗长，所以图画书的讲述都需要设计个性语言。

1. 个性语言的设计

个性语言，就是把自己对图画的理解变成规范完整又艺术化的语言，结合着原书的文字一起呈献给孩子。有的需要在原来的文字上增加，有的需要适当删减。

如《大卫，不可以》，讲封面时，教师可以增加对大卫的介绍：

大卫是一个五岁的男孩。他长着大大的脑袋，小小的眼睛、三角鼻子，看，还有几颗小尖牙。大卫的妈妈总是说："大卫不可以。"我们一起来看看，大卫都做了什么，让妈妈总是说这句话？

图画书中有一页画面是大卫拿着锅具大吵大闹，图中只有一句话："大卫不要吵。"我们可以增加个性语言：

大卫最爱玩的游戏是扮演小鼓手。瞧他，大铁锅扣在脑门上，挥舞着大铁铲敲打平底锅。当当当，我是小鼓手，哈哈哈，看我多神气！妈妈生气地说："大卫，不要吵。"

2. 叙述角度的变化

讲述时需要小心地选择叙述角度，即用第一人称还是第三人称。有的图画书以第一人称讲起来会感觉更有趣味。如《真正的100%女巫汤》，故事原文：

从前，有一个关于"胡萝卜大葱土豆汤"的奇妙故事。这道汤的配方出自考克拉的大汤锅，那时的她还是个职业女巫呢……可是世界上却没有任何一本魔法书记录过这道汤。让我们来看看发生了什么事……森林里又开始冷得厉害了。考克拉满心欢喜地听着大风呼呼地呼啸，还有大雨啪啪地拍打着门窗，她最喜欢这种天气了。

改编后：

嗨，孩子们，你们好，我是考克拉，是一个真正的女巫，今天啊我来讲一个我自己的故事，是关于胡萝卜大葱土豆汤的奇妙故事。我住在一片美丽的森林里，瞧，这就是我的家。有一年冬天，天气冷得厉害。我听着大风呼呼地吹着，大雨啪啪地拍打门窗，心里十分高兴，我最喜欢这样的天气。哦，在这样的天气里要是能来点热热的浓汤，那可就太好了……

3. 适当的留白

绘画技巧中讲究画面的留白，是每一个画面构图的设计巧思。讲图画书也同样要注意留白，讲述中的留白是在看故事的每一页时留时间，不点破。

留时间是孩子需要观察画面；不点破是孩子能用眼睛看到的，不需要全部用语言点破，给孩子自己体会的过程。

讲述留白的程度是多大，取决于孩子的年龄和画面理解的难易程度。如讲《疯狂星期二》最后一页："另一个星期二晚上 7 点 58 分，奇迹再一次发生了……"教师不需要讲"猪飞上了天"，在老师意犹未尽的语气中，孩子观察到的景象会令他们自己激动地喊起来："猪，是猪飞起来了。"

## 四、游戏化的互动设计

幼儿园讲图画书通常是教师面对若干个孩子讲述，每个孩子的专注程度不相同，教师需要全面调节讲述氛围，控制讲述节奏，在讲述过程中考虑适当加入互动环节，以活跃听故事现场的气氛，增加游戏性。互动通常包括卖关子似的提问，共同说出故事中重复性的语言，共同完成一个简单的动作等。

但是互动的设计要少而精，我们并不提倡图画书讲述有过多的提问，这会破坏故事的整体性，也降低了孩子看图书的兴趣。

## 五、注重讲述的生动性

讲图画书如果只是干巴巴地念字，对孩子的吸引程度会降低。尽管图画书讲述不需要肢体语言的过多配合，但是语气和表情仍需符合儿童喜欢夸张，愿意张扬的个性特点。人物音色的变化要丰富并有个性，甚至可以巧妙地运用语言节奏押韵等特点来叙述故事。如《月亮的味道》，故事原文：

爬到山顶，月亮近多了。可是小海龟还是够不着。海龟叫来了大象。

改编后：

爬到山顶，月亮近多了。可是小海龟还是够不着。小海龟喊：
"大象大象，
快到我的背上，
我们一起摘月亮，
摘下月亮尝一尝。"

**六、图书翻阅技巧得当**

在家庭环境中，亲子阅读是一对一或小范围，图书摆放相对自由，只要孩子觉得舒服，家长又能看见图画书，双方可以紧紧靠在一起。幼儿园要面对集体讲述，教师首先就要考虑采用大图大字图画书。其次是教师持书不能离孩子太远，孩子看书的视线不能过高。图画书常常是背对教师的，因此要求教师对故事内容和画面情景非常熟悉。

# 第十章　幼儿教师职业语言

## 学习目标

1. 了解幼儿教师职业口语特点。
2. 掌握幼儿教师职业口语的基本技巧。
3. 能在幼儿园教育活动、教学活动中运用语言技巧与幼儿有效沟通，与家长有效沟通，为适应幼儿教师工作打下良好的基础。

## 第一节　幼儿教师语言概述

### 学习重点

> 掌握幼儿教师教育语言的基本原则，能根据具体案例掌握教育口语的基本形式和要求，注重孩子的个体差异，善用语言春风化雨，润物无声。

语言，是教师进行"传道、授业、解惑"的主要工具，是教师与学生沟通的重要方式。要想成为一名优秀的教师，除了注重专业素养的提高之外，语言能力的培养是十分重要的。幼儿园教育是启蒙教育，幼儿园的各项工作就是要促进幼儿在体、智、德、美等多方面的全面和谐发展。其中，发展幼儿语言能力就是幼儿园教育的重要任务之一。幼儿时期是语言发展的关键时期，幼儿教师的语言表达能力和表达方式对幼儿有着直接且极大的影响。因此，语言修养、语言运用艺术和表达技术策略都是幼儿教师必备的基本素养。幼儿教师职业口语是幼儿教师在教育教学工作中必须具备的一种语言能力。幼儿教师应针对教育对象的特殊性，根据幼儿的年龄、心理特点和认知水平，设计恰当的教育教学语言和孩子进行交流与沟通。幼儿教师的职业口语包括：教学语言、教育语言、工作交际用语（如与家长的沟通等）。幼儿教师职业语言具有以下这些特点。

## 一、符合儿童接受能力

从儿童语言发展的特点来看，儿童学习和掌握语音、词汇、句子是从无到有，从不理解到部分理解再到完全理解，积少成多，逐步形成，逐步完善的。一般来说，幼儿所掌握的词汇中，实词多，虚词少；口语化词汇多，书面语词汇少；表达具体概念的词汇多于表示抽象概念的词汇。运用的语言句型结构简单，单句多于复句，语句中附着成分较少。由于幼儿语言具有这些特点，因此幼儿教师的语言必须通俗明了，浅显易懂，遣词造句不深奥，说话不拐弯抹角。具体来说，符合幼儿接受能力的语言具有以下两个特点。

1. 以浅显的词汇代替艰深的词汇

由于词汇量的限制，艰深的词语幼儿难以理解。如果在一大段话中，使用过多较难的词汇，幼儿就无法听懂这段话的意思，因此教师在给孩子讲话时，要注意词汇的选择，使用浅显的、幼儿易理解的词汇，以便幼儿接受。

示例

原句：

蔚蓝的天空没有一丝白云。一条溪水从卵石中间潺潺流过，卵石清晰可见。溪边坐着一位长者，面庞清癯，双目炯炯有神……

改编后：

啊，这天可真蓝啊，一点云彩都没有。有一条小河哗哗地流着，河水又清又亮，里面有很多圆圆的石头，看得清清楚楚。河边坐着一位老爷爷，虽然长得有点瘦，可是两只眼睛可有精神啦！

前面一段文字里，"蔚蓝""卵石""潺潺""长者""面庞""清癯""双目""炯炯有神"等词汇对年幼的孩子来说显然有一定难度，这样的的词汇在短短一段文字里出现，就会给理解整段内容带来难度。经过改编之后，就显得比较通俗并且更口语化，幼儿理解起来也就更容易了。

2. 变长句为短句

对幼儿说话一般多用单句，句式短小，句型简单，一句话一般五六个音节，最多不超过十个音节。在生活中，如果说话的句式过于冗长，修饰成分过多，幼儿可能听起来就十分吃力，甚至听了后半句忘了前半句。因此，幼儿教师要注意多使用简洁的短句，使句意明确。

示例

原句：

下面十六个方格内画着四个太阳和四颗星星，怎样将十六个方格分成面积和形状完全相同的四块，而每块中必须要有星星和太阳的图案各一个？

改编后：

下面十六个方格里，四格画着太阳，四格画着星星。把十六个方块分成四块，每块大小一样，样子一样，又都有一个太阳和一个星星。怎样划分？

示例

原句：

门口站着一个戴着红帽子，扎两条小辫儿，眼睛又大又圆的可爱漂亮的小姑娘。

改编后：

门口站着一个小姑娘，她戴着红帽子，扎两条小辫子，眼睛又大又圆，可爱极了。

以上两个范例，用不同的方式表达同样的语意。将长句分割为短句，句意就会更加明晰，符合幼儿的听力要求，幼儿接受起来就比较容易。

## 二、生动有趣，善用修辞

幼儿的思维特点是凭借事物的具体形象或表象进行的，即凭借具体形象的联想来进行，因此具有形象性的特点。教师需要运用有形、有声、有色、有动感、有感情的语言才能唤起幼儿对具体事物的真切感知。因此幼儿教师语言必须生动有趣、形象直观，有高度的具象性，多使用拟声词、感叹词、语气词、形容词等生动形式，多运用比喻、夸张、比拟、反复、对比、顶针等修辞手法，使语言生动化，并符合幼儿已有的经验水平。幼儿教师语言表达的一个重要特点就是：能在口语中运用文学修辞手法，做到自然、流畅、优美、即兴。

示例

请你描述食堂的叔叔阿姨给小朋友们做的腊八粥。

小朋友们，你知道今天是什么日子吗？今天是阴历腊月初八，食堂的叔叔阿姨给你们做了一锅香喷喷、热腾腾的腊八粥，好吃极了！粥里有红红的枣，黄黄的豆，你们看看，还有什么？

示例

请你即兴把这一碗香喷喷的腊八粥，变成一首儿歌，用上多种修辞法。

腊月初八好日头，
热腾腾的腊八粥。
红红的枣儿，
黄黄的豆儿，
白白的糯米翻跟斗。
你一口，我一口，
又香又甜的腊八粥。

示例

小朋友，活动结束了，请大家把玩具都送回家吧。

一句"玩具送回家"，尽显幼儿教师语言特点，生动形象，运用了拟人手法，让孩子明白老师的要求，如同游戏般把玩具放回柜子。比起用"把玩具收起来"就生动多了。

## 三、科学准确，语句规范

幼儿教师的职业语言应当是标准或比较标准的普通话，做到语音准确、清晰，声音有一定力度、洪亮、持久、甜美、自然，语流通畅，语气活泼，节奏明快。幼儿教师的口语遣词要符合现代汉语的习惯，无论叙事状物，说理抒情都要做到用词恰当，语句通顺，表达得体。口语表达中，教师除了注重语言的文学性，还要注重语言结构的规范性、完整性、逻辑性，以及注重内容的科学性，简明扼要，不含糊，不拖拉。根据幼儿的现场反馈，及时作出准确的回应，引导幼儿掌握知识。特别是在组织科学领域的活动时，更要注意语言的简洁科学。

*示例*

孩子的问题：

老师，白兔的眼睛为什么是红的？黑兔的眼睛为什么是黑的呢？

老师的回答 1：

兔子的毛色和眼睛颜色是跟兔子体内的色素有关。含有灰色素的小兔，毛和眼睛就是灰色的；含黑色素的小兔，毛和眼睛是黑的。小白兔身体里不含色素，它的眼睛是无色的，我们看到的红色是血液的颜色，并不是眼球的颜色，所以它的眼睛自然就是红色的了。

老师的回答 2：

小兔的毛色是不同的，有的黑，有的灰，有的白。它们的眼睛也有不一样颜色。黑色的兔子是黑眼睛，灰色的兔子是灰眼睛，白色的兔子眼睛本来没有颜色，是像玻璃一样透明。我们看到的红色是兔子血液的颜色，所以是红眼睛。

*示例*

教师教幼儿进行家畜分类，把动物卡片和画着房子的两张白纸发给每个幼儿，对大家说：

我请小朋友让小动物分别住进两间房子里，动脑筋想一想，哪些动物能住在一起？

教师评价：

我们把牛、羊、马、猪放在一间房子里，为什么这样放呢？因为它们都有四条腿，有蹄子，有尾巴；能生小牛、小羊、小马、小猪，还能喂奶，又都是家里养的。它们有共同的特点，所以让它们住在一起。这样的动物就叫家畜。

教师对家畜的概念使用了归纳总结法推导而出，思路是："因为……有共同的特点，所以……住在一起 。"在讲述中使用了幼儿容易理解的短句，用词规范准确，整段话条理清楚，语意明确。

## 四、语言儿童化

语言儿童化首先要求幼儿教师具有一颗真诚的童心。幼儿教师要热爱幼教事业，热爱儿童，理解儿童，真诚对待孩子，能把孩子当自己的朋友，想他们所想的事，说他们爱听的话，这才是语言儿童化的前提。究竟什么是儿童化的语言？幼儿教师语言的儿童化不是指模仿幼儿用语不当的"奶话"或乱用叠音的"娃娃腔"，而是说话内容故事化、游戏化、娱乐化；用词多用叠音词、感叹词、语气词；用句多短句、单句、疑问句；交流时亲切和蔼，表情丰富、语调柔美、轻松活泼，多辅以态势语。儿童化在语言内容上是具有儿童情趣的，符合儿童认知心理和水平的，即能站在儿童角度去观察事物，运用富有儿童趣味的语言与孩子交流才能生动形象地帮助幼儿理解和领悟。

示例

幼儿的问题：

老师，下大雪时麦苗为什么冻不死？他们不怕冷吗？

老师的回答：

我给你们讲个故事吧。

冬天，翠绿的小麦苗早早地起床了，它呼吸着新鲜空气。不一会儿下起了雪，小麦苗想："啊，原来冬天这么不好，还要下雪，这下我可要被冻坏了。它问洁白的小雪花："你是从天上落下来的吗？"

"是啊，朋友。"雪花回答。

"你是什么做成的呀？"

"我是水做成的。"

"可是我现在不需要喝水啊，天气这么冷，你落在我身上变成水，风一吹多冷啊！"

小雪花笑眯眯地说："小麦苗，不要怕，就是怕你冷，我才落下来的。我落到你身上就像一层厚厚的棉被，挡住外面的冷空气，保护住地面的温度，不让你的根被寒冷的西北风冻伤。"

针对孩子的提问，老师把科学知识变成童话的形式讲出来，赋予麦苗人的感情、人的语言，生动活泼，形象鲜明，这样的语言就是儿童化的语言，孩子不仅爱听、喜欢听，还容易理解和记忆。

示例

晨晨吃饭总是拖拖拉拉，很不情愿的样子。在园在家大人都为晨晨的吃饭习惯感到苦恼。有一次，大家都吃完了午饭，坐在一边玩耍了，晨晨还对着一大碗饭慢慢数饭粒。

"老师，我妈妈五一节带我去海南旅游了！"杨洋跑来对老师说。晨晨在一旁接着说道："我妈妈还带我去了石刻公园玩了呢！"老师接着晨晨的话说："孩子们，你们刚才吃的饭和菜也在旅行呢。你们猜，它们在哪里旅行？"晨晨和杨洋都很好奇。老师接着说："食物一个一个排好队，从碗里出发，到达第一站——嘴。然后继续出发，到达第二站——胃。在胃里它们被慢慢磨碎，很碎很碎。然后到达第三站——小肠。在小肠里，有用的营养被吸收，帮助小朋友们长高长大，没用的就到达第四站——大肠。然后就被排除体外，它们的旅行就到此结束了。老师接着问晨晨："晨晨，你的食物到第几站了？"晨晨立刻说："到第一站了！"接着就大口大口吃起饭来。

　　教师针对孩子吃饭拖拉的现象，用拟人的方式讲述了食物消化的过程，使孩子非常感兴趣，解决了吃饭慢的习惯。这位老师的语言生动形象，富于童趣，年幼的孩子也非常容易理解，因此达到了很好的教育效果。

### 五、辅以态势语

　　态势语是帮助表情达意的面部表情、手势动作和身体姿势。幼儿理解语言很容易受到语言情景和非语言交际手段的感染和暗示。幼儿教师的表情应丰富并略带夸张，情绪饱满，态度亲切，面带微笑，以轻松活泼的状态出现在孩子面前。这会给孩子们营造宽松和谐的语境。在作品展现、教学交流、日常交流时，态势语都必不可少，特别在作品展现和教学中，还应有专门的态势语设计。

　　总而言之，幼儿教师语言能体现幼儿教师职业的专业性特点。幼儿教师的语言既要符合儿童心理发展特点，又应该起到引领示范的作用。总体来说幼儿教师运用语言的自觉意识规律应该是：说孩子能听懂的简单句；逐渐丰富词汇，扩充句式，变换多种句式结构；逐渐增加有难度的词汇，允许孩子有个别词汇听不懂；创造条件让幼儿学会运用这些语言。

**（课后练习）**

　　改说训练：请把下面三段文字改成儿童化口语。

　　小公鸡和小鸭子一块出去玩。他们走到草堆旁，小公鸡的嘴尖尖的，在草堆里找到许多小虫子，吃得很欢。小鸭子的嘴扁扁的，捉不到虫子，急得直叫。

　　冬去春来，冰雪消融。青蛙苏醒产卵了，水中出现点点蝌蚪。枯枝嫩芽初绽，柳树披上丝绦。春燕纷飞，蜂蝶飞舞，春风吹拂，春雨飘洒，农家已开始春耕、播种。好一派美丽春光！

乡间这时候正是可爱的夏天，黄澄澄的小麦，绿油油的燕麦，加上牧场上的干草垛，看上去真是美极了。鹳鸟迈着他红色的长腿踱来踱去，叽里咕噜说着埃及话，这是他从他妈妈那里学来的。麦地和牧场被大树林包围着。树林中有些深水塘。在这乡间走走实在叫人心旷神怡。

## 第二节 幼儿教师教学语言运用

### 学习重点

> 了解幼儿教师教学口语的特点，掌握在不同活动领域教师语言的不同特色，能根据不同领域的活动，设计具有特色的教学组织语言。

幼儿园教学活动是在幼儿园中专门针对幼儿各方面发展而开展的有目的、有计划、有组织的活动。由于教学活动能根据幼儿发展的特点和规律全面地制定教育教学目标，有计划地选择教学内容，并在教师科学组织下引导幼儿以多种方式进行活动，可大大提高幼儿的发展速度，提高教育和发展的切合性，具有极大优越性，因此在幼儿园一日活动安排中，教学活动向来是受教师和家长关注的环节，也是幼儿教师进行各种教学改革和探索的重要领域。目前，我国幼儿园教学活动分为五大领域：社会、科学、语言、健康和艺术。

教学活动中的教师用语称之为教学语言。教学语言既不同于日常生活语言，又不同于社会中其他行业的惯用语言，它既需要经过仔细设计，将书面语与口语优化结合，又需要灵活变通，适应教学变化。我们完全可以说，没有教学语言，教学活动就无法进行。

教学是一门艺术，幼儿教学更是一门精致、活泼、充满灵动和激情的艺术。其中，幼儿教师优美动听的教学口语是吸引幼儿注意力、增强教学感染力极为重要的因素。幼儿教师的教学语言除了要符合一般语言运用规律之外，更需要适应不同年龄幼儿的心理特点、接受能力以及理解水平，这样才能顺利有效地开展教学活动，达成教学活动预期目标，完成教学计划，为教学活动增加无穷的魅力。

### 一、幼儿教师教学语言的基本特点

幼儿园教学活动以五大领域为主要内容，包括：社会领域、科学领域，语言领域、健康领域和艺术领域。每个领域在教学活动设计中考虑使用的语言是各具特色的，应该说在教师专业语言的总体要求下，各领域又因其独特的内容范围具有明显的侧重性。教师在设计活动语言时，即要考虑总体的语言要求，又要顾及不同领域的特质，以最恰当的语言特色引导孩子开展活动。

1. 生动性

生动的语言要求就是能把抽象的概念具象化、形象化。幼儿的思维是具体形象的，根据幼儿思维的特点，幼儿教师教学口语要善于运用语言创造直观形象，运用丰富的语言把枯燥的知识讲得绘声绘色，引起孩子丰富的联想。

**示例** 语言活动《听雨》（大班）

（教师播放下雨的声音，引导幼儿倾听并想象雨点儿落在什么地方。）

教师：听，窗外下着雨呢，发出什么样的声音？

幼儿：滴滴滴。

幼儿：嗒嗒嗒。

幼儿：沙沙沙。

教师：沙沙沙，雨点儿落在树叶上，它在和树叶玩耍呢。

叮叮叮，雨点儿落在屋顶上，它在屋顶上翻跟头呢。

吱吱吱，雨点儿落在花朵上，轻轻地钻进花蕊里。

嗒嗒嗒，雨点儿落在窗户上，拍着窗玻璃在和自己打招呼呢。

教师在引导幼儿想象雨点声音的时候，采用了形象的拟声词，并把雨点拟人化，我们仿佛看见雨点儿像一个可爱的孩子，在跟树叶、花蕊玩耍，在屋顶上玩耍，蹦蹦跳跳，顽皮可爱。教师语言的生动性使孩子的想象力也得到了训练。同时，在讲述这一段话时，教师伴随着生动的表情和手势，以及教具的辅助也为语言的生动性增色不少。

2. 准确性

孩子的语言在很大程度上是对成人语言的模仿，从句法结构、遣词方式，甚至语气语调、表情手势都会受成人潜移默化的影响。教师在口语的遣词造句方面就应该特别注意，既要能使用标准或尽量标准的普通话，又要能以语意明确的句子准确表情达意，使句意清晰、明确不含混，不造成歧义。早在罗马时期，教育家昆体良就强调对孩子讲话要准确，因为孩子是首先模仿成人的语言。

**示例** 小实验《什么东西能吸水》(大班)

老师：老师在每一组的桌子上放上了木塞、锡箔纸、泡沫、木头、萝卜、海绵、方糖（出示物品）。还有一盆水。每人选两样物品放进水中。把观察到的结果记录到表格上（出示表格），放入水中的是什么东西就把这东西的名称写在物品栏上（示范），不会写字可以用图画记录（示范）。能否吸水一栏根据你观察到的结果，能用"√"表示，不能用"×"表示。不确定用"？"表示（示范）。

本段解说语言简洁、明确，条理清楚，按照实验记录的操作步骤一边示范一边讲解，准确的指示语言让幼儿清楚自己该做什么以及该怎么做。

3. 规范性

孩子的语言发展在各年龄阶段有较为明显的差异性。一般 1～2 岁处于不完整句阶段。这个时期孩子是以单词句和双词句为主。2 岁以后开始学习运用合乎语法规则的完整句。许多研究证明，2～3 岁是人生初学说话的关键时期。这个时期孩子学习新词和句法的积极性特别高，语言内化能力得到发展，能抽象句子规则，能表达出系统整合的语言。但这时表达方面常有破句现象，句子结构出现颠倒或遗漏，因此成人结构完整、规范的语句就成为孩子模仿的对象。教学语言的规范性体现在用词规范，不把方言词汇、网络流行词汇等随意使用到教学活动中。例如，有的年轻教师受网络语言影响，常常使用"神马""打酱油"等这些还没有经过大众认可、使用广泛的词汇，对孩子的词汇学习有一定影响。规范性还体现在语法规范。有些方言句法里常有不规则语法现象，比如"你有去过北京吗？""你回来不？"等。

4. 科学性

幼儿教师教学语言的科学性体现在概念清晰、逻辑严密、知识准确。幼儿教师在讲授知识时，如不注意语言内容的科学性，表述随意，就容易导致幼儿概念理解的错误，知识掌握出现偏差。如不管出示什么样的旗子，总会问"数一数，有几面红旗？"不管出示什么颜色的兔子，总爱用小白兔来概说，以至于孩子把小白兔当成一个整体理解的词汇，进而使用"黑色的小白兔""灰色的小白兔"这一类语言。

5. 趣味性

教学口语的趣味性表现在教师能够契合并引发幼儿的兴趣，激发幼儿潜在的学习积极性，使幼儿能愉快、自觉、主动地参与到学习活动中。

**示例** 绘画活动《小熊的新屋》(小班)

教师：（演示木偶玩具小熊）大家好，我是小熊！小朋友们，你们有家吗？哎，我没有家。

我多想有间漂亮的房子啊！你们能帮我设计一间漂亮的新屋吗?

教师模拟小熊的口吻跟孩子讲话，并配合生动的小熊道具，充分调动了孩子作画的兴趣和积极性。

## 二、教学活动中教师口语的应用

1. 导入语

活动开始环节中，教师抓住幼儿注意力、引出活动主题的引导性语言。

导入语出现在活动的开端，短短几句话要能迅速激发活动者的兴趣和参加活动的欲望。导入语设计要注意以下几点：

① 角度新颖有趣，语言直观形象具有感染力；
② 选择幼儿熟悉的事物并能紧扣活动主题；
③ 短小精干，不可过长。

导入语包括：提问式导入，叙述性导入，游戏式导入等。

示例

在一次音乐欣赏活动中，活动一开始，教师引导幼儿听一段音乐同时用肢体模仿树叶飘落的样子，教师的导入语是这样的：

这几天大家有没有感觉到天气变冷了？冬天到了，北风呼呼地吹着，吹得树上的小树叶一片一片地飘落下来，就像一只只小蝴蝶在舞蹈。让我们听着音乐，一起飘起来吧！

教师的这一段引导语，简洁、生动、充满了动感，拟声词的运用、拟人化的修辞使语言十分具有感染力。再配合音乐和动作，孩子们十分快乐地活动了起来。

2. 提问语

提问是教师在活动过程中引发幼儿思考的重要手段，是教师留给幼儿思考的大空间。提问的重点是否突出，难易是否得当，用句是否准确都直接反映了教师对教材分析把握的准确性和对孩子了解的程度。好的提问要具有以下几个特点：

① 具有启发性、层次性、辅助性、提示性；
② 问题能反映教学材料的核心内容或思想，能抓住教学重难点；
③ 问句简短，明确好懂，便于幼儿回答，不模棱两可，不包含答案本身。

提问一般有描述性提问、思考性提问、假设性提问。

描述性提问即教师让幼儿听到什么说什么，看到什么说什么。如在听完一段故事后，老师常常问"故事叫什么名字？故事里有谁？"等。在观察活动中，教师问："你看到什么东西浮在水面上，什么东西沉在水底？"

思考性提问往往会问"为什么"。如听完故事后，老师问："你喜欢谁，为什么？""小鸟和鸡都有翅膀，为什么小鸟能飞，鸡不能飞？"

假设性提问是引发幼儿想象的提问，常常会问"假如你是×××，你会怎么想，怎么做""如果……可能会……"等。

3. 讲解语

讲解语是教学过程中教师对所涉及的知识的阐述、现象的描述、内容的介绍，它是使孩子获得知识，懂得道理，明确要求的重要语言类型。教师在教学活动中需要讲解的内容很多，但是主要应该讲清楚"是什么""为什么""怎么做"。讲解语的设计要做到：

① 语言浅显易懂，符合孩子的理解水平和已有经验；
② 说话注意顺序层次的逻辑性，完整规范准确；
③ 讲解生动形象，趣味性强。

示例

对大班孩子讲解端午节的风俗。

今天是农历5月5日端午节。过端午节大家都要包粽子、吃粽子，有的地方还要举行划龙舟比赛，非常热闹。端午节是我们国家一个很重要的传统节日，它是怎么来的呢？古时候有一个人叫屈原，他非常爱自己的国家。因为自己的国家被别的国家占领了，非常痛苦，就跳到了江里。人们赶紧想办法救他。有的人划着船找，有的人把糯米做的饭团扔到江里，好叫江里的鱼儿不要吃屈原。虽然人们没有把屈原救上来，但是为了纪念他，以后每年的这一天，大家就吃粽子、划龙舟。端午节就出现了。

老师首先选择了讲述端午人们常做的两件事，由此引到端午节的来历，这是讲解的重点。老师避开了幼儿不容易理解的时代、事件背景等，重点讲了人们救屈原的过程，使幼儿能明白端午的来历。讲解简单明了，符合孩子接受水平。

示例

对孩子讲解中国结的传说。

从前，有一个怪物每年的春天都会吃一个人。这一年的春天，他决定吃一个小姑娘。当时小姑娘正在编小蚱蜢，但是由于心不在焉，编成了一个平安结。这时，怪物出现了。当怪物扑向小姑娘时，小姑娘手中的平安结闪出一道金光，把怪物吓跑了。从此，平安结就成了保佑人们平安一生的吉祥物,一直流传到今天。

4. 过渡语

过渡语是教师在组织教学活动时从上一个环节进入下一个环节的承上启下的语言。过渡语使讲课内容层次分明,连接紧密。巧妙的过渡语能有效引导孩子思维的进程,使教学活动完整连贯,逻辑性强。过渡语的设计要注意:

① 教学环节设计环环相扣,层次分明,过渡语紧扣环节内容;
② 过渡语简短精练,有效提起对下一活动环节的兴趣;
③ 过渡语变化多样,避免单一重复。

示例

大班的编中国结活动,老师带领孩子参观了中国结展览后(老师自己布置的展览场),针对中国结的外形等提问,在进入第二个制作环节时,老师说:

大家刚才参观时非常认真,你们都说中国结很漂亮,那我们今天也来动手编一款中国结好吗?

简单的一句话,既对刚才的环节进行了小结,又自然一转进入到下一个环节,显示了活动环节的层次性。

5. 评价语

评价语是教学活动过程中教师针对活动的进程和幼儿的表现进行的阶段性或总结性的评论,包括赞赏、表扬、鼓励、建议、希望等评价内容。评价语具有现场性和灵活性,需要在活动进程中根据幼儿实际表现作真实的评价。评价语的使用要注意:

① 评价语要实事求是,不能虚夸;
② 以肯定评价为主,若采用否定评价则需注意委婉,把握好分寸;
③ 语句简短明确,重点突出;
④ 语气中肯,语气亲切,语调自然平缓。

6. 结束语

结束语是在活动最后环节教师对整个活动的总结。包括对知识性内容的归纳整理,对后续活动的展望,对幼儿或教师心情的总结等,力求给幼儿留下深刻印象,激起孩子进一步学习的欲望。结束语的使用要注意:

① 结束语要简洁、概括、准确;
② 语气肯定,重点突出,情绪饱满。

示例

小班安全活动《我的设计》

小朋友扮演小兔子去兔奶奶家玩，要过一条大马路，大马路上车很多，怎样才能安全通过大马路？活动结束时，老师说：

小兔在兔妈妈和警察叔叔的帮助下知道了在路上应该怎么做，最后他们安全到达了奶奶家。奶奶很高兴。小朋友自己设计了过马路的方法，你们非常聪明。以后我们过马路知道该怎么做了吗？

幼儿：知道了。

教师在活动小结中强调了过马路要注意安全，突出了整个活动的核心，表扬了孩子能顺利完成任务。结束语简短，概括，并从角色身份自然引导到生活中去。

## 课后练习

请根据以下故事设计活动导入语和提问语。

**故事：会动的房子**

小松鼠在树顶上住腻了，于是决定在地面上重新建造一座房子。

在大树底下，它发现了一块大石头，由七块小石头拼成，很硬，也很光滑。小松鼠说："嘿，就在这上面造一座房子。"

房子造好了，忙了一天的小松鼠也累了，在新家睡着了。"呼呼呼"什么声音？小松鼠被吵醒了。推开窗户一看，啊，自己在美丽的山脚下。风儿吹奏起了动听的山歌。真奇怪，昨天还在大树下，今天却来到了山脚下。可小松鼠又一想：没关系，山脚下也挺好的，有动听的山歌作伴。

第二天，又传来"哗哗哗"的声音。小松鼠推开门一看，呀，来到了大海边，浪花发出欢乐的歌声。小松鼠这下可乐了，"我的房子会动，我的房子会动！"现在小松鼠又有浪花作伴了。

第三天，小松鼠想，今天我的房子又到哪儿啦？推开窗户一看，呀，眼前是一片大草原，马儿在嗒嗒嗒地奔跑，小松鼠禁不住在房子里手舞足蹈。

突然传来一个声音："小松鼠，快别乱动。""咦，是谁啊？是这块硬邦邦的大石头吗？""小松鼠你真粗心，把房子盖在我的背上，我驮着你走过了许多地方。"小松鼠低头一看，原来是小乌龟，那硬邦邦的石头竟然是乌龟的背。

小松鼠惭愧地脸都红了，赶紧说："你累坏了吧？"乌龟说："不，这下我们俩可以做伴了。"

## 第三节 幼儿教师教育语言运用

掌握幼儿教师教育语言的基本原则，能根据具体案例掌握教育口语的基本形式和要求，注重孩子的个体差异，善用语言春风化雨，润物无声。

《幼儿园教育指导纲要》指出："幼儿园社会领域的教育具有潜移默化的特点。社会态度和社会情感的培养应渗透在多种活动和一日活动的各个环节之中。"除了教学时间，幼儿与教师的互动和相互之间的影响更多的是发生在每日相处的点点滴滴中。从孩子来园，到一日三餐的进行，到各种各样的游戏时间，再到孩子离园，无不渗透着老师与幼儿之间的影响。因此，作为一名合格的幼儿教师，不仅仅要重视教学活动时间中教师的语言，更要注重日常生活中如何运用各种各样的语言技巧来对幼儿产生积极正面的影响。这些语言我们统称为教育语言。

### 一、幼儿教师教育语言运用的基本原则

1. 民主性原则

《幼儿园教育指导纲要》中明确指出："创造一个自由、宽松的语言交往环境，支持、鼓励、吸引幼儿与教师、同伴或其他人进行交谈，体验语言交流的乐趣。"因此，在教师进行教育的过程中要努力营造一个平等、民主的教育氛围，使幼儿能够大胆表达，以便教师了解幼儿的情绪、情感状态并有针对性地进行教育。

2. 肯定性原则

幼儿年龄虽然小，但也是一个独立的个体，有自己的思想。在教育过程中，幼儿教师要尊重孩子，要能"蹲下来"倾听孩子说话。"蹲下来"不仅仅是指身体姿态要能与孩子保持近距离，眼睛与孩子对视，更是指在心理上要能理解孩子，与孩子换位思考，缩短与孩子之间的心理距离。老师能接纳、肯定孩子，就能使孩子产生一种被接纳的情绪体验，激发孩子形成积极的自我评价、自我意识，促进自我的完善，从而增强孩子的自信心。

3. 易懂性原则

由于我们教育对象的特殊性，教育过程中的教育语言要符合儿童认知发展的水平和特点。幼儿年龄小，思维以具体形象思维为主，各种心理过程的有意性，如有意注意、有意记忆等还没有充分发展起来，对行为的自我调节、自我控制能力也较差，所以在教育过程中，内容浅显易懂、直观、生动、具体的事物更能为幼儿所理解。幼儿教师要善于运用口语手段，创造直观的形象，用幼儿易懂的语言来帮助幼儿理解抽象的道理。

4. 针对性原则

在教育过程中，只有当幼儿教师的语言具有针对性时，才能引起受教育者的关注、理解而产生效果。幼儿教师要根据幼儿的性格、兴趣、爱好等用多种方式对他们进行教育。针对不同的教育情境、不同气质类型、不同年龄特点的幼儿，应采取不同的教育语言。特别是在日常生活中，教师要善于发现幼儿存在的问题，有针对性地启发幼儿并鼓励幼儿自我探索出解决问题的方案，体验成功的快乐。

以上原则并不是孤立存在的，而是相互渗透，相互关联。幼儿教师只有用一颗真诚的童心去理解孩子，感受孩子的内心世界，才能真正了解孩子，成为孩子的良师益友。

## 二、不同语境下教育语言的运用

1. 交流语

在日常生活中，教师和幼儿常常有谈话聊天的机会。这样的交谈既是增进感情的绝好时机，也是教师亲近孩子、了解孩子的教育契机。交流语主要用于和孩子的沟通和聊天，通过与孩子的交谈，发现孩子的兴趣、爱好，了解孩子的性格特征以及智力、语言发展水平，了解孩子的内心世界，从而真正发现孩子的需要。

教师与孩子的交谈是以平等交流为基础的，亲切的语气、平等的心态让孩子乐于与教师真正交谈。教师要站在孩子角度，仔细观察孩子喜好，抓住孩子兴趣点，寻找共同的话题，使孩子对教师产生好感，这样才能建立起孩子对教师的信任和依赖。有效的交谈不仅能让教师了解孩子，也能让孩子更多地了解教师。

教师与孩子交流常常是由教师走进孩子，并向孩子发问引起谈话动机的。

示例

晨间活动，大班几个孩子在一起聊昨天看的《喜羊羊与灰太狼》动画片。小明说："我是喜羊羊，我会想很多办法。"小西则拿着一棵小草顶在头上说："我是慢羊羊，哈哈。"

这时老师走近孩子，向孩子提问："你们都喜欢看《喜羊羊和灰太狼》吗？"

孩子兴奋地说："是的。"

老师："我也看过啊，我还觉得这个动画片真有意思。"（找共同话题）

孩子："老师也喜欢看吗？"

老师："我觉得灰太狼还挺可爱的，每次都抓不到羊，回家就会挨打，呵呵……"

小西："灰太狼太笨了嘛……"

老师以提问的方式进入孩子讨论之中，并以共同的爱好和孩子一起谈论共同的话题，使孩子能与老师一起交流。借此机会，老师既能观察发现孩子在群体谈话中自然的表现，又能了解每个孩子的语言发展情况。

有时候，教师不需要急于将话题引向自己，而是先倾听孩子的交谈，避免使自己成为谈论的中心，则更能体现平等交流。

交谈也常常成为教师个别教育的方式。老师有时会有计划、有针对性地跟某一个孩子谈话，以此来解决当下孩子的某一个行为或心理问题。

示例

贝贝是一个比较文静、内向的孩子，在幼儿园很少主动与其他小朋友交谈。老师每次想跟贝贝交谈，贝贝是有问就答，没问就不说话。老师与贝贝妈妈交流，知道孩子在家是很活泼的，愿意分享自己在幼儿园的事，还能模仿老师的动作，也很喜欢玩陶泥等动手的活动。为了更多地了解孩子，老师常常利用晨间活动时间和孩子交流。

老师："贝贝，星期六妈妈带你去哪里玩了？"

"逛商店了。"

"有没有买什么东西？"

"妈妈给我买了陶泥。"

老师继续追问："陶泥有什么颜色？"

贝贝想了想说："有红的、黑的、白的……"

老师继续问："那你回家又做了些什么？"

贝贝终于打开了话匣子……

老师针对贝贝的性格特点，有意经常和贝贝交流，并通过家长了解孩子更多的兴趣爱好，寻找孩子感兴趣的话题。在提问的方式上注意采用开放性的提问，引导孩子多说话，并激发更多的话题让孩子主动表达。

2. 劝慰语

幼儿在日常生活中常常会遇到各种各样的问题并导致情绪低落。比如同伴之间的冲突、遇到不爱吃的菜、自己不能解决的生活小问题等。不良情绪往往会导致消极行为。教师要及时发现孩子的情绪变化，用语言或行动安抚孩子，化解消极情绪，鼓励幼儿以积极的状态投入到活动中去。劝慰语语气亲切，语调舒缓，教师要蹲下来和孩子交谈，并伴有拥抱、抚摸等肢体语言。

示例

点点是中二班的小朋友，进入新幼儿园已经有半年了，但点点还是常常哭，想妈妈。有一次快放学的时候，大家都拿着自己的小背包好好坐着等家长接。点点又悄悄地哭起来。老师看见了，以为点点跟平时一样没事就想妈妈，老师就说："哭什么哭，这不马上就要放学了吗？再哭就最后一个接走。"点点一听，不但没有止住哭声，反而哭得更厉害了。等妈妈进来接了孩子才发现，点点尿裤子了。

老师对性格内向，比较胆小的孩子尽量不要用恐吓的语气跟他们交谈，不仅不会起作用，反而会带来负面情绪的影响。如果案例中的老师能用劝慰的语气与点点交流，就能发现点点哭的真正原因是想上厕所，及时解除这个问题，点点既不会继续哭闹，更不会尿裤子。劝慰的语言跟温暖的安抚是一样的，老师蹲下来和孩子轻轻的交流，询问原因，安抚情绪，其实本身就是一种精神上的鼓励。

3. 说服语

说服是教师通过摆事实、讲道理，借助言语、事实和示范，把外在的角色规范内化为说服、改变对象的道德认知，从而引导其态度或行为趋于预期目标行为的活动。说服语就是教师在教育活动中，讲述生动的事例，阐明正确的道理，影响、改变学生原来的观念和态度。在说服语运用的时候要注意，教师要明确自己的目的，但也要了解并理解孩子的想法。教师的言行要一致，语气要委婉，但是态度要明确。

示例

小原是个比较调皮又热情的孩子，什么都爱抢先。老师让孩子们搬凳子，别的孩子都在搬自己的，小原快速地搬了自己的，又去抢别人的搬，这样就出现了纠纷。老师大声地说："小原，你不要抢，放下凳子。"可是指令性的话并没有收到多少效果，直到老师亲自把凳子拿下来，小原才放手。后来遇到这样的情况，老师就对小原说："小原，每个小朋友都搬自己的凳子。老师知道你很想帮忙，但是别的小朋友也都想自己搬。你问问班上年龄最小的豆豆，看看他愿不愿意请你帮忙。"小原听了，果然就跑去问豆豆，豆豆表示愿意他帮忙搬凳子。

用说服的方式帮助孩子解决问题，比强制的指令更积极，更有效。

4. 激励语

激励语是孩子遇到挫折、有畏难情绪、信心不足时，教师帮助他们树立信心，推动他们向前的教育语言，也是孩子在获得成功时，教师鼓励他们向更高的目标进取的教育语言。激励语要语气肯定，声音明亮，充满信任。

示例

乐乐在活动时不爱举手回答问题，老师请乐乐上台表演，乐乐的声音也非常小。有一次表演儿歌《企鹅上课》，孩子们都上台表演了，乐乐坐在凳子上就是不肯上来。老师对其他小朋友说："谁愿意和乐乐一起表演？"很多孩子都举手了。老师就请了乐乐的好朋友一起，然后老师走过来，拉着乐乐的手说："乐乐刚才和大家一起念儿歌时，我看到你的动作做得很好看，是别的小朋友都没有做过的。老师觉得你表演得非常好，你愿不愿意给大家表演一下。"在好朋友的带动下，在老师的鼓励下，乐乐终于走上了讲台。

在这次教育契机中，老师善于利用群体的力量，以伙伴陪同的方式降低了孩子上台表演的恐惧，更使用了激励的语言来鼓励孩子。老师首先肯定了乐乐的优势，动作做得很好，这给了乐乐信心。又以商量的口吻问乐乐愿不愿意表演，使乐乐有一种主动感而不是被迫感，因此成功地鼓励乐乐站上了讲台。

示例

一次小班观摩教学活动结束时，一个小男孩不小心摔倒了。在场的一些老师不约而同地想去抱起孩子。主讲教师连忙赶到孩子身边，蹲下身来，用肯定的语气告诉孩子："摔倒了，不怕！试试用我们能干的小手撑起地面，一下就站起来了！"最后这个孩子自己站了起来，并立刻看到老师高高竖起的大拇指。

听到了老师的一句"能干的小手"，摔了跤的孩子反而高兴了。这样充满激励的语言，对孩子的作用是很大的。

5. 表扬语

表扬语是一种对孩子思想和行为给予肯定的评价性语言。恰当地使用表扬语，不仅能增加孩子的自信心，也能使孩子的优点不断得到巩固和发展。表扬语的合理运用，能提高幼儿辨别是非的能力，满足孩子被尊重、被肯定、被赞赏的心理需要，带给幼儿积极的心理情绪体验。表扬是积极的教育方式，有人把以表扬为主的教育方式叫作"赏识教育"。表扬不仅可以使幼儿自身的心理得到满足，还能培养孩子欣赏他人、赞赏他人的健康心态，为其长大后形成完善的人格打下基础。表扬在教育教学过程中使用频率很高，但是在使用时要注意以下几点：

① 表扬要恰如其分，不夸大不缩减；
② 表扬的语气要热情和肯定；
③ 表扬的语言和形式要富于变化，不要用单一的模式；
④ 表扬要注意引导幼儿注重过程而非只专注结果。

示例

有一位幼儿老师在组织教学活动时，表扬孩子用了这样几个句子：

"你很棒！"
"你真聪明！"
"你的回答非常精彩！"
"你的想法很巧妙！"
"我看到了你的进步！"

老师没有一味运用"你真棒！"的单一句式来表扬孩子，而是有意识地选用了多种句式和变换多种词汇，这样的语言意识正是幼儿教师应该具备的良好语言素养。

示例

点点是一个比较胆小的孩子，活动区角游戏时从来都是自己一个人躲在一角自己玩。有一次，一帮孩子玩过家家，点点在一旁帮他们递东西，拿纸盘子。老师看见了，在活动结束时说："今天有个小朋友在娃娃家活动时，发挥了很大的作用。其他小朋友扮演爸爸妈妈，照顾宝宝忙不过来，这个小朋友就帮大家拿东西，放盘子。这个小朋友是谁啊？"大家都急着问："谁啊？"老师说："是点点！"大家都看着点点，点点低着头，但是能看出来非常高兴。这次表扬之后，点点似乎有了一些变化，以后活动区角游戏时，她就不再从头到尾自己一个人玩，而是会在其他孩子边上，一起做一点事。相信不久点点就会逐渐乐意和大家一起玩的。

老师善于发现孩子的点滴进步，具体、恰如其分地给予表扬，一两句话在幼儿身上就会发挥极大的作用。这就是表扬的魅力，这就是赞赏教育的优势。

6. 批评语

批评语是对幼儿不良行为作否定的评价性语言，它的目的是引起幼儿的警觉，纠正缺点或错误，规范行为。批评语运用得当能激发幼儿积极向上的动力。教师在运用批评语时要注意分寸的把握，实事求是，平等对待每一个孩子。在进行批评教育时，教师要注意以下几点：

① 教师要注意场合批评，以保护孩子自尊心为原则；

② 教师注意批评时控制自己的情绪，用客观的语气评价；

③ 对不同气质类型的孩子要采用不同语气和方式；

④ 就事论事，不带成见，不拉过去的事件。

示例

中班的童童是个活泼好动的孩子，但有个不好的习惯就是常常跟别的孩子争抢玩具，一旦发生争抢，童童就喜欢动手打人、挠人或咬人，造成一些不好的影响。这一天，童童又争抢小东的玩具，并动手打小东。老师拉住童童的手，把他带到教室外，用严厉的语气批评童童。

老师：童童，不可以打人。老师很生气，因为童童今天又打小朋友了。（态度鲜明，指出错误）

童童：我想要那把自动枪。

老师：你应该先问小东，没有得到允许是不可以抢的。如果你先拿到，小东来抢，你会怎么想。（教孩子换位思考）

童童：我会不高兴的。

老师：小东也一样。你今天抢玩具，打人都不对，你自己说，现在该怎么做？

童童（不说话）

老师：向小东道歉，告诉他你不对的地方。

童童点点头。

童童因为常常控制不住自己要打人，解决这个问题不是简单的说教就能起作用，而是要老师多思考策略，并家园配合，才能逐渐改变这一行为。但针对这一次错误行为的发生，老师的批评是就事论事，不拉扯其他同类事件，并采用严肃的语气，直接地指出错误，换位思考等方式，让童童对自己的行为有所认识。最后提出道歉，这是一种补救行为，也是对另外同学的安抚。

示例

有个小朋友吃完香蕉把皮丢在地上。

教师A：是谁把香蕉皮扔在地上的？是谁干的？是想让人踩在上面摔个大跟头吗？谁丢的？站出来！

教师B：地上丢的什么呀？哦，是香蕉皮。香蕉皮软软的，丢到地上，人踩上去很容易跌倒。我们小朋友都是讲卫生的孩子，是忘记把香蕉皮扔到垃圾桶了吧？现在这位小朋友想起来没有？来，我们把它捡起来，丢进果皮箱里。以后我们都不要忘记了啊！

教师A的语言采用一连串的质问，语气咄咄逼人，非常严厉的态度可能引起幼儿的抵触和害怕。教师B说的是同一内容，但是语气比较委婉，又表达出自己对这件事的谅解，孩子不会过于害怕，也起到了提醒作用。

### 三、对不同气质类型幼儿的语言运用特点

幼儿教师在运用各种用语对孩子进行教育时，有一个非常重要的原则，那就是要根据孩子的性格特点来进行教育。孩子的性格特点与其气质类型有极大关系，下面介绍四种气质类型的孩子性格特点及应该注意的言语方式。

1. 对多血质幼儿的口语运用

多血质儿童反应敏捷、活泼、能适应变化、热情、兴趣爱好广泛、善于交际、富于同情心，但是意志力较薄弱，易屈服于挫折，性情浮躁，是我们通常意义上的"活泼型"。

对这种气质类型的孩子讲话要注意：

① 说话具体、明白，点到问题的核心；

② 语气肯定，不容置疑；

③ 目光直视孩子，适当增加态势语。

2. 对黏液质幼儿的口语运用

黏液质孩子较易形成条件反射，但不易改造，性格较坚毅，行动迟缓。他们大多沉着冷静，稳重踏实，善于克制忍让，生活有规律，但是行动迟缓，缺乏活力，是我们常说的"安静型"。

对这种气质类型的孩子讲话要注意：

① 多用鼓励的语言，激励他们参加集体活动；

② 启发他们多角度地思考问题；

③ 语调活泼悦耳、语气亲切、表情和善。

**3. 对胆汁质幼儿的口语运用**

胆汁质孩子属于易兴奋而自制力较差的类型。他们大多数精力旺盛,生气勃勃,热情开朗,积极坦率,但容易感情用事、任性、暴躁、易冲动、情绪不稳定,是我们常说的"精力旺盛型"或"调皮型"。

对这种气质类型的孩子说话要注意:

① 要准确无误地指出幼儿行为的后果,但要注意避免幼儿产生逆反心理;

② 语气要柔和,态度要坚决。

**4. 对抑郁质幼儿的口语运用**

抑郁质幼儿属于条件反射形成较慢的类型。他们比较敏感,善于观察,想象丰富,情感深刻而持久,但是多愁善感,情感脆弱,胆小孤僻,是我们常说的"内向型"。

对这种气质类型的孩子讲话要注意:

① 多用肯定性的评价和激励的方式;

② 语气亲切,语调柔和,并辅以亲切的态势语;

③ 避免在公开场合批评他们。

丁丁是个胆小的孩子,上课不爱回答问题,也不太跟小朋友玩耍。有一次吃完晚饭,所有的孩子都坐成一排等待家长来接。小军、小辉几个活泼的孩子就开始相互打闹,追逐。丁丁也跟他们一起打闹起来。老师想维持纪律,现在该怎么对这几个小朋友进行教育呢?请你设计教育的方式和设计教师语言。

## 第四节 幼儿教师与家长的沟通语言

**学习重点**

> 了解与家长交流的基本原则,掌握沟通技巧,能在不同情况下与家长良好沟通。

在幼儿园工作中,与家长沟通是一项重要的常规工作。经常与家长交流,能使双方及时了解孩子的情况,也能建立起家园协作的积极关系。良好的家园沟通,不仅使家长更多地了解幼儿园工作特点,理解并尊重老师的工作,也使教师进一步熟悉家长,有利于老师选择更好的教育策略。与家长交流的方式有很多，如可以打电话、家访或通过家园联系册、接送孩子时个别交流，以及家长会集体交流，亲子活动、家长沙龙等。在与家长的交流中，交际口语运用是否得当，决定了教师能否准确传递和表达自己的想法，从而达到预期的目的。

### 一、幼儿教师与家长沟通的基本原则

1. 态度诚恳，语气谦和

家长与教师因为对同一个孩子的教育而结成友伴，对孩子的爱和关心是大家沟通交流的基础。教师在与家长交流时，态度首先会给家长留下深刻的印象。老师的专业素养、对孩子的耐心、个性特点都能在与家长交流的态度和表达方式上得以体现。真诚的态度和友善的语言表达是双方建立好感的基础。

2. 尊重家长，平等友善

无论家长职位身份高低，在与教师对话时，他就是孩子的家长，是教师教育的伙伴。平等定位教师和家长的关系，用负责任的态度跟家长交流。在教育问题上，教师和家长有时难免会站在不同角度看待问题。遇到"护短"的家长，一定要避免与家长争执，应该有理有据，坦率谈出自己看法，让对方心服口服，着眼点应该是共同商讨教育孩子的良策，而不是简单命令家长怎么做。

3. 主动交流，语言平实

与家长建立良好的家园关系时，教师常常应该以主动的态度与家长交流。如采用家长会的方式集体交流，主动与表现特别的孩子的家长交换意见，填好家园联系册让家长了解孩子在园情况。无论哪一种主动交流方式,教师都要用客观平实的语言和家长对话。一般来说，在针对孩子问题时，多用描述性语言，少用或不用专业术语，少用判断性语言和下定论。

### 二、幼儿教师与家长沟通的基本技巧

1. 注意交流契机

通常，教师与家长平时见面的机会几乎都集中在接送孩子这一阶段，但是这个阶段往往是老师最忙碌，需要照顾大多数孩子安全的时刻。早上家长也往往急于上班不能过长时间停留。因此如果有事情要与家长交流，教师不宜选择在这时与家长详谈，可以在接送孩子时与家长商量一下详谈时间，如可以在早上送孩子时与家长约定，下午晚一点来，有事跟家长交谈，等等。这样既避免了在许多人面前谈论孩子可能出现的尴尬，又能有比较充

裕的时间交换意见。有时家长在接送孩子时会主动询问孩子情况，教师应该抓住契机，简洁有效地与家长交流。

2. 肯定幼儿长处为主，取得家长信任

每个孩子都有各自的长处，教师应该先看到孩子的长处，再提出不足与改进方法。在与家长交流时也是同样。表扬肯定孩子的长处有利于家长对老师产生信任感，在面对一些问题时才能积极配合老师共同解决。

示例

鹏鹏是个热情活泼的孩子，但是在教学活动中常常控制不住自己的行为，对别人的学习有一些影响。一次鹏鹏父母主动到幼儿园询问自己孩子的情况。

家长：老师，鹏鹏在幼儿园表现怎么样啊？

教师：鹏鹏是个很活泼的孩子，喜欢帮助别人，也很乐意帮老师，老师有时需要小朋友帮忙拿一个什么东西，鹏鹏总是最热情的一个。（肯定孩子的长处）

家长：他就是很活泼，在家也是这样，什么事都愿意做，也不管做不做得好。

老师：这是鹏鹏很可贵的一点，但是有时在教学活动中他会有一些坐不住，影响旁边小朋友活动。

家长：尽管批评，打都可以。

老师：（笑起来）那可不行，不能用打骂的教育方式。我们现在尝试用奖励的方式，如果他能在安静活动时管住自己，我们就让鹏鹏做老师的助手，当小老师，他还是很乐意的。这一招目前看来效果还不错。

家长：老师您很有办法。

老师：还要请你们多配合，在家也多鼓励他安静地做一些活动，比如画画、看图书、听音乐等等，这样我觉得鹏鹏慢慢能管好自己的行为。

在这一次简短的交流中，老师首先肯定的孩子的优点，这使家长感到老师对孩子的喜爱之情。但老师同样也谈到了问题，并就这个问题讲到自己的处理方式，得到了家长的肯定。最后老师请家长配合，并给出一些具体的建议。谈话层层深入，收到较好的效果。

示例

亮亮是个3岁的孩子，父母工作忙，从小与奶奶生活。奶奶对孩子的照顾无微不至，造成了亮亮在自理能力上的不足。老师需要就这个问题与奶奶交流一下。

老师：亮亮奶奶，您来接孩子啦？亮亮今天又得了小贴画，他讲故事讲得非常好。

奶奶：是吧，我就说这孩子灵着呢。

老师：可是还得跟您说个事儿。

奶奶：什么事儿啊？

老师：亮亮今天尿裤子啦。我帮他换裤子时发现松紧带有点紧，他的小手撑不开，回头您给他换一个松一点的松紧带儿吧。

奶奶：好的，好的。在家都是我给他穿裤子、脱裤子。

老师：您真是辛苦，对亮亮照顾得这么细，他爸爸妈妈该多放心啊。可是您想过没有，您总是替他穿裤子提裤子，亮亮自己做事情的能力可就不那么强了。

奶奶：没事儿，孩子长大了就会了。你听说过哪个大人不会提裤子？

老师：亮亮奶奶，您还挺幽默。不过有一点您得替亮亮想想，如果周围的小朋友都会自己动手，比如提裤子，就他不会，今天还尿裤子了，他会不会不好意思啊？这可不利于培养孩子的自信心。咱们得让孩子自己学做事情，他爸爸妈妈不更得夸您"教孙有方"吗？

奶奶：呵呵，这点我没想到，老师您说的有理。

老师以表扬亮亮的优点作为谈话的开头，表达老师对亮亮的喜爱，同时老师的坦诚与尊重让老人感到自己的辛苦付出得到了认可，是值得的。针对问题老师说出了自己明确的观点和建议，帮助老人意识到自己在教育孙子上存在的问题，引起了一定的重视，也巧妙地刺激了老人试图改变的欲望，很好地实现了沟通效果。

3. 少用专业术语，多描述，不随意下结论

在与家长沟通时，教师尽量用平实的、家长能理解的语言向家长解释，不要用过于专业的术语，这样会增加家长压力，让家长不敢表达意见，也有卖弄自己专业水平之嫌。过于专业的表达还可能会导致家长不理解教师意思，也不知该如何配合。在与家长有针对性的交流问题时，要着眼于事件本身，可向家长讲述清楚实际情况，在描述中家长会自己判断。教师切不可一开始就下结论，如"你家孩子太调皮了""你的孩子太内向了"等结论性语言。

下面这些说法有助于沟通：

■ 您的孩子最近在××方面有很大进步（具体表现），但是今天发生了……，如果改进一下，孩子的进步会更大。

■ 您的孩子今天很有意思，有的小朋友吃饭很慢，她吃完了以后就去帮助吃得慢的小朋友，给那个小朋友喂饭吃，很像个大姐姐。

■ 请相信孩子的能力，他会做好的。

以上的语言方式都是客观描述，让家长觉得具体，有针对性。比起泛泛地说"不错，

表现挺好的""今天又调皮了"这样空洞的语言，前者更有交流的价值。

**示例**

一次家长开放日活动，小西始终不乐意举手回答问题。小西的妈妈很着急，示意老师请小西问答发言，但是老师始终没有，小西妈妈很不高兴。活动过后，老师主动跟小西妈妈交谈起来。

老师：小西妈妈，我看见您刚才示意我了。

妈妈：（一脸不高兴）那你怎么没有叫小西起来发言呀？

老师：您别着急，听我给您解释。小西确实是那种性格比较内向，不太爱举手发言的孩子，我们在平时都会给她提供、创造适宜的机会让她多说。今天开放活动，人很多，小西有些不适应。她不举手我们最好也不要强迫她。您想，如果她没有举手就把她叫起来，万一她不想说或紧张说不好，可能会更打击她的自信心，使她以后更不喜欢发言了。慢慢来吧，您觉得呢？

妈妈：（脸色缓和多了）老师，您说我怎么做才能让她变得爱发言呢？

老师：这个我们需要一起来努力。小西在家最喜欢做什么事？

妈妈：看书，一个人能看很长时间。

老师：小西在班上也很爱看书，我们常常鼓励她讲一讲书里的内容。您在家也可以试着这样做。不要让她一个人看，而是让她讲书里的故事，学会了来幼儿园给小朋友们讲。这样有准备的发言会让她感到成功，增强自信心的。您看这样好吗？

这次与家长的交流是在家长已经有一些不满情绪的时候开始的。老师首先主动与家长交流，并以诚恳的语言让家长知道老师不请孩子回答问题是从孩子角度考虑问题，是关心孩子的发展，这样使家长能够理解老师的做法，消除了家长心里的不满并找到了共同的交流点。通过进一步交流，老师给出了比较具体的、可操作性的建议，使家长在这个问题上愿意积极配合老师。老师的语言诚恳、亲切、具体，这样的交流方式才能起到比较好的沟通效果。

**课后练习**

一次户外活动，天天和牛牛玩耍时发生争抢，天天抓伤了牛牛的脸，留下了明显的伤痕。一想到牛牛妈妈平时对牛牛百般疼爱、呵护的表现，想到牛牛稍微不舒服牛牛妈妈大呼小叫的表情，老师犯难了：该怎么把牛牛受伤的事告诉牛牛妈妈呢？请你根据这样的情况设计与家长的交流语言。

# 参考书目

[1] 邵守义, 谢盛圻, 高振远. 演讲学教程 [M]. 北京: 高等教育出版社, 2006.

[2] 张颂. 朗读学 [M]. 长沙: 湖南教育出版社, 1990.

[3] 王宇红. 朗读技巧 [M]. 北京: 中国广播电视出版社, 2002.

[4] 国家教育委员会师范教育司组. 教师口语 [M]. 北京: 语文出版社, 1996.

[5] 白龙. 播音员主持人训练手册——语言表达技巧 [M]. 北京: 北京广播学院出版社, 2001.

[6] 付程, 鲁景超, 陈晓鸥. 实用播音教程——语言表达 [M]. 北京: 北京广播学院出版社, 2002.

[7] 钱维亚. 幼儿教师口语 [M]. 北京: 高等教育出版社, 2008.

[8] 国家教委师范教育司组. 教师口语训练手册 [M]. 北京: 首都师范大学出版社, 2003.

[9] 张加蓉, 卢伟. 学前儿童语言教育活动指导 [M]. 上海: 复旦大学出版社, 2010.

[10] 任崇芬. 普通话训练教程 [M]. 重庆: 西南师范大学出版社, 2000.

[11] 陈胜宇. 小树叶 [J]. 上海托幼, 2008（10）.

[12] 陈宁. 对话让我更深刻地认识自己 [J]. 早期教育, 2008（6）.

[13] 左丽君, 鲍颖, 刁彦霞. 情景再现帮助青年教师学会与家长沟通 [J]. 学前教育, 2010（4）.

[14] 徐恒. 播音发声学 [M]. 北京: 北京广播学院出版社, 1992.

[15] 李晓华. 广播电视语言传播发声艺术概要 [M]. 北京: 北京广播学院出版社, 1999.

[16] 王峥. 语音发声科学训练 [M]. 北京: 中国传媒大学出版社, 2009.

[17] 杨高潮, 刘德强. 演讲艺术 [M]. 杭州: 浙江人民出版社, 1986.

[18] 董兆杰. 口语训练 [M]. 北京: 语文出版社, 1992.

[19] 赵森林, 郭启明. 口语表达训练教材 [M]. 北京: 语文出版社, 1988.

[20] 人民教育出版社中学语文室. 听话和说话（第一册）[M]. 北京: 人民教育

出版社，1985.

［21］人民教育出版社中学语文室.听话和说话（第二册）［M］.北京：人民教育出版社，1986.

［22］人民教育出版社中学语文室.听话和说话（第三册）［M］.北京：人民教育出版社，1986.

［23］人民教育出版社中学语文室.听话和说话（第四册）［M］.北京：人民教育出版社，1987.

［24］小巫.小巫教你讲故事——好父母的必修课［M］.广州：新世纪出版社，2012.

［25］吴弘毅.实用播音教程（第一册）［M］.北京：中国传媒大学出版社，2002.

# 后 记

幼儿教师的语言能力对于幼儿成长至关重要，特别是幼儿语言能力的提升。教师是幼儿的榜样，幼儿进入幼儿园一天之内平均有8个小时与幼儿教师亲密相处，幼儿教师的一言一行都会对幼儿起到极大的影响。3—6岁是幼儿语言的关键期。因此，幼儿教师的语言表达的规范程度、清晰程度和形象程度尤为重要，也可见该课程的学习对于学前教育专业的同学们是至关重要的。

该教材的编写，总结了我校"幼儿教师语言"教学数十年的教学研究经验，其特点如下。

第一，该教材注重实践与理论的结合。任何实践都应该具有科学理论的支撑，虽然该课程是实践性较强的课程，但是盲目注重实践，忽略科学理论的支撑与帮助，必然会导致教学失去方向感。该教材的理论体系参考了中国传媒大学的播音主持专业的语言教学体系，使本教材更具科学性和专业性。

第二，该教材在选择训练材料上，更注重教学对象的职业性、材料的可读性以及语感的顺畅性。所有内容都是编写者多年教学的积累。同时还配备了朗读光盘，便于教学使用。

本书的第一单元第一章，由吴晓云编写；第一单元第二章、第二单元第五章、第三单元第七、八、九章的第一、二节由瞿亚红编写；第二单元第三、四章由余晓和瞿亚红共同编写；第二单元第六章，由刘丹编写；第三单元第九章第三节、第十章，由谭雪莲编写。真诚感谢团队成员的辛勤付出！感谢本书的责任编辑赵学敏在整个成书过程中给予的大力支持和付出的艰辛劳动！由于才疏学浅，书中不当之处甚多，还望各位老师和同学们多多指教。

瞿亚红 2013年7月10日于大学城集贤楼510室